本书为国家社会科学基金一般项目"中国体育产业供给侧结构性改革中的打破行政垄断研究"（项目编号：17BTY059）资助成果

中国体育产业结构性改革研究

王会宗 ◎ 著

Research on Structural Reform of
China's Sports Industry

中国社会科学出版社

图书在版编目(CIP)数据

中国体育产业结构性改革研究/王会宗著.—北京：中国社会科学出版社，2024.3
ISBN 978-7-5227-3226-8

Ⅰ.①中⋯　Ⅱ.①王⋯　Ⅲ.①体育产业—改革—研究—中国　Ⅳ.①G812

中国国家版本馆 CIP 数据核字(2024)第 050258 号

出 版 人	赵剑英
责任编辑	高　歌　朱亚琪
责任校对	杨　林
责任印制	戴　宽

出　　版	中国社会科学出版社
社　　址	北京鼓楼西大街甲 158 号
邮　　编	100720
网　　址	http://www.csspw.cn
发 行 部	010-84083685
门 市 部	010-84029450
经　　销	新华书店及其他书店
印　　刷	北京君升印刷有限公司
装　　订	廊坊市广阳区广增装订厂
版　　次	2024 年 3 月第 1 版
印　　次	2024 年 3 月第 1 次印刷
开　　本	710×1000　1/16
印　　张	14.75
字　　数	222 千字
定　　价	79.00 元

凡购买中国社会科学出版社图书，如有质量问题请与本社营销中心联系调换
电话:010-84083683
版权所有　侵权必究

目　　录

前　言 ……………………………………………………（1）

导　论 ……………………………………………………（1）
  第一节　研究背景 ………………………………………（1）
  第二节　研究意义 ………………………………………（5）
  第三节　相关基本概念界定 ……………………………（8）
  第四节　研究思路及主体内容 …………………………（16）
  第五节　研究方法 ………………………………………（19）
  第六节　创新之处 ………………………………………（20）

第一章　理论基础与相关文献述评 ………………………（22）
  第一节　理论基础 ………………………………………（22）
  第二节　相关文献综述 …………………………………（32）
  第三节　本章小结 ………………………………………（62）

第二章　体育产业行政垄断的渊源 ………………………（63）
  第一节　中国体育产业的发展及其在国民经济中的
         重要作用 ………………………………………（63）
  第二节　体育产业在中国国民经济发展中发挥重要
         作用的实证分析 ………………………………（70）
  第三节　新制度经济学视域下的中国体育产业垄断
         体制成因分析 …………………………………（77）

第四节　本章小结 …………………………………………… (88)

第三章　体育产业行政垄断的基本特征及其程度测评 ……… (89)
  第一节　体育产业行政垄断的基本特征 …………………… (89)
  第二节　体育产业行政垄断的程度测评 …………………… (91)
  第三节　本章小结 …………………………………………… (124)

第四章　体育产业行政垄断阻滞其供给侧结构性改革的
    效率评估视角分析 ……………………………………… (125)
  第一节　体育产业整体效率状况的指标体系评价 ………… (125)
  第二节　体育产业整体效率的 DEA 综合评价 …………… (147)
  第三节　本章小结 …………………………………………… (158)

第五章　打破行政垄断对体育产业供给侧结构性改革的
    促进作用和积极效应 …………………………………… (160)
  第一节　行业性行政垄断影响行政垄断行业绩效的
      机制推演 …………………………………………… (160)
  第二节　打破体育产业行政垄断对促进其供给侧结构性
      改革的作用机理及积极效应分析 ………………… (166)
  第三节　本章小结 …………………………………………… (176)

第六章　体育产业在深化供给侧结构性改革中打破行政
    垄断的对策建议 ………………………………………… (177)
  第一节　熵与耗散结构理论对体育产业在供给侧结构性
      改革中打破行政垄断的启发 ……………………… (177)
  第二节　政府与市场协同治理导向下的体育产业供给
      侧结构性改革中的打破行政垄断模式 …………… (192)
  第三节　中国体育产业在供给侧结构性改革中打破行政
      垄断应采取的具体措施 …………………………… (199)

第四节　本章小结 …………………………………… (202)

第七章　结论与展望 ……………………………………… (203)
　　第一节　基本结论 …………………………………… (203)
　　第二节　研究的不足与展望 ………………………… (208)

参考文献 ………………………………………………… (211)

后　记 …………………………………………………… (228)

前　　言

通过深化供给侧结构性改革，着力推动中国体育产业实现更高质量的全面发展，必须继续打破其行政垄断，以为其扫清体制机制障碍。对"体育产业结构性改革"问题进行系统深入研究，既是源于中国继续深化包括体育产业在内的国民经济各部门供给侧结构性改革的现实需求，又是对党和国家以及有关部门为了进一步推进包括体育产业在内的各行业供给侧结构性改革的顺利开展，而出台打破相关领域行政垄断政策的学术回应，具有重要的理论与实践意义。

本书综合运用文献归纳、历史溯源、理论与实证分析相结合、逻辑推演、系统进化分析、纵横对比分析等研究方法，基于对相关基础理论和研究文献进行的梳理与评价，系统深入地剖析了"体育产业结构性改革"问题：通过分析体育产业行政垄断的渊源，探寻到了其行政垄断形成并长期得以维系的症结所在；通过测评体育产业行政垄断的程度、评估行政垄断下体育产业的整体效率、探讨打破行政垄断对体育产业供给侧结构性改革的促进作用和积极效应、提出体育产业在深化供给侧结构性改革中打破行政垄断的理想模式和对策建议，分别论证了中国体育产业在推进供给侧结构性改革中打破行政垄断的必然性、必要性、合理性、可行性。

基于以上研究，本书得出了如下几个主要的结论：一、体育产业供给侧结构性改革中的打破行政垄断问题亟待进行系统深入研究；二、体育产业在推动中国国民经济发展过程中发挥着不可或缺的重要作用；三、政府基于体育产业的重要性而掌握体育资源以及体育制度变迁中的路径依赖因素影响是体育产业行政垄断形成和发展的渊源所在；四、已经有所改善的体育产业行政垄断程度依然偏高；五、体育产业总体效率状况折射出行政垄断对其深化供给侧结构性改革的阻滞；六、打破行政垄断能够产生促进体育产业供给侧结构性改革的积极效应；七、以合理划分政府与市场边界为导向矫治体育产业的行政垄断问题是其在供给侧结构性改革中打破行政垄断的适宜模式。

　　本书的创新之处体现在如下几个方面：首先，在中国体育产业行政垄断演进的新制度经济学分析、打破行政垄断对体育产业供给侧结构性改革的促进作用和积极效应探讨、体育产业在供给侧结构性改革中打破行政垄断和有效竞争的理想模式设计等方面的研究，可以在一定程度上进一步推动体育产业相关方面的理论研究工作；其次，在中国体育产业行政垄断程度的测度、行政垄断下中国体育产业效率状况评估方面的研究，可以使得国内学术界体育产业行政垄断的实证研究相对逊色的状况发生一定的改观；最后，在合理划分政府与市场边界理念下体育产业供给侧结构性改革中的打破行政垄断模式及对策建议方面的研究，可以为体育产业政府主管部门制定切实可行的体育产业供给侧结构性改革和打破行政垄断政策措施提供一定依据。

导　　论

为了在新时代促进体育产业发展更好地服务于满足人民日益增长的体育运动与健康生活的需要，必须以供给侧结构性改革为主线，加快推动中国体育产业实现更高质量的全面发展，以使其尽快成为在国民经济发展中具有重要带动作用的支柱性产业部门；而要通过深化体育产业供给侧结构性改革促进其发展壮大，就不得不直面"打破行政垄断"这一为其扫清体制性障碍的关键性问题。为了在学术研究上积极回应这一时代性课题，本书试图在理论和实证层面系统深入探讨"中国体育产业供给侧结构性改革中的打破行政垄断"问题。本章是本书研究"开篇"的引子，将在分析"中国体育产业供给侧结构性改革中的打破行政垄断"问题的研究背景和研究意义之后，对与该问题相关的基本概念进行界定，并阐述本书的研究思路、研究内容、研究方法及创新之处，以为后面主要研究内容的循序展开进行必要的铺垫。

第一节　研究背景

"中国体育产业供给侧结构性改革中的打破行政垄断"问题是基于中国体育产业发展的实际提出的，有其深刻的研究背景。对该问题进行系统深入研究既是源于中国继续深化包括体育产业在内的国民经济各部门供给侧结构性改革的现实需求，又是对党和国家以及有关部门为了进一步推进包括体育产业在内的各行业供给侧结构性改革的顺利开展而出台打破相关领域行政垄断政策的学术回应。

一 现实背景

经历了改革开放之后一段较长时间内举世瞩目的高速增长之后,中国经济发展在近年来已经进入了以适当放缓增长速度、更加注重质量提升为基本特征的"新常态"之中;当前和今后我们面临的一项重要任务就是必须要适应、把握和引领经济发展新常态,推动经济结构的不断优化升级,促进增长动力由要素驱动、投资驱动转换为创新驱动,以"五大发展理念"为引领,坚持深化供给侧结构性改革,实现提质增效的高质量发展,加快构建新发展格局。在党的十九大上,习近平总书记指出:"中国特色社会主义进入新时代,我国社会主要矛盾已转化为人民日益增长的美好生活需要和不平衡不充分的发展之间的矛盾";必须要在继续推动发展的基础上,着力提升发展的质量和效益,更好地满足人民日益增长的美好生活需要,实现人的全面发展和社会的全面进步。[①] 在党的二十大上,习近平总书记再次强调:"必须坚持在发展中保障和改善民生,鼓励共同奋斗创造美好生活,不断实现人民对美好生活的向往。"[②] 体育产业作为当之无愧的绿色产业、朝阳产业和幸福产业,其健康发展对于中国深入推进供给侧结构性改革、加快实现经济高质量发展、有效化解新时代社会主要矛盾和不断满足人民追求美好生活的需要而言都具有非常重要的战略意义。然而,虽然近年来中国体育产业发展突飞猛进,取得了令国内外瞩目的骄人业绩,但目前中国体育产业还远未晋级为一个成熟的国民经济部门,在其成长过程中仍然存在着许多亟待解决的问题。其中,诸如行政垄断程度高、整体效率状况差、有效供给水平不足等供给侧结构性问题尤为严重。在这种情况之下,为了使体育产业在实现自身高质量发展过程中更好地适应和引领经济发展新常态,必须通过进一步深化改革来着力解决以上供给侧结构性问题。

在全面建成小康社会收官、"十三五"规划告捷和"十四五"规划

---

① 习近平:《决胜全面建成小康社会 夺取新时代中国特色社会主义伟大胜利——在中国共产党第十九次全国代表大会上的报告》,人民出版社 2017 年版,第 11—12 页。
② 《二十大报告(实录全文)》(https://news.ifeng.com/c/8K9l4qcZtaw)。

发轫的2020年年末,中央经济工作会议围绕供给侧结构性改革和反垄断提出了如下要求:在紧扣供给侧结构性改革主线的同时注重需求侧管理;构建高水平社会主义市场经济体制,完善市场在资源配置中起决定性作用的体制机制;政府要不断完善宏观经济治理,进一步放宽市场准入,有效促进公平竞争,着力强化反垄断。[1] 紧接着,在2021年12月召开的中央经济工作会议又进一步指出,要继续坚持深化供给侧结构性改革;深入推进公平竞争政策的落地实施,继续加大反垄断和反不正当竞争的力度,从而实现通过公正监管来保障公平竞争。[2] 可见,党和国家已将供给侧结构性改革中以打破行政垄断为主要内容的反垄断作为实现中国经济高质量发展的一项重大战略举措来加以推进,而这也为本书开展中国体育产业在深入推进供给侧结构性改革中的打破行政垄断问题研究提供了现实背景和重要指向。

二 政策背景

进入新时代以来,随着中国全面深化改革的持续推进,特别是供给侧结构性改革的不断深化,党和国家愈发重视中国经济发展中的反垄断尤其是打破行政垄断问题,提出了一系列相关的方针政策。2012年11月,党的十八大报告指出,经济体制改革的核心问题是处理好政府和市场的关系,必须更加尊重市场规律,更好发挥政府作用,深入推进政企分开、政资分开、政事分开、政社分开。[3] 2013年11月,党的十八届三中全会通过的《中共中央关于全面深化改革若干重大问题的决定》指出,要使市场在资源配置中起决定性作用和更好发挥政府作用,进一步深化国有企业改革,进一步破除各种形式的行政垄断。[4] 2017年1月,中共中央办公厅和国务院办公厅联合印发的《关于创新政府配置

---

[1] 《中央经济工作会议在北京举行》,《光明日报》2020年12月19日第1版。
[2] 《中央经济工作会议在北京举行》,《光明日报》2021年12月11日第1版。
[3] 胡锦涛:《坚定不移沿着中国特色社会主义道路前进 为全面建成小康社会而奋斗》,《人民日报》2012年11月9日第2版。
[4] 《中共中央关于全面深化改革若干重大问题的决定》(http://www.gov.cn/jrzg/2013-11/15/content_2528179.htm)。

资源方式的指导意见》又指出，要区分政府作为资源配置者和行业监管者的不同职能，创新和改进政府直接配置资源的方式。① 2017 年 10 月，党的十九大报告明确指出，要加快完善社会主义市场经济体制，打破行政垄断，防止市场垄断。② 2019 年 10 月，党的十九届四中全会通过的《中共中央关于坚持和完善中国特色社会主义制度 推进国家治理体系和治理能力现代化若干重大问题的决定》指出，要坚持和完善社会主义基本经济制度，落实旨在打破行政垄断的公平竞争审查制度。③ 2020 年 5 月，中共中央和国务院联合印发的《关于新时代加快完善社会主义市场经济体制的意见》又进一步指出，要坚持正确处理政府和市场关系，稳步推进自然垄断行业改革，切实打破行政性垄断，防止市场垄断；④ 2020 年 10 月，在党的十九届五中全会上通过的《中共中央关于制定国民经济和社会发展第十四个五年规划和二〇三五年远景目标的建议》再次强调，要健全旨在打破行政垄断的公平竞争审查机制，并要加强反垄断和反不正当竞争领域的执法司法。⑤ 2022 年 3 月，中共中央、国务院发布的《关于加快建设全国统一大市场的意见》又明确指出，要进一步完善公平竞争审查制度，并对审查规则、机制、标准、程序和效能等提出了具体要求，同时强调要着力强化反垄断。⑥ 2022 年 8 月实施的《中华人民共和国反垄断法》（2022 年修订版）新增加了建立健全公平竞争审查制度的条款，并对打破行政垄断的相关规定进行了补充完善；⑦ 2022 年 10 月，党的二十大报告再次强调，要构建高水平

---

① 《中共中央办公厅 国务院办公厅印发〈关于创新政府配置资源方式的指导意见〉》（http://www.gov.cn/zhengce/2017-01/11/content_5159007.htm）。

② 习近平：《决胜全面建成小康社会 夺取新时代中国特色社会主义伟大胜利——在中国共产党第十九次全国代表大会上的报告》，人民出版社 2017 年版，第 34 页。

③ 《中共中央关于坚持和完善中国特色社会主义制度 推进国家治理体系和治理能力现代化若干重大问题的决定》（http://www.gov.cn/xinwen/2019-11/05/content_5449023.htm）。

④ 《中共中央 国务院关于新时代加快完善社会主义市场经济体制的意见》（http://www.gov.cn/xinwen/2020-05/18/content_5512696.htm）。

⑤ 《中共中央关于制定国民经济和社会发展第十四个五年规划和二〇三五年远景目标的建议》（http://www.gov.cn/zhengce/2020-11/03/content_5556991.htm）。

⑥ 《中共中央 国务院关于加快建设全国统一大市场的意见》（http://www.gov.cn/zhengce/2022-04/10/content_5684385.htm）。

⑦ 《全国人民代表大会常务委员会关于修改〈中华人民共和国反垄断法〉的决定》（http://www.gov.cn/xinwen/2022-06/25/content_5697697.htm）。

社会主义市场经济体制，充分发挥市场在资源配置中的决定性作用，更好发挥政府作用，加强反垄断和反不正当竞争，破除地方保护和行政性垄断；①等等。以上这些党和国家的重要指示，为包括体育产业领域在内的全国范围的打破行政垄断工作提供了基本的遵循。

为了在推进体育产业供给侧结构性改革中积极落实党和国家关于打破行政垄断的重要指示，国务院在2014年10月印发了《关于加快发展体育产业促进体育消费的若干意见》②；国务院办公厅分别在2018年12月、2019年8月和9月先后印发了《关于加快发展体育竞赛表演产业的指导意见》《体育强国建设纲要》《关于促进全民健身和体育消费推动体育产业高质量发展的意见》③；国家体育总局也分别在2016年5月和7月、2021年10月先后发布了《体育发展"十三五"规划》《体育产业发展"十三五"规划》《"十四五"体育发展规划》④。这些具有鲜明引领性的政策文件的出台，为中国体育产业在深化供给侧结构性改革中通过进一步转变政府职能、深化"放管服"改革、打破行政垄断、推进高质量发展指明了方向。在近年来多项相关政策"靶向发力"的背景之下，有必要对中国体育产业供给侧结构性改革中的打破行政垄断问题进行系统深入研究，以为这些专项政策的最终落地实施提供一定决策依据。

第二节　研究意义

本书在上述中国正致力于通过深化供给侧结构性改革中的打破行政垄断，促进包括体育产业在内的国民经济高质量发展的当前形势下，综合运用体育学、经济学、管理学、政治学、系统科学等多学科的相关理

---

① 《二十大报告（实录全文）》（https://news.ifeng.com/c/8K9l4qcZtaw）。
② 《国务院印发〈关于加快发展体育产业促进体育消费的若干意见〉》（http://www.gov.cn/xinwen/2014-10/20/content_2767791.htm）。
③ 易剑东：《我国体育产业政策述评（2010—2020）》，《体育文化与产业研究》2021年第1期。
④ 国家体育总局：《规划计划》（https://www.sport.gov.cn/n315/n330/index.html）。

论和分析方法，在进一步加强对中国体育产业供给侧结构性改革中打破行政垄断问题的理论探讨基础上，加大该问题有关方面的实证研究力度，具有较为重要的理论与实践意义。

一 理论意义

打破垄断与促进竞争是现代产业组织理论中一个非常重要的命题，该方面的理论研究也已日臻系统化和成熟。然而，在市场垄断、自然垄断和行政垄断三种垄断类型的研究中，国内外的众多学者虽然已经在市场垄断和自然垄断方面取得了大量的高水平成果，但在行政垄断方面取得的成果就广度和深度而言却远不及以上两个领域，并且在相关研究中使用的技术方法较之以上两个领域也稍逊一筹。因此，行政垄断领域有待于进一步拓展的学术空间还十分广阔，有必要对行政垄断问题进行更加深入系统的理论与实证研究，以对产业组织理论的进一步发展和完善有所推动。就体育产业方面的相关研究而言，由于在经济体制方面与转轨经济国家存在显著差异，西方国家体育产业中较少存在行政垄断问题，其学术界也甚少关注该问题，因而在该方面也未形成太多高水平的研究成果。国内学者们虽然已经因中国体育产业行政垄断问题日益凸显而愈发意识到了开展该方面研究的必要性，并在该方面进行了不少可供本书研究借鉴的学术探讨，且有些学者在其成果中已经初步涉及"体育产业供给侧结构性改革中的打破行政垄断"问题，但其理论研究方面的深度和实证方面研究的精度仍有待于进一步加强。鉴于以上情况，本书以国内外学术界已有的相关研究为基础，对"中国体育产业供给侧结构性改革中的打破行政垄断"问题进行更为系统深入的理论和实证分析，不仅将有助于丰富行政垄断理论乃至产业组织理论方面的学术成果，从而推动其学术研究继续向纵深方向延伸；还将有助于进一步促进体育产业相关方面研究工作的开展，从而为体育经济理论的不断完善和发展贡献一定力量，具有颇为重要的理论意义。

二 实践意义

2019年8月，由国务院办公厅印发的《体育强国建设纲要》提出，为了培育中国经济发展新动能，体育产业要加快发展，到2020年要在高质量发展方面取得新的进展，到2035年成为更大、更活、更优的国民经济支柱性产业①；同年9月，国务院办公厅印发的《关于促进全民健身和体育消费推动体育产业高质量发展的意见》又提出，体育产业在满足人民日益增长的美好生活需要方面发挥着不可替代的作用，要以习近平新时代中国特色社会主义思想为指导，强化体育产业要素保障，激发市场活力和消费热情，推动体育产业成为国民经济支柱性产业②；同年11月，国家体育总局、国家发展改革委等多个部委联合召开的电视电话会议指出，体育产业高质量发展对于满足人民美好生活需要、实施健康中国战略、建设体育强国、挖掘消费市场潜力、形成国民经济新增长点具有重要助推作用，要通过推进融合发展激发体育市场活力并延伸体育产业链条。③2021年10月，由国家体育总局公布的《"十四五"体育发展规划》又提出，"十四五"期间体育产业高质量发展要取得显著进展，并形成一系列的创新成果④。以上有关体育产业发展的重要文件、会议精神反映出，近年来中国对体育产业的重视程度空前提高，并且寄厚望于通过推动体育产业高质量发展促进新时代中国经济、社会实现更大进步。在这种有利形势之下，虽然中国体育产业在国家加快体育产业发展的政策引领下发展前景一片光明，但要想完成国家为体育产业发展布置的艰巨任务，还必须通过全面深化改革为体育产业高质量发展破除制度性壁垒；而就当前中国体育产业发展面临的主要矛盾来看，在深化中国体育产业供给侧结构性改革过程中打破其行政垄断是着力推进其全面深化改革的重中之重。从对以上重要现实关切进行回应的角度而

---

① 《国务院办公厅关于印发体育强国建设纲要的通知》（http://www.gov.cn/zhengce/content/2019-09/02/content_5426485.htm）。
② 《国务院印发〈关于加快发展体育产业促进体育消费的若干意见〉》（http://www.gov.cn/xinwen/2014-10/20/content_2767791.htm）。
③ 《体育总局、国家发展改革委等部门联合召开电视电话会议 部署促进体育产业高质量发展工作》（http://www.gov.cn/xinwen/2019-11/30/content_5457111.htm）。
④ 《〈"十四五"体育发展规划〉发布（内附全文）》（https://new.qq.com/rain/a/20211026A0615T00）。

言，本书通过对"中国体育产业供给侧结构性改革中的打破行政垄断"问题进行更为系统、深入、细致的研究，并在此基础上提出解决这一棘手难题的对策措施，能为中国政府有关部门进一步出台更加科学、可行的通过打破行政垄断推动体育产业供给侧结构性改革和实现体育产业高质量发展的政策措施提供一定现实依据和决策参考，具有相当重要的实践意义。

第三节 相关基本概念界定

就"中国体育产业供给侧结构性改革中的打破行政垄断"问题研究的主题而言，与本书研究密切联系的关键词主要有"体育产业""供给侧结构性改革""行政垄断"。基于以上关键词，考虑体育产业的具体实际，与本书研究直接相关的基本概念主要有以下几个。

一 产业与体育产业

产业是一个介于微观经济和宏观经济之间的中观经济范畴，它既是属于微观经济范畴的企业及其活动的集合，又属于宏观经济范畴的国民经济的有机构成部分。[①] 目前，学术界对产业内涵的解读并没有太大争议，基本都同意将产业界定为国民经济大系统中在产品或劳务生产、经营方面具有类似属性的企业或其他组织及其经济活动构成的子系统或集合。从人类历史发展的视角来看，它的形成是社会生产力水平不断提高和社会分工日益发达的结果和产物，也反映了商品经济发展和科学技术进步的客观要求。产业的初始概念是在工业化进程中受产业革命和机器大生产影响而形成的，主要意指逐步取代农业成为主导产业的工业；随着商品经济、科学技术、社会分工及专业化水平的不断提高，产业的概念不断丰富和发展，已成为一个涵盖国民经济各个部门的经济学常用术语。按照各产业发展的客观层次序列及其与自然界的关系紧密程度，可

---

① 简新华、李雪编著：《新编产业经济学》，高等教育出版社2009年版，第3页。

以将国民经济中的各产业部门划分为第一产业、第二产业和第三产业三大类。在国际上，体育产业被普遍认为是隶属于第三产业的一个分支行业；在中国，根据国家统计局颁布的《国民经济行业分类》和《三次产业划分规定》，也同样将体育产业按照国际常规准则划归为第三产业。[①]

在国外，体育产业发展有着悠久的历史。早在18世纪中期，体育产业就在英国诞生。之后，体育产业逐步在欧美各发达国家兴旺繁盛起来。虽然有着长期的发展实践，但直到最近几十年，国外学术界才开始在相关研究中深入思考体育产业的内涵问题并尝试着对其进行界定。在这方面的研究成果当中，有些学者对体育产业内涵的界定较为笼统。例如，佐伯聪夫提出，体育产业是指借助体育运动本身创造财富和供给服务的产业，其主要工作内容就是生产、供给与运动直接相关的产品和服务[②]；Meek认为，体育产业是指国民经济各个部门开展的所有与体育活动相关的生产与经营活动的汇总[③]；等等。另外，也有些学者对体育产业内涵的界定较为具体。例如，Chelldurai指出，依据体育产业的属性，体育产业主要由体育产品、参与者的服务、观众的服务、赞助的服务、心理的获益及社会意识几项基本内容构成[④]；Westerbeek和Shilbury主张，体育产业主要包括四大类内容，即体育商品、体育活动相关服务、体育设施相关服务以及体育咨询相关服务，而其中体育活动则是体育服务产品的核心内容[⑤]；等等。从上述对体育产业内涵的归纳结论可以看出，国外学者一般认为，体育产业囊括了各种以满足体育需求为核心、以追求经济效益为目的的体育产品和服务的生产经营活动。

相对于国外体育产业而言，中国体育产业形成和发展的时间要短得

---

① 李悦等编著：《产业经济学》（第四版），东北财经大学出版社2018年版，第12页。
② 陆瑞当：《论我国体育产业的培育与开发》，《广州体育学院学报》1999年第2期。
③ Meek, A., "An Estimate of the Size and Supported Economic Activity of the Sports Industry in the United States", *Sport Marketing Quarterly*, Vol. 6, No. 4, 1997.
④ Chelladurai, P., "Sport Management: Defining the Field", *European Journal for Sport Management*, No. 1, 1994.
⑤ Westerbeek, H. M. & Shilbury, D., "Increasing the Focus on 'Place' in the Marketing Mix for Facility Dependent Sport Service", *Sport Management Review*, Vol. 2, No. 1, 1999.

多，截至目前仅有几十年的历史。但是，随着中国体育产业的不断茁壮成长，从20世纪90年代开始，国内学术界对体育产业内涵也进行了较多的探讨。由于研究视角的不同，国内的学者就体育产业内涵逐步分化出了从狭义和广义上进行界定的两个视角。在从狭义视角对体育产业内涵进行界定方面，赵炳璞等学者认为体育产业只应包括体育事业中能够进行市场化运作并可获利的部分，而蔡军、胡立君、丛湖平、杨年松等学者则主张体育产业仅指体育服务业；在从广义视角对体育产业内涵进行界定方面，张岩、鲍明晓等学者认为体育产业就是指体育事业，而于振峰、卢元镇、柳伯力、张林等学者则主张体育产业是指生产各种体育产品和提供各种体育服务的所有部门及行业。[①] 以上有关体育产业内涵的归纳结论表明，国内学者在体育产业内涵方面尚缺乏统一认知，甚至可以说是存在较大分歧。除了上述学者之外，一些政府部门出台的有关政策也对体育产业的内涵进行了阐释。例如，国家统计局于2019年发布的《体育产业统计分类（2019）》指出，体育产业是为社会提供各种体育及相关产品（包括货物和服务）的生产活动集合[②]；等等。综合以上的这些观点，并考虑当前体育产业发展的实际情况，将体育产业界定为"国民经济中生产和经营体育产品及服务的部门或行业及其活动的集合"似乎更合乎实际。

需要注意的是，虽然体育事业和体育产业都是在体育及相关活动基础上衍生而来的，且两者存在非常密切的联系，但两者之间也有着显著的区别。体育事业是一国社会公共事业的有机组成部分，它以向社会公众提供公共体育产品或服务为主要目的，具有公益性和非营利性的特征；其开展的各种活动基本上都是在政府主导下举办，活动所需资金也主要来源于政府的财政资金支持。而体育产业则是一国国民经济的构成

[①] 王会宗等：《体育产业的垄断与竞争问题研究——文献述评、研究意义及研究设想》，《山东体育学院学报》2012年第3期；张林主编：《体育产业概论》，高等教育出版社2013年版，第7页。

[②] 国家统计局：《体育产业统计分类（2019）》（http://www.stats.gov.cn/tjgz/tzgb/201904/t20190409_1658556.html）。

部门之一,它以向体育消费者提供市场化的体育产品或服务为主要目的,具有商业性和营利性的特征。由此可以看出,两者之间存在显著差异,绝不能将其混为一谈。

二 供给侧结构性改革与体育产业供给侧结构性改革

供给侧结构性改革是以习近平同志为核心的党中央在领导中国主动适应、把握、引领经济新常态过程中作出的重大创新性抉择。目前,深化供给侧结构性改革已成为新时代中国经济工作的重中之重。自2015年供给侧结构性改革被首次提出之后,习近平总书记多次在不同场合发表重要讲话,对供给侧结构性改革的内涵进行阐释,使这一概念不断得到明确深化。根据习近平总书记《在省部级主要领导干部学习贯彻党的十八届五中全会精神专题研讨班上的讲话》中对供给侧结构性改革的阐释,可以将其理解为"重点是解放和发展社会生产力,用改革的办法推进结构调整,减少无效和低端供给,扩大有效和中高端供给,增强供给结构对需求变化的适应性和灵活性,提高全要素生产率"①。

自党和国家作出深入推进供给侧结构性改革的重要指示以后,国内的学者们纷纷著书立说对这一重要命题进行研究。例如,国家行政学院经济学教研部从为什么、是什么、怎么做、做什么四个方面对中国供给侧结构性改革的逻辑思路和路径进行了分析②;黄群慧主张应从企业、产业和区域三个层面来分析供给侧结构性改革问题③;厉以宁、吴敬琏等以三去一降一补为核心,论述了供给侧结构性改革对于稳定中国经济增长、改善中国经济结构性问题的重要意义④;周密和刘秉镰从中国式产能过剩的视角分析了为什么供给侧结构性改革是经济发展

---

① 《习近平谈治国理政》(第二卷),外文出版社2017年版,第252页。
② 国家行政学院经济学教研部编著:《中国供给侧结构性改革》,人民出版社2016年版,第1—183页。
③ 黄群慧:《论中国工业的供给侧结构性改革》,《中国工业经济》2016年第9期。
④ 厉以宁、吴敬琏等:《三去一降一补:深化供给侧结构性改革》,中信出版社2017年版,第81—232页。

的必由之路[1]；马晓河等对推进供给侧结构性改革的基本理论与政策框架进行了探讨[2]；刘伟在探讨习近平新时代中国特色社会主义经济思想的内在逻辑时，对深化和推进供给侧结构性改革及其相关问题进行了论述；[3] 谢富胜等以政治经济学的理论逻辑和相关经验数据为基础，在全球生产网络中考察了中国的供给侧结构性改革[4]；方福前分析了中国供给侧结构性改革与美国供给学派经济学、里根经济学之间的关系[5]；等等。以上这些代表性成果都是在以习近平同志为核心的党中央有关供给侧结构性改革的重要论述精神引领下，对中国正在努力推进的供给侧结构性改革进行的学理性阐发，具有非常重要的理论价值。

体育产业的供给侧结构性改革由经济发展新常态下的供给侧结构性改革衍生而来，因此，学者们对体育产业供给侧结构性改革内涵的界定大都是以有关供给侧结构性改革的阐释为基础的。例如，殷俊海提出，体育产业供给侧结构性改革就是基于中国体育产业的发展现状及实践，以体育产业的供给侧为核心，将进一步促进机制创新作为切入点，将结构优化作为侧重点，推动中国体育产业进行的新一轮深化改革[6]；沈克印和杨毅然认为，体育产业供给侧结构性改革是以体育产业的供给侧为主要着眼点，从制度、机制以及技术等各个方面，通过推进深化改革的方式，实现体育产业结构的优化和调整，增加体育产品和服务的有效供给，减少体育产品和服务的无效供给，促进体育产业全要素生产率的提高，优化体育产业资源的配置，引导体育产业走上健康、可持续发展道

---

[1] 周密、刘秉镰：《供给侧结构性改革为什么是必由之路？——中国式产能过剩的经济学解释》，《经济研究》2017年第2期。
[2] 马晓河等：《推进供给侧结构性改革的基本理论与政策框架》，《宏观经济研究》2017年第3期。
[3] 刘伟：《习近平新时代中国特色社会主义经济思想的内在逻辑》，《经济研究》2018年第5期。
[4] 谢富胜等：《全球生产网络视角的供给侧结构性改革——基于政治经济学的理论逻辑和经验证据》，《管理世界》2019年第11期。
[5] 方福前：《供给侧结构性改革、供给学派和里根经济学》，《中国人民大学学报》2020年第3期。
[6] 殷俊海：《体育产业供给侧改革的方向》，《中国体育报》2016年4月22日第6版。

路，以满足人们在体育方面日益增长的多元化需求①；沈克印和吕万刚又将体育产业供给侧结构性改革的内涵进一步凝练为：以体育产业的供给侧为出发点，强调市场竞争机制的积极作用，运用改革和创新的手段化解体育产业中存在的结构性问题②；等等。

三 行政垄断与体育产业行政垄断

垄断是指一个行业中产品的生产与供应被某一家或很少的几家厂商所控制的一种市场结构。产业组织理论的相关研究成果表明，垄断会因降低经济效率、造成"X非效率"、可能阻碍科技创新等弊端而造成整个社会福利的净损失。由已有的相关研究成果可知，垄断依据其形成原因可大致划分为三大类：市场垄断、自然垄断和行政垄断。③ 在这三种类型中，市场垄断是源自市场中厂商之间自发竞争的一种垄断，是由少数的一家或几家厂商依靠其资本规模、技术水平或管理理念上的领先优势获得市场势力而造成的一种结果；自然垄断是指因生产过程中的成本次可加性导致的一种垄断，即由单个厂商生产一定种类产品组合的总成本会小于由多个不同厂商分别生产这种产品组合中的每种产品的成本总和，因而由一家厂商基于市场自然条对该种类产品组合进行垄断生产更为适宜；而行政垄断则是指有关行政管理部门出于维护本部门及其下属或所辖地区中的关联厂商的既得利益，以出台相应法律、行政法规或强制性规定的形式，凭借行政权力排斥和限制市场竞争而形成的垄断，常见于进行渐进式改革的转轨经济国家。④ 中国正在努力建设的社会主义市场经济体制是在过去实行的计划经济体制之中孕育而生的，虽然在深

---

① 沈克印、杨毅然：《体育特色小镇：供给侧改革背景下体育产业跨界融合的实践探索》，《武汉体育学院学报》2017年第6期。
② 沈克印、吕万刚：《体育产业供给侧改革的现实诉求与实施策略——基于资源要素的视角》，《西安体育学院学报》2017年第6期。
③ 过勇、胡鞍钢：《行政垄断、寻租与腐败——转型经济的腐败机理分析》，《经济社会体制比较》2003年第2期。
④ 王会宗：《中国铁路运输业行政垄断与引入竞争问题研究》，博士学位论文，山东大学，2010年。

化改革中日臻完善，但依然还带有传统计划经济模式的印记。在中国正在进行的渐进式改革中，原有计划经济体制下依靠公共权力管理生产经营活动的残存惯性引致了行政垄断问题的滋生；同时，旧体制下行政管理部门对经济过度干预的遗留问题尚未得到妥善解决，使得中国现存的市场垄断和自然垄断也都带有较为浓重的行政色彩。基于以上分析，就中国还不是十分成熟的社会主义市场经济的实际状况而言，由某些行政管理部门不当使用公共权力影响市场竞争机制发挥作用而导致的行政垄断是现存各种垄断类型中的最主要表现形态。

国内学者在开展研究的过程中还提出了有关行政垄断的其他称谓，如行政型垄断[1]、行政性垄断[2]、行政化垄断[3]等。虽然在名称上略有不同，但其基本内涵却是高度相似的。而且学者们大都认为，中国的行政垄断主要有三种存在形式，即行业性的行政垄断、地区性的行政垄断和行政垄断性的公司。[4] 所谓行业性的行政垄断，指的是某些行政管理部门为了最大限度地为其所管辖行业中的既得利益集团谋求利益，不当行使手中掌握的公共权力对相应行业的市场竞争机制的作用进行限制甚至消除的行为及其后果；这种形式的行政垄断具体体现为：某一行业的行政管理部门出于实施行政垄断的需要，对该行业制定了许多种类繁杂的所谓"市场管理"或"监督审查"制度，以至于既妨碍了其他意欲参与竞争的主体自由进入相应市场，又使得该行业内原有主体难以较快转变为真正的市场竞争参与者。所谓地区性的行政垄断，指的是某些地方政府从最大化本地区利益的既定目标出发，通过不当使用公共行政权力，排除或影响其所辖区域市场中竞争机制作用有效发挥的行为及其后果。这种形式的行政垄断表现出特定的地区性属性，具有显著的区域行政分割特征，往往使得稀缺的资源难以在个各地区之间实现高效的合理

---

[1] 王保树：《企业联合与制止垄断》，《法学研究》1990年第1期。
[2] 邓保同：《论行政性垄断》，《法学评论》1998年第4期。
[3] 蒋爱先、周怀峰：《浅论市场经济条件下的行政化垄断》，《广西社会主义学院学报》2000年第1期。
[4] 王会宗、张国亭：《中国体育产业的行政垄断体制改革研究》，《理论导刊》2015年第10期。

配置。所谓行政垄断性的公司，指的是各种与行政管理部门密切关联的专业性或集团性公司，以及行政机关部门出于各种需要零星组建的直属其管辖的"三产"公司。该种类型的公司是由各级行政管理部门或者地方政府亲自出面兴办的，本身兼具企业法人和行政管理主体双重身份，同时行使企业经营管理和行政管理监督两种职能，不仅对相应部门或地区治下的有关市场拥有控制力，还与市场中的其他各企业或组织间存在着管理与被管理的行政性隶属关系。有关政府部门赋予了这些公司许多其他市场主体几乎无法获得的特权，从而有助于其能无成本或低成本地获取所在市场中的一些重要资源或信息，也因而使其能够在同行业的市场竞争中借助这种竞争优势形成强大的市场势力。作为政企合二为一的产物，这些行政垄断性的公司虽然不是行政垄断的主要形式，但对某些领域促进以竞争为导向的市场化改革产生了非常大的阻碍作用，既使得这类公司自身难以成为真正的市场竞争主体，又在很大程度上加大了解决相关寻租问题的难度，严重危害了中国特色社会主义市场经济的健康发展。行政垄断虽然曾在一些计划经济体制国家某些较为特殊的历史时期为重振和发展国民经济起过非常积极的推动作用，但转轨经济国家的经济社会发展实践以及国内外学者的大量研究均表明，行政垄断最终会导致效率低下，并造成巨大的社会福利损失。[1] 因此，国内外的学者和决策者基本都认同"必须打破行政垄断"的主张。

作为中国国民经济的有机组成部分之一，体育产业和其他在原有计划经济体制之下产生的产业部门一样，在国内宏观制度环境的影响下表现出明显的行政垄断特征。[2] 正因如此，虽然市场垄断和自然垄断也在中国体育产业中有所体现，但行政垄断才是体育产业垄断的主要类型；而且，作为市场化改革亟待加快推进的行业之一，体育产业的行政垄断在国民经济同类部门中具有十分典型的代表性。从表现形式上来看，上

---

[1] 王会宗、丁启军：《行政性垄断影响行业效率的机理探究——以我国铁路运输业为例》，《关东学刊》2016年第12期。
[2] 王会宗：《我国体育传媒与信息服务业行政垄断的A-S-C-P分析》，《河北体育学院学报》2012年第5期。

述行政垄断的三种存在形式在中国体育产业的各个发展阶段都不同程度地存在着。就现阶段而言，随着中国体育产业市场化改革的不断推进，地区性的行政垄断和行政垄断性的公司两种形式已居于次要地位，而行业性的行政垄断则成为中国体育产业行政垄断最为主要的表现形式。[①] 基于前面提及的行政垄断概念的内涵，我们可以将体育产业中的行业性行政垄断界定为体育产业行政管理部门为了保护该行业中与之有密切联系的既得利益集团，运用手中掌握的公共权力排斥、影响、限制甚至意图消除体育市场竞争而引致的垄断行为及其后果。概括而言，这种垄断的主要表现是体育产业行政管理部门通过出台各种名目的监督管理及行政审批政策而形成进入该行业的过高行政性壁垒，以至于对新市场竞争主体自由进入体育市场造成了巨大阻碍，从而影响了市场上竞争机制的作用发挥并助长了行业中的垄断行为，并最终导致体育产业的整体效率状况不佳。

第四节　研究思路及主体内容

本书通过对"中国体育产业深化供给侧结构性改革中的打破行政垄断"问题进行系统、深入、细致的探讨，论证了在中国体育产业深化供给侧结构性改革进程中打破行政垄断的必要性、合理性和可行性，并找到体育产业打破行政垄断的合理模式和适宜路径。

一　研究思路

本书按照从"提出问题"到"分析问题"再到"解决问题"的"三段式"逻辑路线开展研究，其基本研究思路如下：首先，通过分析本书的研究背景、研究意义和对相关文献进行述评提出本书要探讨的问题，即中国体育产业供给侧结构性改革中的打破行政垄断，并说明对这

[①] 王会宗、张国亭：《中国体育产业的行政垄断体制改革研究》，《理论学刊》2015年第10期。

一问题进行研究的理论和现实价值。其次,通过分析体育产业行政垄断的渊源,厘清中国体育产业行政垄断的历史根源,以为探究和解决中国体育产业供给侧结构性改革中的打破行政垄断问题提供充分的历史依据。再次,通过分析体育产业行政垄断的基本特征和评估体育产业行政垄断程度,并研究行政垄断如何通过影响体育产业整体效率而阻滞其供给侧结构性改革,阐明中国体育产业在推进供给侧结构性改革中打破行政垄断的必然性和必要性。复次,通过分析打破行政垄断促进中国体育产业深化供给侧结构性改革的作用机理和积极效应,阐明体育产业在深化供给侧结构性改革中打破行政垄断的合理性。最后,通过运用熵与耗散结构理论对行政垄断下中国体育产业效率演进的实际情况进行考证,并总结国际上体育产业发展的成功经验,阐明中国体育产业在深化供给侧结构性改革中打破行政垄断的可行性。进而,基于探讨政府与市场边界合理划分导向下体育产业供给侧结构性改革中的打破行政垄断和促进有效竞争模式,提出与该模式相对应的前提条件和具体对策措施。

二 研究内容

基于拟定的研究对象和研究思路,本书将研究内容的总体框架设计如下。

导论,阐述了"中国体育产业供给侧结构性改革中的打破行政垄断"问题的研究背景和研究意义,界定了与该问题研究相关的基本概念,并介绍了本书的研究思路、研究内容、研究方法及创新之处,从而为后面研究内容的展开谋篇布局。

第一章,理论基础与相关文献述评,对与"中国体育产业供给侧结构性改革中的打破行政垄断"问题研究相关的基础理论和研究成果进行了梳理和评价,以为后续研究的开展进行必要的学术铺垫,并揭示对该问题进行系统深入研究的学术价值。

第二章,体育产业行政垄断的渊源,回顾了中国体育产业发展的历程,并运用新制度经济学中的国家理论和制度变迁理论等分析工具研究了中国体育产业行政垄断的演进过程,以从中国体育产业发展的轨迹中探寻其行政垄断形成的原因和其行政垄断问题的核心症结所在。

第三章，体育产业行政垄断的基本特征及其程度测评，分析了中国体育产业行政垄断表现出的基本特征，并基于这些特征构建了包括行政管制、组织结构、主体行为和产业绩效四大类一级指标（各一级指标分别下设相应的二级指标和三级指标）的测度指标体系，对中国体育产业行政垄断的程度进行评估，以考察中国体育产业行政垄断的现实状况。

第四章，体育产业行政垄断阻滞其供给侧结构性改革的效率评估视角分析，基于产业经济学中的效率相关理论建立了包括微观效率、中观效率、宏观效率三大类一级指标（各一级指标分别下设相应的二级指标和三级指标）的指标体系，对行政垄断之下的中国体育产业整体效率状况进行评判；并运用非参数估计方法中的数据包络分析模型对中国体育产业的综合效率进行了评估，以验证体育产业行政垄断引起的生产效率低、有效供给不足等问题对其供给侧结构性改革造成的负面影响。

第五章，打破行政垄断对体育产业供给侧结构性改革的促进作用和积极效应，基于行政垄断影响行政垄断行业绩效的机制推演，分析了打破体育产业行政垄断对促进其供给侧结构性改革的作用机理和对其供给侧结构性改革的顺利推进能够产生的各种积极效应，以阐明打破行政垄断对中国体育产业供给侧结构性改革的正向推动作用。

第六章，体育产业在深化供给侧结构性改革中打破行政垄断的对策建议，以运用熵与耗散结构理论考究行政垄断下体育产业效率状况演变中得到的启示为基础，总结了国际上体育产业发展的成功经验，并结合中国体育产业发展的实际情况，构建了政府与市场边界合理划分导向下的体育产业在供给侧结构性改革中打破行政垄断和形成有效竞争的理想模式，进而提出了落实该模式应具备的基本前提和应采取的具体措施。

第七章，结论与展望，对本书研究的全部内容进行了回顾和总结，归纳了本书的最终研究结论，并展望了"中国体育产业供给侧结构性改革中的打破行政垄断"问题的为未来研究方向。

第五节　研究方法

本书将综合运用定性分析和定量分析两大类方法中的多种具体方法开展研究，其中最主要的研究方法如下。

一　文献归纳法

在阐述"体育产业供给侧结构性改革中的打破行政垄断"问题的理论基础和对与该问题相关的文献进行述评时，本书将在回顾市场结构类型划分理论和市场竞争与垄断理论等重要参考理论的基础上，对中国体育产业供给侧结构性改革和打破行政垄断两个领域的相关研究文献进行梳理、归纳和评价，借以说明本书研究的重要学术价值，也为后面研究的展开进行必要的学术铺垫。

二　历史分析法

在分析体育产业行政垄断的渊源时，本书将采用历史分析法对中国体育产业的发展历程及在此期间进行的与体育产业相关的重大改革进行研究，以在中国体育制度变迁的背景下厘清体育产业行政垄断的来龙去脉。

三　理论与实证相结合的分析方法

在对体育产业行政垄断程度及其总体效率状况进行评估的时候，本书将基于产业组织和行政垄断的相关理论，运用设计的三级指标体系对中国体育产业的行政垄断程度及其效率状况进行分析评估，以更加系统全面地反映中国体育产业行政垄断及其总体效率的客观状况。在对行政垄断下体育产业的整体综合效率进行评估的时候，考虑到由体育产业生产过程复杂性引致的模型设定困难问题，本书将基于非参数估计的基本原理，采用不必预先设定模型、以线性规划模型和凸分析为工具的数据包络分析法开展实证研究，以更加科学地检验体育产业在行政垄断下的综合效率状况。

四 逻辑推演的分析方法

在分析打破行政垄断促进体育产业供给侧结构性改革的作用机理和积极效应时，本书将运用逻辑推演的分析方法阐释行业性行政垄断影响行政垄断行业绩效的理论机制，并基于打破行政垄断促进体育产业供给侧结构性改革的作用机理分析，探讨打破体育产业行政垄断对其供给侧结构性改革的顺利推进能够产生的各种积极效应，从理论逻辑上说明打破行政垄断对中国体育产业深化供给侧结构性改革乃至高质量发展起到的促进作用。

五 系统科学的分析方法

在分析体育产业在供给侧结构性改革中打破行政垄断的有效路径时，本书将运用系统科学中的熵与耗散结构理论分析方法对中国体育产业系统的发展过程进行分析，并得出体育产业打破行政垄断合理模式选择的启示，以为研究政府与市场协同治理导向下体育产业在供给侧结构性改革中打破行政垄断和形成有效竞争的理想模式及其实现应具备的前提条件奠定学理基础。

六 比较分析法

在提出体育产业在供给侧结构性改革中打破行政垄断的措施时，本书将在考证体育产业行政垄断演进过程时，对中国体育产业系统在不同时期所处的状态及其效率情况进行纵向比较，说明体育产业在深化供给侧结构性改革的过程中彻底打破行政垄断约束的可行性。另外，在对体育产业的行政垄断程度及其总体效率进行评估时，本书也将把中国体育产业与国外体育产业的相应情况进行比较，以为反映体育产业的行政垄断状况提供更充分的依据。

第六节 创新之处

在中国深化供给侧结构性改革和推进经济高质量发展的新形势下，

综合运用多学科的相关理论和方法，在进一步加强中国体育产业在供给侧结构性改革中打破行政垄断问题理论分析的同时，加大相关方面的实证研究力度，具有较为重要的学术价值和应用价值。具体而言，本书研究可能的创新点如下。

首先，本书在中国体育产业行政垄断演进的新制度经济学分析、打破行政垄断对体育产业供给侧结构性改革的促进作用和积极效应探讨、体育产业在供给侧结构性改革中打破行政垄断和形成有效竞争的理想模式设计等方面的研究不仅能丰富国内学术界对于体育产业行政垄断方面的定性研究，还能为国外学术界在缺乏体育产业行政垄断方面研究成果的情况下加强对该问题的学术研究提供一定借鉴，从而能够在一定程度上进一步推动体育产业相关方面的理论研究工作。

其次，本书在中国体育产业行政垄断程度的测度、行政垄断下中国体育产业效率状况评估方面的研究能在一定程度上弥补国内学术界体育产业行政垄断定量研究方面的不足，从而能为该方面已有的理论研究提供更加坚实的实证研究支撑，也能使得国内学术界对于体育产业行政垄断的实证研究相对逊色的状况有所改观。

最后，本书在合理划分政府与市场边界理念下体育产业供给侧结构性改革中的打破行政垄断模式及对策建议方面的研究，能为相关政府部门提供决策参考，并为体育产业政府主管部门制定切实可行的体育产业供给侧结构性改革和打破行政垄断政策措施提供一定依据，从而将对中国体育产业政策体系的不断健全有所贡献。

第一章

理论基础与相关文献述评

在中国特色社会主义进入新时代的背景下，大力发展体育产业对于化解中国已经转化了的社会主要矛盾具有十分重要的现实意义；而若要推进体育产业实现又好又快发展，必须在深化其供给侧结构性改革中，打破行政垄断对其形成的桎梏。为了加快推动体育产业供给侧结构性改革中的打破行政垄断实践进程，必须对其进行系统、深入、细致的学术研究，以使得相应实践活动的深入开展能够获得必要的理论成果指引。市场结构类型理论和市场竞争与垄断理论经过不断发展已日臻成熟，为体育产业供给侧结构性改革中的打破行政垄断问题研究奠定了本源性理论基础。另外，学术界为了给中国体育产业的供给侧结构性改革与打破行政垄断实践提供决策参考，从而更好地服务于体育产业发展和化解社会主要矛盾，对中国体育产业供给侧结构性改革与打破行政垄断两个领域都进行了非常有益的学术探讨，取得了丰硕的研究成果。并且，在这些研究成果之中，也涌现出一些关于"通过打破行政垄断促进中国体育产业供给侧结构性改革"问题的初步探索。本章将对与本书研究相关的基础理论和研究成果进行梳理和评价，以为后面研究的逐步展开进行必要的学术铺垫，并进一步凸显开展本书研究在推进相关领域学术发展方面的重要价值。

第一节 理论基础

市场结构类型理论和市场竞争与垄断理论是中国的供给侧结构性改

革和打破行政垄断实践的重要理论来源,也为我们研究体育产业供给侧结构性改革中的打破行政垄断问题提供了基础理论借鉴。以下我们将对与本书研究密切相关的市场结构类型理论进行回顾,并对与本书研究有直接联系的主要市场竞争与垄断具体理论进行概述,以为本书研究的展开进行理论奠基。

一 市场结构类型划分理论

以市场上产品供应厂商的数目多少、各厂商提供产品的差别大小、厂商对市场的控制力强弱、厂商进入退出市场的壁垒高低等标准为依据,可将市场结构划分为四种类型,即完全竞争、完全垄断、垄断竞争和寡头垄断。[①] 其中,完全竞争和完全垄断是在现实世界中几乎不存在的两种极端的市场结构类型,而垄断竞争和寡头垄断则是更贴近真实经济生活的两种常见的市场结构类型。

(一) 完全竞争

完全竞争,也称作纯粹竞争,指的是一种市场竞争非常充分、不会受到任何妨碍及干预的市场结构。这种类型的市场结构主要表现出以下几个特征:首先,在市场上厂商和消费者的数量非常多,作为单个经济单位的个别厂商或消费者由于其销售数量或购买数量对于整个市场总量而言都只占了微不足道的份额,因而他们都只能被动地接受市场价格,而根本无法影响市场价格的变动;其次,厂商供应的产品无论是在基本性能、质量档次等方面,还是在外观包装、销售条件等方面都具有相同的品质,因而任何一家厂商都不具有市场势力,消费者也不会因为对某一厂商供应的产品有特殊偏好而愿意为其支付高价;再次,厂商可以自由无障碍地进入或退出某个行业,从而使得厂商能及时从亏损行业退出并进入盈利行业,这也保证了劳动、资本等厂商在生产过程中使用的资源可以在行业内外实现及时转移;最后,市场中每个经济主体都掌握了有关决策和交易的完全信息,从而保证了厂商和消费者都能根据这些信

---

① 卢现祥、廖涵主编:《经济学通论》(第三版),北京大学出版社2018年版,第118页。

息来确定最大化自身利益的最佳生产数量和购买数量,这也排除了因信息不畅导致同一市场出现多种产品价格的情况。①

完全竞争的以上理论假设条件是十分严格的,在现实经济世界中并不存在真正意义上完全竞争市场,因而它实际上是经济学家假设"看得见的手"能充分发挥作用时建构的一种理想状态。但是,被传统经济理论认为是经济效率最高的完全竞争市场,可以作为理解不完全竞争市场及其经济效率的一种参照系,为我们探讨优化市场资源配置问题提供基本的对比标尺。②

(二) 完全垄断

完全垄断,也称作纯粹垄断或独占,指的是行业中产品的生产与供应由某一个厂商独家掌控的市场结构。这种类型的市场结构主要表现出以下几个特征:首先,行业中只有唯一的一家厂商生产并提供某种产品,即这家厂商覆盖了整个行业,其他的竞争对手都被排除在行业之外;其次,完全垄断厂商提供的产品没有任何近似的与之有替代关系的产品,其他厂商不能生产替代这种产品的相近产品与之开展竞争,因而消费者只能别无选择地购买垄断厂商独家供给的这种产品;再次,完全垄断厂商独家控制着行业中的产品生产供应,因而能依据利润最大化原则调整产品的产量从而影响其市场供求关系,进而操控或决定该产品的市场价格;最后,由于进入行业的壁垒极高,作为完全垄断厂商竞争对手的其他厂商不可能或极难进入行业中参与产品的生产,因而行业内外的各种生产要素也难以实现自由流动。③

导致完全垄断出现的原因主要有政府的特许经营、专利制度对技术发明的保护、某种用于产品生产的关键资源被一家厂商独家控制、规模经济效应充分发挥的需要等。④完全垄断因为阻碍了生产要素的自由流

---

① 张瑞林、王会宗主编:《体育经济学概论》,高等教育出版社2016年版,第111—112页。
② 胡田田主编:《经济学基础与应用》(第二版),复旦大学出版社2014年版,第139页。
③ 张瑞林、王会宗主编:《体育经济学概论》,高等教育出版社2016年版,第113页。
④ 《西方经济学》编写组:《西方经济学》(精要本·第三版),高等教育出版社2021年版,第135—136页。

动、容易引起厂商内部的 X－非效率、妨碍技术进步与创新等，导致了经济效率低下问题。① 与完全竞争类似，完全垄断也只是一种理论上的假定状态，在现实世界中几乎不存在没有任何近似替代品的产品，因而完全垄断在现实经济生活中也就非常罕见了。

（三）垄断竞争市场

垄断竞争是一种处于完全竞争和完全垄断两种极端市场结构类型之间、但更向完全竞争靠拢的一种兼具垄断与竞争两方面因素的市场结构。这种类型的市场结构主要表现出以下几个特征：首先，在行业中存在数量较多的彼此之间进行激烈竞争的厂商，它们会因自己所占市场份额甚小而认为自己改变价格或产量的行为不会引起其他厂商的注意和报复，因而各个厂商几乎都会采取相同或近似的价格或产量策略，并最终导致了垄断竞争厂商在长期中无法获得额外的经济利润，而只能赚取限度最大的正常利润。其次，各厂商生产的产品之间存在供给价格、质量性能、内部构造、外观形象、包装设计、品牌服务和广告宣传等方面的客观差异或在不同消费者心理上形成的主观差异，使得垄断竞争厂商能够凭借自己产品的"独特"性而拥有一定的市场势力。但是，这些厂商生产的产品之间又具有很高的近似替代性，因而其相互之间又存在着激烈的竞争关系。最后，由于垄断竞争行业的资金、技术等市场壁垒都比较低，厂商进入或退出这些行业面临的障碍都较小，从而使得生要素能够在行业内外较为自由地流动。②

在垄断竞争条件下，厂商可以采取价格策略和非价格策略展开激烈的竞争，从而能够在实现自身利润最大化的同时保证较高水平的资源配置效率，并在满足消费者多样化需求的过程中提高了社会福利水平；同时，垄断竞争厂商都具有一定的垄断势力，因而能为技术创新研发提供必要的保证，从而能促进整个行业的技术创新水平不断提高。③ 因此，

---

① 胡田田主编：《经济学基础与应用》（第二版），复旦大学出版社 2014 年版，第 31 页。
② 张瑞林、王会宗主编：《体育经济学概论》，高等教育出版社 2016 年版，第 115 页。
③ 《西方经济学》编写组：《西方经济学》（精要本·第三版），高等教育出版社 2021 年版，第 157—158 页。

虽然垄断竞争市场结构也存在一些诸如厂商规模较小、过度非价格竞争的弊端，但其总体经济效率依然会表现出较高的水平。

（四）寡头垄断

寡头垄断，也称作寡占，意指整个行业产品的生产与供应由为数不多的几家厂商所把控，是一种处于完全竞争和完全垄断两种极端市场结构类型之间、但更向完全垄断靠拢的一种兼具垄断与竞争两方面因素的市场结构。这种类型的市场结构主要表现出以下几个特征：首先，由于行业中只存在少数几家厂商，每家厂商采取的竞争行为都会对整个市场产生很大的影响，因此，各家厂商之间存在着非常直接的利害关系，都会在进行决策时充分考虑该决策将引起其他厂商采取何种对策。其次，寡头垄断厂商们生产的产品之间可能存在差别，也可能不存在差别，因此，厂商之间进行竞争的方式是不确定的，可以是价格竞争，也可以是非价格竞争。最后，寡头垄断厂商们在技术水平、资金投入、生产规模、产品声誉和市场渠道等方面具有其他潜在竞争对手无法比拟的优势，形成了非常高的行业进入与退出壁垒，导致生产要素难以在行业内外自由流动。[①]

在寡头垄断条件下，势均力敌的厂商为了避免进行你死我活的竞争，可能会采取协调串谋策略以谋求整体利润最大化，从而使得消费者的利益受损，也会在长期中对整个行业的技术进步造成阻碍。因此，其损害经济效率的弊端是显而易见的。当然，由于厂商的生产规模都很大，因而能较好地实现规模经济效益，并有利于新产品、新技术的开发与应用，也便于政府有关部门对厂商所在的行业进行产业政策协调，因此，寡头垄断在有些时期也会产生一定积极效应。[②]

二 市场竞争与垄断理论

以上四种市场结构类型的划分是在市场竞争与垄断理论的不断发展中逐渐明朗的，是市场竞争与垄断研究领域的学者们经过持续不断的学

[①] 张瑞林、王会宗主编：《体育经济学概论》，高等教育出版社2016年版，第116页。
[②] 《西方经济学》编写组：《西方经济学》（精要本·第三版），高等教育出版社2021年版，第157—158页。

术探索形成的理论成果。为了从市场竞争与垄断理论的演进过程中更深刻地理解市场结构类型的划分以及不同市场结构的经济效率差异，接下来我们将按照市场垄断与竞争理论发展的历史脉络对其在各阶段出现的具体理论进行简要介绍。

（一）"看不见的手"基本原理的提出与阐发

作为经济学中的一个至关重要的命题，"看不见的手"的基本原理是由古典经济学的主要创立者、著名英国经济学家亚当·斯密在其于1776年出版的经济学奠基之作——《国富论》（又被译作《国民财富的性质和原因的研究》）中最先提出并进行阐述的。斯密指出，在完全竞争的市场条件之下，生产都是在小规模状态下进行的，因而某个单独的生产者根本无法对产品的市场价格造成影响，并且生产者致力于实现利润的最大化，而消费者则致力于实现效用的最大化，市场机制像只"看不见的手"一样可以自发地将各种资源在产业之间和产业内部进行合理分配，从而使得资源能得到合理有效配置，也同时会促进社会福利实现最大化。但是，在垄断的市场条件之下，完全竞争的市场机制无法发挥其实现资源优化配置的积极作用，从而将引起资源配置的低效率，并损害消费者的福利。[①] 这一原理告诉我们，完全竞争可以对资源进行最优配置，是经济效率最高的产业组织类型；而垄断则会引起经济效率低下。

在"看不见的手"基本原理被提出之后的一百余年的时间里，斯密的追随者们对这一原理进行了更深入的阐发，并继续遵循着"斯密古典经济学传统"[②] 进一步研究市场竞争与垄断问题。例如，法国经济学家西斯蒙第、英国经济学家穆勒和英国经济学家麦克库洛赫在19世纪初以及英国经济学家马歇尔、法国经济学家古诺、爱尔兰经济学家埃奇沃思、英国经济学家西奇威克、英国经济学家庇古和英籍意大利经济学家斯拉法等在19世纪末20世纪初开展的市场不完全性方面的研究，就

---

① ［英］亚当·斯密：《国富论》（下），郭大力、王亚南译，上海三联书店2009年版，第23页。
② 即斯密所主张的将市场垄断当作一种特殊情况而将自由竞争当作一种普遍情况看待的理论分析框架和基本研究准则。

对"看不见的手"基本原理的发展起到了很大的推动作用,也为市场竞争与垄断理论研究的不断深化贡献了重要力量。①

(二)"马歇尔困境"的揭示与"不完全竞争"理论的出现

新古典经济学的集大成者、微观经济学体系的奠基人、著名英国经济学家阿尔弗雷德·马歇尔在其于1890年出版的《经济学原理》中最早提出了"组织"的概念,并将其作为第四种生产要素引入了经济学问题分析之中。他在探讨"组织"问题时,揭示了一种被后来的学者们称作"马歇尔困境"的规模经济与自由竞争之间的冲突现象,即进行大规模生产使厂商实现了规模经济,降低了其单位产品的生产成本,并提高了其产品在市场中所占的份额,因而增强了整个市场结构中的垄断因素,而垄断程度的提高则会使得市场竞争机制难以充分发挥其优化资源配置的作用,从而导致经济从整体上丧失原来在完全竞争状态下表现出的活力,并引起经济效率低下状况的出现。② 在这一"悖论"被提出之后,学者们对该问题进行了广泛而深入的研究与讨论,试图寻求"规模经济"和"竞争活力"两者不可兼得问题的解决方案。

在对以上有关"马歇尔困境"的学术探讨进行总结的基础上,英国经济学家罗宾逊于1933年出版了其著作《不完全竞争经济学》,美国经济学家张伯伦也于同年出版了其著作《垄断竞争理论》,都认为完全竞争和完全垄断是两种极端的市场类型,在现实中普遍存在的是介于这两者之间的垄断竞争市场。③ 由这两位经济学家同时提出的这种不完全竞争理论极具开创性,以至被著名美国经济学家萨缪尔森称为"垄断竞争革命"。这一理论的出现标志着"斯密古典经济学传统"已宣告终结,④ 对市场竞争与垄断理论的继续发展起了非常大的推动作用。在不完全竞争理论提出之后,美国经济学家克拉克提出了"有效竞争"(又

---

① 王会宗:《中国铁路运输业行政垄断与引入竞争问题研究》,博士学位论文,山东大学,2010年。
② 干春晖编著:《产业经济学:教程与案例》(第2版),机械工业出版社2021年版,第7页。
③ 王俊豪主编:《产业经济学》(第三版),高等教育出版社2016年版,第7页。
④ 郑秉文:《20世纪西方经济学发展历程回眸》,《中国社会科学》2001年第3期。

称为可行性竞争)的理念,认为有效竞争是一种能够实现"规模经济"与"竞争活力"兼容的市场模式,① 得到了经济学界的广泛认同,并有梅森和索斯尼克等学者对有效竞争的衡量问题进行了深入探讨,② 进一步推动市场竞争与垄断理论的发展。

(三) 哈佛学派与芝加哥学派之间的学术分歧

"不完全竞争理论"为现代产业组织理论的出现及发展奠定了初步的理论基础,但是产业组织理论真正形成较为完整的理论体系却是在哈佛学派提出 S-C-P 理论分析框架之后。以美国经济学家梅森、贝恩、谢勒等哈佛大学学者为主要代表人物的哈佛学派是在 20 世纪 30 年代末之后逐步兴起的,该学派基于不完全竞争理论,将产业分析问题解构为市场结构、市场行为和市场绩效三个紧密相关的逻辑层面,构建了产业组织理论中经典的 S-C-P 分析范式。这一范式的基本思想是特定的市场结构决定了市场中厂商的特定行为,而厂商的特定行为又进一步决定了市场最终的绩效表现;高集中度的垄断市场严重影响了竞争机制作用的发挥,从而引致了厂商采取最大化其自身利益的垄断行为,而这些行为的出现又造成了整个市场的绩效水平低下。基于上述原因,政府应该制定并执行反垄断的公共政策措施,维护和促进市场竞争,以提升市场效率水平。③ 因为哈佛学派特别强调市场结构的决定作用,所以又被后来的学者称为"结构主义"者。

与哈佛学派主张的"结构主义"理论观点截然不同的是,芝加哥学派提出了更注重市场绩效作用的理论观点。以美国经济学家斯蒂格勒、德姆塞茨、波斯纳、麦吉和布罗曾等芝加哥大学学者为主要代表的芝加哥学派是在 20 世纪 60 年代后对哈佛学派理论进行批判的过程中逐步崛起的,该学派认为高度集中的市场未必会导致效率低下状况的出现,这种

---

① Clark, J. M., "Toward a Concept of Workable Competition", *American Economic Review*, Vol. 30, No. 2, 1940.
② 简新华、李雪编著:《新编产业经济学》,高等教育出版社 2009 年版,第 106 页。
③ 王忠宏:《哈佛学派、芝加哥学派竞争理论比较及其对我国反垄断的启示》,《经济评论》2003 年第 1 期。

市场中的大型厂商往往具有很高的效率水平；正是因为某些厂商具有其他厂商不具备的高效率水平，它们才会在激烈的竞争中赚取高额的经济利润，而高利润的获得又推动了其本身规模的扩张和整个市场集中程度的提升，最终造就了市场中的大型厂商及高度集中的市场结构。基于上述理由，政府应该尽可能地减少对产业经济活动的不必要干预，以便使得厂商及个人自主开展经济活动的范围尽可能扩大。[1] 由于芝加哥学派特别强调市场绩效的决定作用，又被后来的学者称为"效率主义"者。

（四）可竞争市场理论的创立和新奥地利经济学派的兴起

基于芝加哥学派的基本理论，以美国经济学家鲍莫尔、潘扎尔和威利格为主要代表人物的一些学者于20世纪70年代末80年代初创立了可竞争市场理论。这种理论主张，市场的高度集中结构并非不可以和高效率水平同时出现；无论是在哪种类型的市场结构条件下，只要能够保证可以完全自由无障碍地进入市场且不存在进入市场的额外成本，来自潜在竞争的外部压力都会逼迫市场上的厂商不得不采取竞争性策略予以应对，从而可以保证垄断型市场也能够有优良的绩效表现，所以政府在制定和实施公共政策时应将重点置于减少由人为因素造成的进入壁垒和不必要的沉没成本方面，而不应该放在对市场集中程度进行干预方面。[2] 依据这一理论的基本思想，要想改善一个产业的绩效状况，关键是在于减少由人为干预造成的行业壁垒和沉没成本。

在奥地利经济学家米塞斯和奥地利英籍经济学家哈耶克等学者的思想基础之上，新奥地利经济学派于20世纪七八十年代兴起，成为一个致力于对奥地利经济学派传统思想及方法进行继承和发展的产业经济学流派。与芝加哥学派类似，该学派也同样以"经济自由主义"为信条，且批判哈佛经济学派提出的反垄断政策主张；但有别于芝加哥经济学派以市场绩效为基本取向的观点，该学派更加强调市场竞争的过程性及其行为性。该学派认为，传统的完全竞争理论从各种假设前提出发而没有

---

[1] 李悦等编著：《产业经济学》（第四版），东北财经大学出版社2018年版，第288—291页。

[2] 吴小丁：《现代竞争理论的发展与流派》，《吉林大学社会科学学报》2001年第3期。

对市场竞争过程进行必要的解释是舍本逐末;在市场竞争这一个自然的优胜劣汰过程中,经历了激烈竞争过程而最终存活下来的大型厂商除非是由行政垄断引致的,肯定是市场中效率最高的厂商,因而最有效的促进竞争政策措施不是对高集中度的市场结构实施行政干预,而是破除非必要的行政垄断制度和废止已过时的政府规制政策。[①] 基于上述思想观点,要想提高一个产业的整体绩效水平,必须彻底打破行政垄断对其造成的发展束缚。

(五)产业组织理论和产业规制理论的新进展

20世纪70年代以来,产业组织理论进入了以更强调理论研究为主要特征的新时期。这一时期产业组织理论的新动向主要表现为:第一,由注重市场结构研究的"结构主义"逐步转向了重视市场行为研究的"行为主义";第二,实现了传统单向、静态分析框架向双向、动态分析框架的过渡;第三,博弈论方法的引入使得对市场行为领域的分析进一步加强。[②] 在产业组织理论取得的新进展中,以下两方面的研究最具有代表性:以美国经济学家科斯和威廉姆森为主要代表人物的新制度经济学派基于交易费用理论对产业组织问题进行了深入研究,从新的视角出发提出了体系较为完整的企业理论;以法国经济学家梯若尔和美国经济学家克雷普斯为代表的一些学者将博弈论的研究方法运用到了产业组织问题研究之中,对非市场的制度安排如何影响企业行为问题进行了探讨,有力促进了传统产业组织理论的进一步革新。[③]

伴随着产业组织理论领域不断取得突破,产业规制理论领域也相应地出现了一些新的变化:开始将"理性经济人"的假设及供求均衡分析方法引入产业规制问题研究;基于博弈论、信息经济学理论和激励相容理论的基本原理,实现了产业规制理论的研究重点由公共利益规制、

---

① 夏大慰、王步芳:《新奥地利学派:产业组织学的行为流派》,《山西财经大学学报》2004年第5期。

② 干春晖编著:《产业经济学:教程与案例》(第2版),机械工业出版社2021年版,第12—13页。

③ 简新华、李雪编著:《新编产业经济学》,高等教育出版社2009年版,第7页。

规制的必要性、加强规制、单向约束规制、限制垄断及不正当竞争、信息完全、规制作为外生变量、规制需求分析，逐步转向了利益集团规制和激励性规制、规制的效果及合理性、放松规制并引入竞争、博弈互动规制、规制与竞争的平衡、信息不完全、规制作为内生变量、规制供给分析；主张政府规制和市场竞争无法完全替代，实现政府规制与市场竞争之间的协调兼容是最佳的选择，从而对"为什么要规制""要怎样规制""规制能否有效"等产业规制基本问题更好地进行了阐释，使产业规制理论更加具有现实解释力。①

以上市场竞争与垄断理论及其在发展过程中应用的研究方法都已被奉为经典，为我们研究体育产业供给侧结构性改革中的打破行政垄断问题奠定了良好的理论基础，并提供了有效的分析工具，对本书研究的开展具有重要的学术参考价值。

第二节　相关文献综述

近年来，中国在深化体育产业供给侧结构性改革的实践过程中，不断出台与打破体育产业行政垄断相关的各种政策措施，并加快推进这些政策措施的贯彻和落实，有力促进了中国体育产业在供给侧结构性改革中切实破除行政垄断对其发展造成的阻碍。然而，在看到成绩的同时，也应该清醒地意识到，在体育产业供给侧结构性改革中彻底打破行政垄断的束缚，仍然任重而道远。中国体育产业供给侧结构性改革和打破行政垄断的实践为学界深入研究体育产业供给侧结构性改革和打破行政垄断问题提供了动力和素材，催生了一批相关方面非常有学术价值的研究成果。以下我们将对这些研究成果中的代表性文献进行系统梳理，以为本书研究的展开奠定学术基础。

一　体育产业供给侧结构性改革相关研究回顾

持续推进并不断深化供给侧结构性改革，是党和国家为使中国在新

---

① 张红凤：《规制经济学的变迁》，《经济学动态》2005年第8期。

时代条件下更好地适应、把握和引领经济发展"新常态"规划制定并实施的重大治国理政战略决策。近些年来，学界积极回应在经济发展新常态下深化供给侧结构性改革的国家重大战略需求，越来越重视对中国国民经济总体以及包括体育产业在内的国民经济各构成部门的供给侧结构性改革进行系统深入研究。就体育产业而言，学者们主要从如下几个方面系统探讨了其供给侧结构性改革问题。

（一）体育产业供给侧结构性改革的实施背景分析

作为中国国民经济整体不可或缺的有机组成部分，体育产业全面深化改革的推进与高质量发展目标的实现无可避免地要受到中国社会经济总体走势状况的巨大影响，其供给侧结构性改革的推进自然也并不例外地以中国经济社会发展的新形势为主要背景。基于这种原因，近年来学者们对于体育产业供给侧结构性改革研究背景的表述是大体相同的，即进入新时代新阶段后，中国社会主要矛盾已发生新变化，经济发展也呈现"新常态"，迫切需要通过深入推进供给侧结构性改革顺应新形势的变化。例如，李博就以中国在经济发展进入新常态条件下推进供给侧结构性改革为大背景，从新供给经济学的视域出发，分析了供给侧结构性改革对于解决中国体育产业中无效供给过剩、有效供给不足问题带来的启示，主张中国体育产业应该把握好全国推进供给侧结构性改革大环境带来的良好时机，通过保证服务质量、扩大市场规模、升级产业结构、加快科技创新、提高竞争能力等途径最终实现自身跨越式发展；[1] 刘亮等以中国经济发展新常态下供给侧结构性改革的大背景为视角，探讨了中国体育产业发展可以拓展的新空间以及与之相对应的发展动力培育策略，并认为被视作适应和引领中国经济发展新常态重大创新的供给侧结构性改革为体育产业未来的改革与发展提供了新形势下的思路引领；[2] 黄道名等以经济发展新常态下中国供给侧结构性改革的推进为基础背景，分析了中国体育产业面临的供给困境及相应的治理对策措施，主张

---

[1] 李博：《"供给侧改革"对我国体育产业发展的启示——基于新供给经济学视角》，《武汉体育学院学报》2016年第2期。

[2] 刘亮等：《供给侧改革视角下我国体育产业发展的新空间及动力培育》，《首都体育学院学报》2017年第1期。

中国体育产业应深入推进供给侧结构性改革,加快调整产业结构,不断增加有效供给,努力实现转型升级;①沈克印和吕万刚在新时代中国社会主要矛盾已实现转化的视角下,基于在经济发展新常态下推进供给侧结构性改革的现实背景,对中国体育产业供给侧结构性改革中的优化要素投入、重塑行动逻辑和破解主要矛盾等问题进行了研究,并认为体育产业供给侧结构性改革的推进应致力于通过增加体育产品及服务的有效供给促进人民群众幸福感与获得感的提升;②等等。

(二) 体育产业供给侧结构性改革的理论渊源探究

在供给侧结构性改革被提出之初,经济学界对其理论渊源的认识还存在一些分歧。经过一段时间的争论之后,学者们在这一问题上基本达成了共识,即作为中国特色社会主义政治经济学的重要组成部分,供给侧结构性改革理论根源于马克思主义政治经济学,③而西方经济学中的相关理论为其提供了参考和借鉴。④体育学界的学者们对体育产业供给侧结构性改革理论渊源的见解虽然更多地体现出其特有的体育学科特征,但与经济学界的学者们对供给侧结构性改革理论渊源的探索结论却是一致的。例如,沈克印和吕万刚、任波和黄海燕在探讨体育产业供给侧结构性改革问题时,赞同供给侧结构性改革的理论基础是马克思主义经济理论的观点,认为供给侧结构性改革是作为中国化的马克思主义政治经济学——中国特色社会主义政治经济学在日趋完善的过程中取得的创新性成果;⑤房殿生和蔡友凤在探讨新时代包括体育产业在内的体育

---

① 黄道名等:《"供给侧改革"视域下我国体育产业的供给困境与治理对策》,《中国体育科技》2018年第2期。
② 沈克印、吕万刚:《体育产业供给侧改革:投入要素、行动逻辑与实施路径——基于社会主要矛盾转化研究视角》,《中国体育科技》2020年第4期。
③ 刘伟:《我国供给侧结构性改革与西方"供给革命"的根本区别》,《中共中央党校学报》2017年第6期。
④ 邵光学、王锡森:《供给侧结构性改革研究述评》,《经济学家》2016年第12期;方福前:《寻找供给侧结构性改革的理论源头》,《中国社会科学》2017年第7期。
⑤ 沈克印、吕万刚:《体育产业供给侧改革的现实诉求与实施策略——基于资源要素的视角》,《西安体育学院学报》2017年第6期;任波、黄海燕:《体育产业供给侧改革的内在逻辑与实施路径——基于高质量发展的视角》,《上海体育学院学报》2021年第2期。

整体供给侧改革问题时认为,中国特色社会主义政治经济学中的主要矛盾、发展阶段、人民共享等重要内容为中国体育在新阶段深化供给侧结构性改革提供了理论支撑;[①] 李丰荣和龚波在研究中国职业足球产业的供给侧结构性改革问题时指出,新供给经济学派倡导提高效率和质量、强调实现供求平衡的理论及相应措施对中国职业足球产业的供给侧结构性改革具有重要参考价值;[②] 任波等在分析中国体育产业结构的供给侧优化问题时提出,产业经济学中的产业结构演进规律理论对中国体育产业的供给侧结构性改革具有重要借鉴意义;[③] 等等。除以上主流观点之外,还有一些学者认为社会学中的相关理论也对中国体育产业的供给侧结构性改革提供了重要启示。例如,石继章和邵凯在对中国职业篮球联赛2015—2016赛季总决赛中发生的冲突事件进行案例分析时认为,社会学中的冲突理论能为中国职业篮球产业的供给侧结构性改革提供思路;[④] 等等。

(三)体育产业供给侧结构性改革的现实依据阐释

在中国体育产业的实践历程中,之所以开展一系列逐步深化的改革探索,主要是因为在体育产业发展的不同阶段都出现了一些阻碍其进一步成长壮大的棘手问题。中国经济发展进入新常态后,体育产业的供给侧结构性问题愈发突出,迫切需要通过供给侧结构性改革为其实现高质量发展扫清障碍。基于这种状况,学者们在说明中国体育产业进行供给侧结构性改革的原因时,都是依据现阶段体育产业中表现出的以供需不匹配为主要特征的严重供给侧结构性矛盾问题进行阐释的。例如,戴平在对体育产业供给侧结构性改革进行理论思考时提出,中国体育产业发

[①] 房殿生、蔡友凤:《新时代社会主要矛盾转化视角下体育供给侧改革》,《武汉体育学院学报》2019年第6期。

[②] 李丰荣、龚波:《中国职业足球"供给侧改革"的理论源流、选择动因与路径研究》,《武汉体育学院学报》2017年第12期。

[③] 任波等:《中国体育产业结构的内涵解析与供给侧优化》,《北京体育大学学报》2018年第4期。

[④] 石继章、邵凯:《冲突理论视角下中国职业篮球供给侧改革——以2015—2016赛季CBA总决赛为例》,《沈阳体育学院学报》2016年第6期。

展存在总体规模偏小、内部结构不协调、产品供给侧短板比较明显、所需各种生产资源存在不同程度短缺等严重问题,因而在体育产业中进行供给侧结构性改革势在必行;①邢金明等在研究体育产业供给侧结构性改革的必然性时指出,在中国经济领域存在的供需不匹配以及供需错配等状况同样显著地表现于体育产业的发展过程之中,而这正是在中国体育产业中实施供给侧结构性改革的主要原因所在;②沈克印和吕万刚在基于城市"马拉松热"现象对供给侧结构性改革与体育产业发展关系进行探讨时主张,由供给侧结构性矛盾引发的各种问题在体育产业中由来已久并长期得不到妥善解决,成为中国体育产业发展的主要瓶颈,因而必须通过在体育产业中进行供给侧结构性改革,以有效化解其严重的供需矛盾问题,并形成合理的体育产业市场结构;③李佳对供给侧结构性改革背景下的体育经济发展进行研究时提出,体育产业发展过程中出现的产品无效供给过剩而有效供给相对不足、人才培养体制机制存在严重弊端等供给侧结构性问题,是在中国体育产业中开展供给侧结构性改革的主要缘由;④付群等在对体育产业进行供给侧结构性改革时面临的机遇与挑战进行分析时认为,产业结构、供需结构、区域结构以及消费结构等方面的结构性失衡问题在体育产业中都有着较为显著的体现,正因如此,中国体育产业必须以供给侧为立足点深入推进供给侧结构性改革政策的落地实施;⑤顾严在探讨体育产业在供给侧结构性改革中深入贯彻新发展理念问题时指出,体育产业在供给侧存在的规模小、供给有效性不足、项目投资长期稳定性差、出口产品竞争力弱、传统和新型生产要素欠缺、持续营利性商业模式和良性竞争型产业生态未形成、政策

---

① 戴平:《体育产业供给侧改革的理论思考与基本设想》,《北京体育大学学报》2017年第8期。
② 邢金明等:《体育产业供给侧改革路径研究》,《体育文化导刊》2017年第10期。
③ 沈克印、吕万刚:《供给侧结构性改革与体育产业发展:城市"马拉松热"引发的思考》,《山东体育学院学报》2017年第5期。
④ 李佳:《供给侧改革背景下我国体育经济发展研究》,《东北财经大学学报》2018年第2期。
⑤ 付群等:《挑战、机会、出路:我国体育产业供给侧结构性改革研究》,《天津体育学院学报》2019年第1期。

供给精准性不够等诸多问题，而这些情况也为中国体育产业以新发展理念为引领深化供给侧结构性改革提供了基本依据；① 等等。

(四) 体育产业供给侧结构性改革的推进路径设计

基于以上对中国体育产业供给侧结构性改革的实施背景、理论渊源和现实依据的剖析，学者们还按照中国经济高质量发展中供给侧结构性改革的基本思路提出了深化体育产业供给侧结构性改革的建议，为中国体育产业深入推进供给侧结构性改革设计了有针对性的进路。例如，沈克印和吕万刚基于中国体育产业供给侧结构性改革的学理逻辑及发展现实，提出了以新发展理念为引领、贯彻执行创新驱动发展战略、加快补齐发展中的短板不足，充分发挥体育产业低碳环保的先天优势，加强产业之间的跨界融合，不断优化体育市场供给等深化中国体育产业供给侧结构性改革的路径；② 梁枢和王益民针对作为中国体育产业重要构成部分的体育用品制造业供给侧出现的困境，提出了促进该体育产业部门供给侧结构性改革以"互联网+"为基础的"线上到线下"商业模式开发及应用路径；③ 范尧基于中国体育用品业供给侧出现的结构性失衡问题及其出现的原因分析，提出了如下推进体育用品业供给侧结构性改革的针对性路径：通过大众创业和万众创新改善供需之间的信息不完全、依托城市化和产业优化升级企业间的纵向整合、借助降税和减少行政审批鼓励企业加大高新技术研发投入、以政府与市场共同"到位"推动企业践行社会责任；④ 马志强对中国体育产业需求和供给两端出现的矛盾问题进行了研判，并依据供需动态平衡理论提出了中国体育产业在供给端做好"加减法"及提升综合创新能力的供给侧结构性改革治理路

---

① 顾严：《以新发展理念引领体育产业供给侧结构性改革》，《清华金融评论》2021年第8期。
② 沈克印、吕万刚：《体育产业供给侧结构性改革：学理逻辑、发展现实与推进思路》，《武汉体育学院学报》2016年第11期。
③ 梁枢、王益民：《"互联网+"视域下体育制造业供给侧改革研究——O2O商业模式的开发与应用》，《体育与科学》2016年第4期。
④ 范尧：《供给侧改革背景下体育用品供需困境与调和》，《体育科学》2017年第11期。

径;① 顾志平和江新华分析了中国体育产业在发展过程中遭遇的供给侧结构性困境,并有针对性地提出了促进有效供给增加、实现产业结构优化、加快产业转型升级及加强专业人才培养的体育产业供给侧结构性改革策略;② 王志文和沈克印根据中国健身休闲产业中存在的市场供需缺口大、供给结构不合理等现实状况,提出了以创新驱动为主要动力、以提高供给有效性为结构优化核心、以产业深度融合为基本导向、以政策支持为发展保障的深化健身休闲产业供给侧结构性改革的推进路径;③ 任波等在探讨中国体育产业供给侧结构性矛盾问题的基础上,提出体育产业的供给侧结构性改革要综合考虑政策、制度、产品、要素等方面的供给情况,合理划定政府与市场之间的边界,在优化产业结构中补齐体育产业发展中存在的各种短板,提高有效供给能力与降低无效供给产能并重,以让人民日益增长的幸福生活需要得到更好满足;④ 刘佳昊和石颖在分析如何以供给侧结构性改革为突破口实现中国体育产业的高质量发展时指出,体育产业的供给侧结构性改革要贯彻党中央提出的"巩固、增强、提升、畅通"基本要求,巩固体育产业的改革发展成果,增强体育产业中的主体活力,提升体育产业链条层次水平,畅通体育产业经济的国内大循环;⑤ 等等。

二 体育产业打破行政垄断相关研究梳理

20世纪90年代中期以来,影响中国体育产业市场化进程的行业垄

---

① 马志强:《供给侧下体育产业发展的路径选择》,《辽宁体育科技》2018年第1期。
② 顾志平、江新华:《基于供给侧改革的体育产业发展策略研究》,《广州体育学院学报》2018年第4期。
③ 王志文、沈克印:《我国健身休闲产业供给侧改革的实施路径研究》,《山东体育学院学报》2018年第5期。
④ 任波等:《中国体育产业供给侧结构性矛盾与改革路径》,《天津体育学院学报》2018年第5期;任波等:《中国体育产业供给的形塑逻辑与供给侧改革路径》,《天津体育学院学报》2019年第1期;任波、黄海燕:《我国体育产业结构性失衡与供给侧破解路径》,《体育学研究》2020年第1期。
⑤ 刘佳昊、石颖:《深化供给侧结构性改革推动体育产业高质量发展》,《中国物价》2019年第11期。

断问题，尤其是其中的行政垄断问题日渐凸显，迫切需要国内学术界对体育产业中的打破行政垄断问题进行系统深入探讨，以对体育产业破除旧有体制的桎梏和实现长足发展提供理论支持。近些年来，随着中国体育产业供给侧结构性改革的开启和不断深化，破除体育产业中的行政垄断问题更加引起了相关领域学者的高度关注。就目前的研究状况而言，国内学者们对中国体育产业打破行政垄断问题的研究主要集中在如下几个方面。

(一) 归纳总结可供中国体育产业打破行政垄断借鉴的国际经验

有些学者对国外体育产业发展中出现的垄断问题及其在实践中如何破除垄断造成的障碍进行了研究，为探讨中国体育产业行政垄断问题的解决方案提供了一定可供借鉴的有益经验。根据这些研究成果的国别差异，可以将其划分为两大类：

第一大类研究成果涉及美国、欧盟等某一个体育产业发达的国家或者经济实体。例如，郑鹏程在分析美国反垄断豁免制度发展趋势时对其体育领域的反垄断豁免实践进行了回顾，指出包括体育行业在内的美国诸多领域的反垄断豁免政策都趋于收紧，并认为这种发展趋势对于中国有效规制行政垄断具有重要启发意义；[①] 张剑利和秦椿林通过典型案例分析，介绍了美国如何通过反垄断法律法规的实施对其职业体育联盟进行政府规制，并探讨了其对中国运用反垄断法规制职业体育中行政垄断和俱乐部关联问题的启示；[②] 吴玉岭通过对美国联邦法院对职业体育联盟的判决进行分析，总结了其在职业体育联盟反垄断方面的不当规制导致了联盟滥用垄断势力的深刻教训，并基于此提出了中国反垄断法应将职业体育联盟视作合资企业的对策建议；[③] 骆旭旭通过考量美国法院有关职业体育联盟反垄断案件的判决，分析了其反垄断法在职业体育联盟

---

① 郑鹏程：《美国反垄断法适用除外制度发展趋势探析》，《现代法学》2004年第1期。
② 张剑利、秦椿林：《美国反垄断法对职业体育联盟的规制及对我国的借鉴》，《北京体育大学学报》2008年第10期。
③ 吴玉岭：《职业体育联盟的反垄断规制——美国经历与中国立场》，《武汉体育学院学报》2009年第6期。

方面的司法适用及"反垄断豁免"抗辩问题，认为反垄断法适用于中国由行政垄断模式转变为市场竞争模式的职业体育联盟，但应考虑其兼具联盟管理与市场运作的特殊情况，在适用时可借鉴美国经验采取较为宽松的政策；[①] 谭小勇和姜熙在系统介绍美国《体育传播法》的内容及其适用的基础上，通过相关案例对其在职业体育赛事转播中的反垄断与"反垄断豁免"政策进行了分析，并得出了中国在职业体育赛事转播反垄断中，应对赛事转播权出售方面的限制行为予以反垄断豁免、合理选择职业体育联盟的单一实体或企业联营模式、适当扩大体育赛事转播市场界定范围和谨防行政垄断导致的体育赛事转播买方垄断的启示；[②] 任波等研究了美国体育产业反垄断豁免政策的发展，认为作为体育产业组织政策有机构成部分的反垄断豁免政策在对职业运动员自由转会进行限制、对职业体育联盟通过电视转播权获得整体最大化利益进行保护、对职业体育联盟内部稳定性进行维持等方面都发挥了非常重要的作用，并分析了其对中国在通过健全体育产业组织政策、建设职业体育联盟、出台体育产业规制政策等对策措施来推进体育产业反垄断豁免政策制定及实施方面产生的启示；[③] 周青山在探讨美国对职业体育领域的知识产权进行保护的问题时，阐述了美国在职业体育赛事转播领域的版权法保护和转播权出售反垄断豁免政策，并提出了中国对职业体育赛事转播进行法律保护的对策建议；[④] 张晨颖和李希梁在简述美国职业篮球联盟"工资帽制度"的基础上，结合具体案例对这一制度进行了反垄断法分析，得出了其对竞争的促进作用大于损害作用的结论，并基于中国男子职业篮球联赛与美国职业篮球联盟"工资帽制度"的比较，判定中国男子

[①] 骆旭旭：《美国反垄断法在职业体育联盟的司法适用及启示》，《体育科学》2010年第9期。

[②] 谭小勇、姜熙：《美国职业体育赛事转播反垄断政策考察——〈体育转播法〉介评》，《天津体育学院学报》2011年第3期。

[③] 任波等：《美国体育产业反垄断豁免政策内涵及启示》，《体育文化导刊》2018年第10期。

[④] 周青山：《美国职业体育领域知识产权的法律保护及启示》，《湘江法律评论》2020年第1期。

职业篮球联赛的"工资帽制度"因造成了明显的反竞争效应而违反了反垄断法;[1] 汤自军对美国棒球产业反垄断法规制的历史渊源、由完全豁免到有限豁免的演变过程及其对中国体育产业反垄断法规制实践带来的启示进行了剖析,主张中国体育产业应在反垄断法规制过程中注意其生产结构及竞争性平衡的特殊性,并考虑对其进行反垄断法规制的阶段性,灵活地运用反垄断法维护与保障体育产业的健康有序发展;[2] 邹津宁和龙雯基于对欧盟及其成员国有关体育法律法规的概述,阐释了欧盟职业体育中自由球员的发展及其受到的法律规制,并认为中国职业体育应受到反垄断法规制,但对于具有职业体育特殊性的领域应予以适当的反垄断豁免;[3] 康均心和刘水庆在简述体育转播权、体育转播权营销及体育转播权营销反垄断审查概念的基础上,分析了欧盟进行体育转播权营销反垄断审查的法律依据、市场界定及其存在的问题和相应的补救措施,并主张应该完善有关体育特殊性方面的立法以对体育转播权营销进行适当保护,为中国体育产业中的体育新闻传播业打破行政垄断提供了一定的启示;[4] 张译元回顾了欧盟委员会在2001年对英格兰足球超级联赛电视转播权销售进行反垄断调查的过程及结果,并讨论了职业体育享有反垄断豁免的特殊性及其受到的限制,指出中国足球超级联赛应借鉴欧盟开展此次调查的有益经验,对其电视转播权销售进行反垄断规制;[5] 郝凤霞等对欧洲足球协会联盟实施的"财政公平竞争"原则进行了反垄断法检视,认为虽然欧盟委员会和欧洲法院出于对职业体育的宽容而对这项制度采取了认可态度,但该制度也确实违反了欧盟法中有关反垄断的规定,并主张中国职业足球应借鉴判例法中的案例指导制度,

---

[1] 张晨颖、李希梁:《美职篮"工资帽"制度的反垄断法分析——兼评中职篮"工资帽"制度的合法性》,《竞争政策研究》2020年第6期。
[2] 汤自军:《体育产业反垄断法规制溯源、演化及启示》,《商业经济》2022年第1期。
[3] 邹津宁、龙雯:《论评欧洲对自由球员的法律干预问题》,《学术论坛》2012年第4期。
[4] 康均心、刘水庆:《欧盟体育转播权营销中的反垄断审查》,《武汉体育学院学报》2014年第4期。
[5] 张译元:《英超电视转播权的反垄断问题研究——以欧盟委员会2001年调查为线索》,硕士学位论文,上海外国语大学,2018年。

对与"财政公平竞争原则"类似的问题进行法律治理;① 裴洋同样在概述欧洲足球协会联盟出台的"财政公平竞争"政策的基础上对其进行了反垄断法分析,认为这一政策违反了欧盟的竞争法,并提出了中国足球协会制定的与"财政公平竞争"意图相似的"引援调节费"措施违反了中国反垄断法的相关规定;② 李四红也对欧洲足球协会联盟出台的"财政公平竞争"政策进行了垄断与竞争效应分析,认为这项政策是与美国"工资帽"制度类似的欧式"工资帽"制度,并基于对中国职业足球领域实施的"限薪令"和"转会调节费"两项"工资帽"制度进行的分析,得出了这两项制度有利于促进良性竞争的结论;③ 等等。

第二大类研究成果则涉及多个体育产业发达的国家或经济实体。例如,周平从产业组织理论的视角阐释了体育产品及职业体育的特征,并以日本、美国的职业体育市场为主要研究对象分析了职业体育市场的产业属性、竞争实力均衡化、串谋行为在"竞技性竞争"和"经济性竞争"两方面的基本特征,认为国外的职业体育市场的成功经验为中国在发展职业体育产业时兼顾"竞技性"和"经济性"两方面竞争效应提供了有益的参考;④ 魏鹏娟论述了职业体育反垄断豁免的体育、经济和法律理论基础,并基于对美国、德国和欧盟在职业体育反垄断豁免立法方面的实践及走势分析,提出了中国职业体育应在考虑自身情况的基础上借鉴发达国家职业体育反垄断豁免立法的经验;⑤ 裴洋以欧美发达国家的职业体育联赛为研究对象,对其普遍重视并广泛实施的俱乐部数量限制、经济标准、治理结构标准、准入程序等赛事准入制度进行了反垄断法分析,并运用从中归纳出的合法职业体育准入制度标准,对曾经

---

① 郝凤霞等:《欧盟法视域下的法治与自治——对欧足联"财政公平竞争"原则的思考》,《西安体育学院学报》2017年第5期。
② 裴洋:《欧足联财政公平政策的合法性问题研究——兼评中国足协"引援调节费"制度》,《法学评论》2018年第5期。
③ 李四红:《欧足联财政公平政策的竞争法分析——兼论中国足协"工资帽"制度的合法性》,《中国政法大学学报》2020年第1期。
④ 周平:《从产业组织理论角度探讨国外职业体育市场的主要特征》,《体育与科学》2005年第4期。
⑤ 魏鹏娟:《职业体育反垄断豁免制度初探》,《体育学刊》2008年第6期。

在全国男子篮球联赛准入过程中出现的"广东凤铝俱乐部事件"进行了反垄断法审视，认为中国篮球协会在赛事准入上构成了滥用行政权力的行政垄断；① 李怡阐述了反垄断豁免理论及其在加拿大、美国、英国、德国等国职业体育反垄断过程中的法律实践，并在探讨该项制度在中国体育行业立法中的运用时提出：必须对《体育法》进行必要的修订，以对体育产业中因行政力量直接干预经济运行导致的行政垄断进行更为有效的反垄断法规制；② 向会英和谭小勇在对企业合并的概念及其分类进行简述的基础上，探讨了美国、欧盟在职业体育领域有关企业合并的反垄断控制政策及其相应的法律实践，并基于中国的企业合并控制政策和职业体育中企业合并的反垄断控制分析，分析了美国、欧盟合并控制政策对中国职业体育中的企业合并反垄断控制提供的借鉴；③ 姜熙在阐明"垄断势力"和"相关市场"含义的基础上，分析了欧美主要发达国家在对职业体育赛事转播进行反垄断时有关"相关产品市场"界定的实践，认为中国职业体育赛事转播反垄断实践中的"相关产品市场"界定应参考欧美发达国家的已有经验，并注意对其界定的阶段性和非标准化特征；④ 杨铄等回顾了欧洲职业足球产业的兴起历程，并对英国、德国、西班牙、意大利等典型欧洲国家在制定和实施职业足球产业政策时如何平衡垄断与竞争的关系进行了分析，认为中国职业足球发展需要依据中国国情并借鉴国外经验合理设置产业政策，以促进中国职业足球产业在改革和发展中充分实现自身的多元社会价值；⑤ 张宝钰探究了美国和欧盟反垄断法对由职业体育联盟引发的垄断问题所持的基本态度，认为两者虽然存在一定差别，但经济效益、政治环境、游说团

---

① 裴洋：《对职业体育联赛准入制度的反垄断法分析——兼评"凤铝事件"》，《天津体育学院学报》2008年第6期。
② 李怡：《反垄断法适用除外制度在我国体育业的运用》，《武汉体育学院学报》2010年第2期。
③ 向会英、谭小勇：《职业体育中企业合并的反垄断控制》，《体育与科学》2011年第4期。
④ 姜熙：《职业体育赛事转播反垄断"相关产品市场"界定》，《武汉体育学院学报》2013年第2期。
⑤ 杨铄等：《欧洲国家职业足球产业政策研究——以英国、德国、西班牙、意大利为例》，《体育科学》2014年第5期。

体方面的原因使得反垄断豁免仍然是在对职业体育联盟进行反垄断规制时表现出的主流倾向，从而为中国运用反垄断法对职业体育进行规制提供了一定借鉴；① 杨婧结合美国、巴西、德国、意大利、西班牙、法国、英国等代表性发达国家的体育赛事转播权销售实践，基于体育赛事转播权交易的相关市场界定对其采取的单独销售模式进行了反垄断法视域下的促进竞争效应分析，认为这种模式在引入高水平赛事、推广赛事传播合作共享理念、优化赛事转播市场资源配置和鼓励转播技术更新方面都具有积极作用；② 何强和盖文亮基于对欧洲和美国职业体育联盟的垄断与竞争特殊性的思考，总结了北美四大职业体育联盟配置相关资源时在垄断与竞争之间寻求平衡的成功经验，认为中国的篮球职业化应参考北美职业体育联盟的运作模式，进行经济资源配置的主体改革、人力资源配置的身份改革和社会资源配置的属地改革；③ 时建中和李四红在介绍体育赛事转播权的权利主体及销售模式的基础上，回顾了其市场销售行为的反垄断法规制演进历程，并在对其销售市场中存在的横向行为和纵向行为进行反垄断法分析的基础上提出，在"互联网+"背景下对中国体育赛事转播权销售市场进行反垄断法规制，有助于促进中国体育产业乃至社会主义市场经济的健康发展；④ 陈晓雪等探讨了英格兰足球超级联赛、意大利足球甲级联赛、西班牙足球甲级联赛、德国足球甲级联赛和法国足球甲级联赛的赛事转播权开发状况及基本经验，指出相应国家对赛事转播权在规避垄断问题方面的法律保护及采取的转播权集中销售模式策略，对中国职业体育联赛转播的相关法律修订和转播权销售模式打造具有重要启示；⑤ 等等。

---

① 张宝钰：《欧美职业体育联盟反垄断豁免探析》，《体育文化导刊》2017年第7期。
② 杨婧：《反垄断法视阈下的体育赛事转播权单独销售问题研究》，《新疆大学学报》（哲学·人文社会科学版）2018年第3期。
③ 何强、盖文亮：《职业体育的垄断、竞争与资源配置研究——兼论我国篮球职业化改革的新时代指向》，《西安体育学院学报》2019年第3期。
④ 时建中、李四红：《体育赛事转播权市场销售行为的反垄断法规制研究及启示》，《首都体育学院学报》2020年第3期。
⑤ 陈晓雪等：《反垄断视域下欧洲五大联赛赛事转播权研究》，《广州体育学院学报》2022年第1期。

(二) 分析考察中国体育产业中的行政垄断及其造成的影响

除上述对可供中国体育产业打破行政垄断借鉴的国际经验进行归纳总结之外，学术界更多的学者对涉及中国体育产业中的垄断特别是行政垄断的现实问题予以了关注。就目前有关中国体育产业行政垄断问题的研究成果而言，该领域的研究大致可以分为理论分析和实证检验两大类。

就体育产业行政垄断理论分析方面的研究而言，该类成果较为多见，主要从定性的层面分析了中国体育产业行政垄断的本质属性、表现形式及其负面影响。因为体育竞赛表演市场的行政垄断在中国体育产业各组成部分中表现得更为突出，所以大多数学者在分析中国体育产业行政垄断问题时，都基本以竞赛表演行业为主。当然，也有一些学者的研究涉及了体育产业其他行业部门的行政垄断。例如，王庆伟分析了职业体育联盟的独特之处、成立意义及其垄断的经济学依据，并在介绍美国职业体育联盟的基本状况及运作机制的基础上对中国"行政垄断型"职业体育联盟的组织结构、主体的属性与职责、运作机制的缺陷等问题进行了探讨；[①] 许永刚和王恒同研究了中国竞技体育职业化中行政垄断的存在形态和体现形式，并分析了职业体育行政垄断的经济体制、利润诱惑及政治体制成因，认为中国职业体育应该在借鉴国外职业体育市场垄断模式的基础上实现与国际相接轨；[②] 卢元镇和车路平在对《中国竞技体育制度创新》这一著作进行评价时指出，中国竞技体育的垄断问题主要源自行政垄断，而这种垄断形式存在于竞技体育发展的各方面，对其水平的进一步提高形成了极大的约束性限制；[③] 刘青在探讨中国网球运动员的培养模式时对网球运动管理中心的行政垄断性质与行为进行了分析，认为这种管理模式造成的制约影响了中国职

[①] 王庆伟:《我国职业体育联盟理论研究》,《体育科学》2005 年第 5 期。
[②] 许永刚、王恒同:《我国竞技体育垄断的态势及其行业特点》,《广州体育学院学报》2005 年第 4 期。
[③] 卢元镇、车路平:《要上层楼,不要欲说还休——评〈中国竞技体育制度创新〉》,《体育文化刊》2006 年第 12 期。

业网球的发展,并主张建立健全与网球职业化相适应的运动项目协会管理体制机制;①朱罗敬以相关法律为依据分析了中国足球协会在中国职业足球联赛中的垄断表现,认为其垄断的实质是对中国职业足球的行政垄断,并主张要在足球市场化、职业化过程中对这种垄断行为进行遏制;②许春蕾运用S-C-P分析范式对中国全运会无形资产市场进行了评价,并在探讨全运会无形资产市场结构时指出了在行政垄断影响下形成的全运会无形资产完全垄断市场结构的明显弊端,即造成资源配置效率低下、引起市场秩序混乱等;③谭建湘从市场集中度、产品差异化、行业进入壁垒的视角研究了行政垄断影响下的中国体育中介业市场结构,认为在经济转型期作为体育产业组成部分的中国体育中介业仍属于行政垄断性行业,这使得体育中介市场处于一种由具有行政功能的部门配置资源的特殊寡头垄断格局之下,导致了中国体育中介企业提供的产品和服务单一以及服务模式落后问题,也造成了体育中介市场较高的进入壁垒,从而在很大程度上影响了中国体育中介行业的健康发展;④陈秀娟对中国体育制度变迁中表现出的行政垄断管理和竞技体育优先两种路径依赖进行研究时提出,受既得利益集团抵制新体育制度和体育制度创新缺乏支持的影响,类似于中国足球协会的全国体育协会或运动项目管理中心在对竞赛表演产业进行经营管理时表现出明显的行政垄断路径依赖,致使中国体育市场发展和体育组织成长受到很大制约;⑤周武在基于职业体育产业垄断、外部性、信息不对称等市场失灵状况,分析中国职业体育产业存在的"市场欠缺"时提出,"举国体制"背景下的职业体育产业行政垄断导致的"市场欠缺"进一步加重了中国职业体育的"市场失灵"问题,并阻碍了中国职业体育产业的长足发展,因而必须

---

① 刘青:《论我国网球运动员的培养模式及融入国际职业网球的途径》,《成都体育学院学报》2006年第5期。
② 朱罗敬:《中国职业足球联赛中的垄断行为研究》,《吉林体育学院学报》2007年第2期。
③ 许春蕾:《我国全运会无形资产市场的结构、行为和绩效研究》,硕士学位论文,北京体育大学,2008年。
④ 谭建湘:《我国体育中介企业市场结构的研究》,《广州体育学院学报》2008年第6期。
⑤ 陈秀娟:《我国体育制度改革路径依赖研究》,《体育文化导刊》2008年第12期。

谨防行政权力不当运用导致的对职业体育产业实施行政垄断的倾向;①曹芳平和周武在分析职业体育产业自然垄断和行政垄断属性的基础上对美国和中国职业体育的垄断性质进行了对比,指出相对于美国以立法权力为基础的职业体育经济性垄断而言,中国职业体育的垄断主要表现为以行政权力为基础的行政垄断,且其作用范围已远远超出了弥补"市场失灵"的范畴;②邓春林介绍了中国运动员商业活动相关制度,并在阐述该方面制度存在的不足时,探讨了运动员商业活动的行政垄断及其表现出的弊端,即导致了运动员无形资产产权主体过于单一、社会资本难以参与运动员商业活动开发、运动员商业价值无法实现最大化等问题;③卢元镇基于市场经济、科学发展观和创新社会管理的主流价值观深入研究了中国竞技体育管理体制的特征及其带来的直接和间接损失,认为中国在"举国体制"影响下形成的竞技体育集中管理模式带有浓重的行政垄断色彩,导致中国竞技体育在人文、经济和政治等多个方面付出了大量的额外成本;④向会英等在研究职业体育赛事转播权营销反垄断法规制时提出,行政垄断是中国职业体育垄断的主要形式,这种以体育行政管理部门为实施主体的垄断类型利用行政管理手段,抑制职业体育市场的正常竞争,并通过对产品或服务的排他性供给控制来获得垄断利益;⑤王会宗等梳理了体育产业垄断与竞争方面的研究成果,认为中国体育产业是较为典型的行政垄断行业之一,其中存在的行政垄断程度高、市场竞争程度低等问题延缓了其发展进程;⑥倪刚等基于对中国

---

① 周武:《我国职业体育产业政府规制的动因分析》,《南京体育学院学报》(社会科学版) 2009 年第 2 期。
② 曹芳平、周武:《中美职业体育产业垄断性质之考量》,《南京体育学院学报》(社会科学版) 2009 年第 5 期。
③ 邓春林:《运动员商业活动的制度空间》,《体育学刊》2009 年第 16 期。
④ 卢元镇:《中国竞技体育现行管理体制的制度性代价》,《体育学刊》2010 年第 3 期;卢元镇:《以时代精神考量中国竞技体育体制改革》,《体育与科学》2013 年第 1 期。
⑤ 向会英等:《反垄断法视野下职业体育电视转播权的营销》,《天津体育学院学报》2011 年第 1 期。
⑥ 王会宗等:《体育产业的垄断与竞争问题研究——文献述评、研究意义及研究设想》,《山东体育学院学报》2012 年第 3 期。

反垄断法的基本内涵以及美国职业体育反垄断豁免的历史发展进程的阐述，分析了中国足球协会超级联赛组织管理中存在的垄断问题，并指出国家体育总局足球管理中心和中国足球协会"管办合一"的管理体制决定了中国足球协会超级联赛中必然出现行政垄断问题，进而导致联赛因受制于行政权力的干预而无法完全按照市场规律独立运作；①张冰和刘大龙介绍了职业体育集体谈判制度的内容及其在国外的实践经验，认为中国职业体育集体谈判制度之所以迟迟未能建立的原因之一，就是各项目管理中心或其下属的体育协会运用行政权力对职业体育联赛进行了行政垄断式的管理，而这种管理模式由于违背市场运行规律而必然限制联赛的发展活力；②黄海燕在对中国体育产业市场结构进行评价时指出，中国竞赛表演市场存在政府相关部门垄断赛事资源和运动员、央视及地方电视台垄断电视转播权等行政垄断问题，致使优质的体育资源无法实现市场化运营，社会资本也难以顺利参与相关市场投资；③王先亮等对体育产业反垄断与规制方面的研究成果进行了述评，认为中国体育产业存在较为突出的行政垄断问题，这种在经济转轨期由行政权力对经济运行进行直接干预造成的垄断形式严重破坏了市场秩序，因而必须对其加以有效规制；④范卫红研究了中国职业体育垄断的产生机理、实施主体及其对职业体育发展造成的障碍，指出作为中国职业体育垄断最主要类型的行政垄断，是体育行政主管部门及其下属项目管理中心对其管理的项目和行业实施的垄断，这种垄断形式因限制了市场竞争而对中国职业体育发展造成了非常不利的影响；⑤周丛改在回顾发生在中国篮球职业联赛中的"山西中宇俱乐部事件"和"广东凤铝俱乐部事件"始

---

① 倪刚等：《反垄断法规制下的中超联赛改革研究》，《成都体育学院学报》2013年第10期。
② 张冰、刘大龙：《中西方职业体育集体谈判制度的比较研究》，《体育科研》2013年第6期。
③ 黄海燕：《我国体育产业结构评价与优化对策》，《武汉体育学院学报》2014年第4期。
④ 王先亮等：《体育产业反垄断与规制研究综述》，《吉林体育学院学报》2015年第1期。
⑤ 范卫红：《中国职业体育产业垄断：生成逻辑、主体、困境及规制》，《商》2015年第19期。

末的基础上，分析了职业篮球市场准入纠纷问题，认为纠纷之所以产生并进一步升级的原因之一就在于行政垄断依然强烈影响着中国职业篮球市场，因而造成了联赛涉及的各个主体之间难以协调统一利益关系且无法有效贯彻社会主义市场经济理念，进而阻碍了中国篮球产业的职业化、市场化进程；[1] 刘亮和王惠在对中国体育资源配置中的供需矛盾进行探讨时指出，在"管办不分"的体育管理体制之下，体育行政管理部门兼具"管体育"和"办体育"两种职能，将大部分体育资源都集中到自己手中，而这种政府垄断体制又严重阻碍了社会力量参与体育资源配置，并造成了公共体育资源的供需矛盾问题；[2] 姜熙对被称为中国体育反垄断第一案的广东粤超体育发展股份有限公司起诉广东省足球协会和广州珠超联赛体育经营管理有限公司违反中国反垄断法相关规定案件及其裁决结果进行了剖析，认为这一案件涉及了中国体育协会的行政垄断问题，而这种垄断形式是在具有行政功能的体育协会被允许参与市场经营并占据主导地位的背景下形成的，因其形式非常隐蔽而很难在相关诉讼中取证；[3] 戎朝和上官凯云对"中国国家队"统一招商行为进行了反垄断法分析，认为该行为在事实上构成了国家体育总局对体育赞助市场的行政垄断，将会导致限制甚至是排除市场竞争的不良后果；[4] 刘亚云等在回顾中国体育赛事转播权发展历程的基础上探讨了中国体育赛事转播权的垄断问题，认为央视掌控着重大体育赛事转播权的谈判与购买，具有强烈的行政垄断色彩，影响了中国体育赛事转播权市场的健康发展；[5] 高璐阐释了对体育赛事转播权进行反垄断规制的现实需求以及中国顶级赛事的转播权交

---

[1] 周丛改：《我国篮球职业市场准入制度的声援与反思——从"中宇事件"和"广东凤铝俱乐部事件"谈起》，《体育与科学》2015年第2期。

[2] 刘亮、王惠：《供给侧改革视角下我国公共体育资源供需矛盾的消解与改革路径》，《武汉体育学院学报》2016年第4期。

[3] 姜熙：《开启中国体育产业发展法治保障的破局之路——基于中国体育反垄断第一案的思考》，《上海体育学院学报》2017年第2期。

[4] 戎朝、上官凯云：《"中国国家队"统一招商背后的法律问题分析及建议》，《体育成人教育学刊》2019年第1期。

[5] 刘亚云等：《我国体育赛事转播权垄断问题及应对策略》，《体育学刊》2021年第2期。

易模式,并在对中国体育赛事转播权进行反垄断分析时指出,中国主要由单项体育协会掌握体育赛事而造成的顶级赛事转播权上的行政垄断,会导致赛事主办方滥用市场支配地位的违法情况;① 等等。

就体育产业行政垄断实证检验方面的研究而言,从对该方面文献的梳理结果来看,这类成果还较为少见。② 出现这种情况的原因主要在于中国体育特别是体育产业的相关统计工作长期未能得到有效开展,从而影响了支撑体育产业行政垄断定量研究开展所必需的统计数据资料的可获得性。与此同时,非官方的个人或组织通过开展调研获取相关数据的难度又非常大,且即使获得了一些数据,其可信程度高低也存在疑问。在这种相关统计数据资料十分匮乏的情况下,中国体育产业行政垄断方面的定量研究在很长一段时间内都并不多见。但是,近些年来,随着中国体育产业相关统计工作的开展渐有起色,有些学者在充分挖掘并利用中国体育产业已有相关统计数据资料的基础上,初步尝试着对体育产业的行政垄断开展了一些评估其严重程度及效率状况的定量研究。当然,这些研究由于仍然受到统计数据资料可得性的很大限制而显得并不十分完善,但也对开展中国体育产业行政垄断方面的量化研究起到了一定推动作用。例如,王会宗基于相关官方统计数据,采用非参数估计方法中的数据包罗分析(DEA)模型,对处在行政垄断之下的中国竞技体育行业整体效率水平进行了定量研究,结果表明其总体效率状况较差,由此提出了要进一步改革其行业性行政垄断管理体制的建议主张,从而在一定程度上为以前学者们开展的体育产业行政垄断理论研究提供了实证支持;③ 等等。

（三）探索设计中国体育产业打破行政垄断的具体路径

在分析中国体育产业行政垄断的本质属性、表现形式及不利影响的

---

① 高璐:《反垄断法视角下体育赛事转播权交易的规制》,《青年记者》2022年第5期。
② 王会宗:《中国体育产业供给侧结构性改革与打破行政垄断的研究进展分析》,《聊城大学学报》(社会科学版) 2020年第4期。
③ 王会宗:《行政垄断下我国竞技体育行业效率的理论与实证分析》,《武汉体育学院学报》2017年第8期。

基础上，有许多学者还探索设计了破解中国体育产业行政垄断问题的具体路径，为中国体育产业打破行政垄断规划了方案。具体而言，这一领域研究成果提出的对策建议大致可以分为两大类。

第一类研究成果主张通过"自上而下"深化体育行业市场化改革、加快转变政府职能来解决中国体育产业的行政垄断问题。例如，裴立新在对中国未来要构建的体育市场模式进行设想时提出，要转变体育行政管理部门职能，构建体育市场监督体系，提高体育市场开放程度，以体育要素市场为培育重点，以产业化为导向建立与社会主义市场经济运行规律相适应的体育管理体制，从而能够在矫治体育市场中行政垄断弊端的同时，避免无序竞争造成的额外成本提高；[1] 卢元镇在探讨某些"政企合一"的体育部门利用自身对体育资源的行政垄断谋求垄断利益问题时指出，要按照体育产业发展的客观要求推进中国体育管理体制的深化改革，减少对体育市场的行政干预，反对体育市场中的不正当竞争，维护体育市场的公正秩序，从而转变体育资源被体育行政管理部门独家垄断的局面，破除"亦官亦商"的行政垄断体制；[2] 朱彤和钟伟分析了在行政垄断下出现的体育彩票与福利彩票同质竞争扰乱市场秩序、对彩票行业依靠行政部门自我监管导致监管不力、彩票发行部门行政依附加剧恶性竞争等中国彩票市场存在的问题，提出了体育彩票发行中心和福利彩票发行中心应分别与民政和体育行政主管部门脱钩、打破体育彩票和福利彩票的行政垄断并调整彩票产品结构、将彩票经营许可牌照发放方式由直接授予改为通过竞标发放、设置专业化的统一监管机构对彩票行业进行独立监管等建议主张；[3] 俞琳在探讨与中国体育产业发展相适应的市场结构模式时主张，为了改变长久以来体育产业在行政垄断下效率水平偏低的状况，要在经济转轨期处理好市场竞争与政府垄断的关系，在政府适度进行调控的前提下形成具有适当产业集中度的垄断竞争

---

[1] 裴立新：《对中国体育市场的研究》，《体育科学》1997年第2期。
[2] 卢元镇：《体育资源拒绝垄断》，《体育博览》1999年第2期。
[3] 朱彤、钟伟：《垄断型彩票行业的风险》，《南方周末》2004年4月15日第19版。

型市场结构模式;① 王庆伟针对中国"政府行政垄断型"的职业体育联盟运行机制中存在的各种弊端,提出了应该参考美国职业体育联盟的成功经验渐进式地建立"市场垄断型"职业体育联盟的建议主张,并认为体育行政管理部门应依据职业体育市场的发育程度,适时向市场监管者和调控者的角色转变,以从根本上消除中国职业体育行政垄断造成的危害;② 吕树庭和商执娜在对中国体育管理体制取得的成就及存在的不适应市场经济要求的问题进行阐述的基础上,分析了包括稀缺体育资源由政府进行行政垄断在内的体育管理体制改革面临的各种主要矛盾及制约因素,认为逐步改变体育行政管理部门包办体育的状况、破除体育资源的政府行政垄断、通过"管办分离"实现政府角色向宏观调控者转变是中国体育管理体制改革的基本方向;③ 邓春林梳理了有关中国运动员参加商业活动的正式和非正式相关制度及其实施规则,并在对这些制度规则存在的弊端进行分析的基础上指出,应破除体育行政管理部门对运动员商业资源开发的行政垄断,减少其对体育中介和体育经纪人参与运动员商业活动的行政干预,从而逐步实现有关政府部门由"官办合一"到专注监管的职能转变;④ 王郅和褚翔基于对中国篮球职业联赛发展状况的分析探讨了其未来发展的路径选择,指出中国篮球职业联赛现有的集所有权与监督权于一体的行政垄断管理体制源自计划经济体制下的体育管理模式,是一种由具有政府行政管理部门性质的协会或中心凭借行政垄断权力进行主导的特殊制度安排,其本身具有的各种弊端已不断显现,因而必须通过渐进式改革推进体育行政管理部门职能角色转变,并最终实现"管办分离";⑤ 李元和张凤彪、曹可强和兰自力分析

---

① 俞琳:《具有垄断优势的市场结构与我国体育产业发展——兼论竞技体育市场垄断问题的特殊性》,《天津体育学院学报》2005 年第 3 期。
② 王庆伟:《我国职业体育联盟理论研究》,《体育科学》2005 年第 5 期。
③ 吕树庭、商执娜:《北京奥运会后中国体育管理体制改革的思考》,《武汉体育学院学报》2010 年第 7 期。
④ 邓春林:《我国运动员商业活动的相关制度述评》,《运动》2010 年第 8 期。
⑤ 王郅、褚翔:《我国 CBA 联赛发展模式的路径选择与战略取向》,《武汉体育学院学报》2011 年第 1 期。

了中国不断深化的经济体制改革对体育产业体制转变和加快发展产生的积极推动作用，提出了政府职能向服务型转变、通过简政放权和加强监管等措施破除体育产业发展道路上的行政垄断体制障碍等政策主张；① 谭建湘等在分析中国职业足球联赛运行机制时指出，中国足球协会长期对联赛实行"管办不分"的行政垄断管理，使得职业足球联赛在发展过程中出现了许多棘手的问题，必须通过转变体育行政主管部门职能、明确联赛涉及的各方产权关系、落实联赛各方的基本职责、促进联赛经营水平提高、加强联赛的保障和监督力度来进一步深化中国职业足球联赛的管办分离改革；② 王会宗和张国亭在分析中国体育产业行政垄断的基本状况及其改革意义的基础上，对其形成和延续的原因进行了新制度经济学理论探讨，并提出了体育行政管理部门逐步淡出市场成为专门的监管者、对体育产业中的垄断因素及垄断行为加强规制、通过扩大体育市场开放程度引入新的市场竞争主体等打破体育产业行政垄断和促进体育市场有效竞争的对策建议；③ 姜熙基于对中国职业体育产业在行政垄断体制下的"管"与"办"、成本与收益、效率及福利损失分析探讨了中国职业体育联盟应采取的适宜模式，认为行政垄断严重阻碍了中国职业体育产业的进一步发展，并主张通过实施"管办分离"建立中国市场化的职业联盟；④ 陈林会和刘青基于新规制理论分析了制约中国足、篮、排三大球发展的根源性因素，即体育行政管理部门的不当干预导致了三大球领域的行政垄断，而行政垄断又引起了政府与市场的"双重失灵"并造成了三大球低效率的市场供给状况，并在此基础上提出了充分发挥市场在配置体育资源中的积极作用、以科学规制为导向实现体

---

① 李元、张凤彪：《论经济体制改革对我国体育体制发展的影响》，《西南农业大学学报》（社会科学版）2013年第3期；曹可强、兰自力：《经济体制改革与我国体育产业发展》，《体育科研》2014年第1期。
② 谭建湘等：《中国足球职业联赛"管办分离"的研究》，《体育学刊》2015年第3期。
③ 王会宗、张国亭：《中国体育产业的行政垄断体制改革研究》，《理论导刊》2015年第10期。
④ 姜熙：《反垄断法视角下我国职业体育联盟建构的理论研究》，《武汉体育学院学报》2016年第3期。

育行政管理部门的职能转变等打破三大球项目行政垄断的建议主张；①高升和王家宏在阐述职业体育与专业体育非均衡的基本内涵、具体表现和主要影响的基础上分析了其产生原因，认为中国竞技体育的制度弊端以行政垄断为核心，造成了利益格局复杂化和利益冲突常态化等诸多问题，并主张在行业协会实体化改革和政府减少对体育事务行政干预的前提下构建中国竞技体育多元主体协同的治理体系，以打破中国竞技体育领域存在的行政垄断；②王会宗基于行政管制—市场结构—市场行为—市场绩效分析框架对中国体育传媒与信息服务业的行政垄断问题进行了系统研究，认为中国体育传媒与信息服务业在政府行政管制之下形成了央视一家独大的行政垄断格局，从而对整个行业的市场绩效造成了不良影响，并在打破中国体育传媒与信息服务行业行政垄断方面提出了继续深化行业体制改革、放松行业的行政管制、加强行业市场监管及政策引导、提高行业开放程度等对策建议；③等等。

第二类研究成果主张"由外而内"通过加强反垄断法规制、助推管理体制改革来解决中国体育产业的行政垄断问题。例如，朱罗敬在探讨中国职业足球联赛中的行政垄断问题时提出，相关法律法规赋予了中国足球协会对中国职业足球联赛的行政垄断控制权，因此，打破中国职业足球联赛的行政垄断必须从修改体育法等相关法律入手，并通过引入独立的审计机构和建立真正的股份制公司来加强对联赛的运作管理；④魏鹏娟在基于职业体育领域垄断与竞争特殊性对该领域进行反垄断规制与豁免分析时，指出中国职业体育的行政垄断源自过去的计划经济体制，表现为行政管理部门及其下属机关和企业通过对体育产品供给进行排他性控制的形式获得垄断利益，对职业体育发展造成的危害日渐明

---

① 陈林会、刘青：《制约我国三大球项目发展的瓶颈与突破路径》，《北京体育大学学报》2017年第4期。
② 高升、王家宏：《职业体育与专业体育的制度非均衡研究》，《成都体育学院学报》2021年第4期。
③ 王会宗：《我国体育传媒与信息服务业行政垄断的A-S-C-P分析》，《河北体育学院学报》2021年第5期。
④ 朱罗敬：《中国职业足球联赛中的垄断行为研究》，《吉林体育学院学报》2007年第2期。

显，因而必须运用反垄断法对其进行规制；① 吴玉岭在对反垄断法的普遍适用性和职业体育兼具竞争与协作的特性进行阐述的基础上，分析了职业体育中的垄断行为表现，认为中国职业体育在经济转轨时期表现出的行政垄断妨碍了职业体育及相关产业的正常市场竞争，因此，必须对体育行政管理部门这种滥用权力的行为加强反垄断法规制；② 陈秀娟基于中国体育制度变迁中的路径依赖问题，认为中国体育市场发展迟缓以及各种体育组织发育不良的根源在于体育行政管理部门对体育产业的行政垄断，因而必须运用相关法律制度制约并监督体育行政主管部门的不当干预行为，推动体育行政管理体制改革，建构体育制度变迁中的"公共选择"模式；③ 裴洋阐述了中国反垄断法的基本内容以及反垄断法下中国足球协会的地位，并分析了中国职业足球联赛中存在的垄断行为，认为中国足球协会以行政主体身份对联赛实施的行政垄断具有比市场垄断更大的危害，因此，必须运用中国反垄断法中有关行政垄断的规定对其实施的限制竞争行为进行法律规制；④ 刘进探讨了对体育产业进行反垄断法规制的基本理念以及中国体育行业协会的行政垄断地位，并对中国体育行业协会违背反垄断法的行为进行了典型案例剖析，认为反垄断法为监督中国体育行业协会的行政管理行为建立了新的操作机制，可以运用中国反垄断法中关于行业协会和行政垄断的规定对体育行业协会进行反垄断审查和规制；⑤ 姜熙和谭小勇结合美国棒球运动职业化过程中的实际案例探究了职业棒球反垄断豁免制度的形成及其范围调整对中国职业体育领域反垄断实践带来的启示，并在分析中国职业体育反垄断法规制的特点时提出，在中国职业体育领域存在的行政垄断影响了市场机制调节作用的有效发挥，使得职业体育未能表现出本应有的生机与活力，并因容易导致寻租或腐败而引起职业体育市场的不公平竞争，因

---

① 魏鹏娟：《职业体育反垄断问题的法律思考》，《广州体育学院学报》2007年第3期。
② 吴玉岭：《职业体育运动中的反垄断问题》，《北京工业大学学报》（社会科学版）2008年第5期。
③ 陈秀娟：《我国体育制度改革路径依赖研究》，《体育文化导刊》2008年第12期。
④ 裴洋：《反垄断法视角下的中国足球职业联赛》，《武汉体育学院学报》2009年第2期。
⑤ 刘进：《反垄断法与中国体育行业协会》，《体育学刊》2009年第7期。

而必须将这种行政垄断作为反垄断法规制的重中之重；① 宋剑英和范威以《中华人民共和国反垄断法》的实施为背景，在对职业体育进行简介的基础上分析了中国职业体育的行政垄断特征，即实施主体为体育行政管理部门、存在于某些特定的细分行业之中、通过排他性的供给谋利等，并认为这种行政垄断是阻碍中国职业体育进一步发展的主要因素，主张用反垄断法的相关规定对其进行严格规制；② 李燕领和王家宏研究了体育行政管理部门在社会主义市场经济条件下的职能转变问题，并分析了中国职业体育市场准入制度涉及的行政垄断及其相应的法律规制措施，认为为了防止行政垄断限制市场机制发挥作用并引起资源浪费，必须在推进政府职能转变立法的同时，大力加强促进竞争领域的相关立法，以对体育行业协会或项目管理中心在中国职业体育领域的行政垄断行为进行有效法律规制；③ 向会英在探讨中国体育赞助的反垄断法规制和职业体育的反垄断法豁免制度时指出，体育行政管理部门对稀缺体育资源实施的行政垄断妨碍了中国体育赞助乃至职业体育的健康发展，因此，必须加强对中国职业体育领域行政垄断的反垄断法规制；④ 魏鹏娟在概述职业体育市场的构成及其特征的基础上研究了中国职业体育的市场结构状况及其垄断的发展态势，认为体育行政管理部门或具有行政属性的行业组织凭借行政权力控制职业体育市场形成的行政垄断比市场垄断对职业体育造成的危害和负面影响要更大，主张在完善反垄断立法和深化职业体育管理体制改革的基础上，加强对职业体育市场上的行政垄断进行反垄断规制，以有效遏制中国职业体育中的行政垄断行为；⑤ 张文亮和陈元欣在对中国大型体育场馆运营中存在的市场竞争不足及其不

---

① 姜熙、谭小勇：《美国职业棒球反垄断豁免制度的历史演进——基于案例分析》，《天津体育学院学报》2010年第2期。
② 宋剑英、范威：《中国"反垄断法"对职业体育的规制与豁免研究》，《黑龙江高教研究》2011年第12期。
③ 李燕领、王家宏：《我国职业体育市场准入制度研究》，《武汉体育学院学报》2011年第12期。
④ 向会英：《体育赞助反垄断法律问题研究》，《天津体育学院学报》2012年第3期；向会英：《我国职业体育反垄断法豁免制度研究》，《首都体育学院学报》2013年第4期。
⑤ 魏鹏娟：《职业体育市场结构及其反垄断问题研究》，《价值工程》2013年第21期。

良影响进行调查研究时指出，中国大型体育场馆受计划经济体制长期影响，形成了以竞争不足为主要特征的行政垄断运营模式，而这种运营模式又因生产效率低下和经营者谋求高额利润造成了一系列社会福利损失，因此，应依据反垄断法有关行政垄断的条款对处于竞争不足状态之中的大型体育场馆的行政垄断行为进行法律规制和监督；① 应晨林和金学斌在分析中国职业体育行政垄断内涵、形成条件和具体形态的基础上，探讨了其产生并存在至今的特殊原因，指出行政垄断是中国职业体育反垄断的主要任务，必须通过深化职业体育管理体制改革和将职业体育纳入反垄断法调整范围之内，对其行政垄断进行有效规制；② 等等。

当然，还有的学者主张将"自上而下"和"由外而内"两条途径结合起来打破中国体育产业中存在的行政垄断。例如，姜熙在分析被称为中国"体育反垄断第一案"的广东粤超体育发展股份有限公司起诉广东省足球协会和广州珠超联赛体育经营管理有限公司违反中国反垄断法相关规定案件时指出，为破除中国体育产业的行政垄断，不仅要实现体育行业协会与体育行政管理部门形式上的脱钩，还要深入推进"管办分离"改革，并加强体育产业的反垄断法规制，以让市场在体育资源配置方面的主导作用得以充分展现；③ 段宏磊等分析了中国体育彩票产业中存在的"职能重合"问题，指出体育彩票管理中心集经营权与监管权于一身的"政企合一"运营模式构成了对体育彩票产业的行政垄断，造成了体育彩票产业出现了违法犯罪、利益转移等一系列不良后果，主张通过加快体育彩票产业政府职能转变和借鉴俄罗斯的相关成功经验对其进行反垄断法规制来根治其行政垄断行为；④ 等等。

---

① 张文亮、陈元欣：《市场竞争不足对我国大型体育场馆运营的影响分析》，《沈阳体育学院学报》2015年第1期。
② 应晨林、金学斌：《我国职业体育中的行政垄断及其规制研究》，《首都体育学院学报》2018年第2期。
③ 姜熙：《开启中国体育产业发展法治保障的破局之路——基于中国体育反垄断第一案的思考》，《上海体育学院学报》2017年第2期。
④ 段宏磊等：《中国体育彩票产业职能重合行为的法律规制——基于俄罗斯〈保护竞争法〉的经验启示》，《天津体育学院学报》2018年第6期。

三 通过打破行政垄断推进中国体育产业供给侧结构性改革的相关研究概述

由以上文献梳理可知，体育产业打破行政垄断一直是学术界研究的一大热点，学者们从不同的视角对这一问题进行了广泛探讨。自2015年中央经济工作会议着重强调要加强供给侧结构性改革之后，学者们开始尝试着将供给侧结构性改革这一"适应和引领经济发展新常态的重大创新"与中国体育产业打破行政垄断这一重要命题进行交叉研究，并初步取得了一些颇具新意的学术成果。例如，张宇飞和孙玮婧基于体育旅游产业与供给侧结构性改革之间互动的学理基础与相关政策阐释，探讨了体育旅游产业的供需结构性矛盾以及将体育旅游产业融入东北老工业基地振兴的可能性，并指出政府对体育旅游市场的过度干预及对体育赛事的行政审批、地方政府和相关行政管理部门对体育旅游资源的行政垄断，严重影响了中国体育旅游资源的优化配置和体育旅游产业的健康发展，因此，政府在东北地区体育旅游市场的供给侧结构性改革过程中，要勇于通过打破行政壁垒、厘清自身边界、避免过度干预等举措为体育旅游产业的发展创造良好的政策环境；[1] 赵慧娣分析了新时代背景下中国公共体育服务供给侧结构性改革面临的机遇和挑战，并在阐述公共体育服务供给侧结构性改革困境时指出，在中国公共体育服务产品主要由政府进行供给和管理的模式之下，各级政府和体育管理部门的过多干预使得公共体育服务产品供给表现出浓重的行政垄断色彩，也导致了中国公共体育服务产品供给出现了数量短缺和质量偏低等问题，因此，必须在厘清公共体育服务供给中政府、市场及社会组织三者边界的基础上，深入推进"放管服"改革，破除政府在公共体育服务中的行政垄断桎梏，充分发挥市场和社会组织在优化公共体育服务中的积极作用，逐步形成一种以政府为主导、以社会和市场为依托的公共体育服务良性发

---

[1] 张宇飞、孙玮婧：《体育旅游产业供给侧治理路径》，《东北财经大学学报》2016年第6期。

展模式；①张秋珍和陈百强基于对中国体育产业发展的基本状况和现存问题的分析，探讨了体育产业供给侧结构性改革的未来进路，认为中国体育产业的体制改革虽然取得了一定成效，但以"政企合一""管办不分"为主要特征的行政垄断状况依旧较为严重，严重影响了体育市场的健康发育，因而在推进体育产业供给侧结构性改革的过程中，必须通过深化"放管服"改革和继续推进"管办分离"打破行政垄断的束缚，并加快完善中国的职业体育制度，以不断提高体育产业的市场化程度；②庞晓洁和周世杰从经济学视角分析了中国体育场馆如何在供给侧结构性改革过程中着力提升有效供给能力，并在探讨通过职业联赛改革促进体育场馆走出经营困境问题时提出，中国职业联赛"管办合一"的行政垄断管理体制是阻碍中国职业体育发展和引发体育场馆经营管理问题的根源所在，因此，为了有效提升中国体育场馆的供给能力和深化其供给侧结构性改革，必须通过破除中国职业联赛的行政垄断，真正将其"管办分离"改革落到实处，以建立并健全符合市场运行规律要求的职业体育联赛运营体制机制；③张永韬和黄芳分析了中国体育产业在赛事、场馆、体育用品、健身培训等方面遭遇的现实困难，并研究了体育产业供给侧结构性改革的动力来源、前进方向和实施路径，主张在推进中国体育产业供给侧结构性改革的过程中，政府要首先对自己进行改革，勇于打破其对体育产业旧有的行政垄断管理模式，将部分权力让渡给市场和企业，并充分发挥自身的服务保障和政策支持职能，以让市场机制自主决定体育资源的配置和体育产业结构的调整；④王会宗以在新时代社会主要矛盾发生转化的条件下中国经济发展进入新常态为背景，

---

① 赵慧娣：《新时代背景下公共体育服务供给侧结构优化路径研究》，《体育与科学》2018年第2期。

② 张秋珍、陈百强：《供给侧结构性改革视角下体育产业发展探讨》，《经济问题》2017年第11期。

③ 庞晓洁、周世杰：《把提升有效供给能力作为供给侧改革的着力点——基于体育经济学的视角》，《河北学刊》2018年第6期。

④ 张永韬、黄芳：《我国体育产业供给侧结构性改革的动力、方向与路径》，《四川体育科学》2018年第2期。

对中国体育产业供给侧结构性改革和打破行政垄断方面学术研究的演进脉络及发展趋势进行了梳理,认为学术界有关通过打破行政垄断促进体育产业供给侧结构性改革的研究还需要进一步加强;① 等等。

四 文献简评与研究展望

中国体育产业从无到有发展至今已走过了几十年的历程,虽然目前其整体发展状况良好,但也存在着不少制约其取得更大进步的突出问题。伴随着体育产业在发展过程中表现出的问题日益凸显,学术界也逐渐加强了对这些问题的深入研究,并在这方面产出了一批优秀学术成果,为这些问题最终得到解决提供有价值的理论参考。最近这些年以来,中国经济发展在新时代社会主要矛盾发生转换的背景下进入"新常态",这使得作为朝阳产业、绿色产业的体育产业更加凸显出其促进国民经济健康发展的重要价值,也对中国体育产业通过供给侧结构性改革不断实现自身的发展壮大提出了新要求。然而,中国体育产业供给侧结构性改革的深入推进仍然面临着许多障碍,而这些障碍出现并长期存在的深层次原因基本都可以追溯到体育产业的行政垄断管理模式。正因如此,为了深化中国体育产业的供给侧结构性改革,以促进体育产业更好地服务于中国,适应、把握、引领经济发展新常态并推动国民经济实现高质量发展,必须打破体育产业的行政垄断,以扫除其对体育产业发展造成的阻滞。为了给解决中国体育产业发展面临的上述现实问题提供决策支持,学术界在不断加强中国体育产业供给侧结构性改革的学术研究过程中,逐渐提高了对体育产业打破行政垄断问题的关注度,并有学者开启了通过打破行政垄断促进体育产业供给侧结构性改革方面的研究尝试。

就中国体育产业供给侧结构性改革方面的研究而言,学术界在对体育产业供给侧结构性改革的实施背景和其提出的理论渊源进行分析的基

---

① 王会宗:《中国体育产业供给侧结构性改革与打破行政垄断的研究进展分析》,《聊城大学学报》(社会科学版) 2020 年第 4 期。

础上，阐释了体育产业进行供给侧结构性改革的现实依据，并对体育产业供给侧结构性改革的推进路径进行了方案设计。这些研究取得的成果既在推动体育产业发展理论探讨方面起了很大作用，也在为中国体育产业供给侧结构性改革实践提供参考方面具有非常积极的意义。然而，在看到该方面研究取得可喜进展的同时，我们也发现，由于学术界对体育产业供给侧结构性改革这一问题进行研究的时间仅有短短几年，该方面的研究就总体情况而言还处在主要进行定性研究的初期阶段。基于这种研究现状，今后要在进一步深化该方面理论研究的同时，着重加强与其相关的定量研究。

就中国体育产业打破行政垄断方面的研究而言，学术界除了归纳和总结了可供中国体育产业打破行政垄断借鉴的国际成功经验，还对中国体育产业中的行政垄断及其造成的影响进行了深入的分析考察，并探索研究了中国体育产业打破行政垄断的具体路径。这些研究取得的成果不仅为今后学者们开展相关的研究工作奠定了坚实的学术基础，还为推进中国体育产业打破行政垄断的实践提供了一定借鉴。然而，虽然该方面的研究正日益深入，但仍然多以理论分析为主，相应的实证检验分析还比较少见，因而这一领域可供深入挖掘的学术空间还十分宽广。基于这种研究现状，今后要在继续增强该方面理论研究的同时，更加注重其实证研究的开展。

就通过打破行政垄断促进中国体育产业供给侧结构性改革方面的研究而言，学术界已经注意到了通过打破行政垄断推进中国体育产业供给侧结构性改革问题的重要性并开始了该方面的研究尝试，但由于这方面的研究刚刚起步，取得的成果还十分有限。并且，目前已有的研究成果仅仅是在研究体育产业供给侧结构性改革时，提出了通过打破体育产业行政垄断促进其供给侧结构性改革这一命题并对其进行了简要分析，还未对该方面的问题进行系统、深入、细致的探讨。基于这种研究现状可知，今后系统深入地开展该方面理论与实证相结合的学术研究具有非常重要的学术价值和现实意义。

第三节 本章小结

化解新时代中国已经发生转化的社会主要矛盾对体育产业发展产生了迫切需要，而对体育产业供给侧结构性改革中的打破行政垄断问题进行系统、深入、细致研究能为推动中国体育产业的发展提供重要的学术支持。

经济学中的市场结构类型理论和市场竞争与垄断理论是我们研究体育产业供给侧结构性改革中的打破行政垄断问题的基础理论来源。依据影响市场竞争与垄断程度的各种因素表现的不同，市场结构划分为四种类型：完全竞争、完全垄断、垄断竞争和寡头垄断。与本书研究相关的具体市场竞争与垄断理论主要包括："看不见的手"基本原理、"马歇尔困境"与"不完全竞争"理论、哈佛学派与芝加哥学派的理论、可竞争市场理论及新奥地利经济学派的理论、取得新进展的产业组织理论和产业规制理论等。

近年来，中国体育产业供给侧结构性改革和打破行政垄断的实践推动了学者们对这两个领域的学术研究，并产出了许多非常有价值的研究成果。在中国体育产业供给侧结构性改革方面，学者们对中国体育产业供给侧结构性改革的实施背景、理论渊源、现实依据及推进路径等进行了探讨研究；在中国体育产业打破行政垄断方面，学者们对可供中国体育产业打破行政垄断借鉴的国际经验、体育产业中的行政垄断及其造成的影响、体育产业打破行政垄断的具体路径等进行了分析。另外，还有部分学者开启了通过打破行政垄断推进中国体育产业供给侧结构性改革方面的研究尝试，并初步取得了一些有创见的学术成果。然而，从目前这一领域成果的总体状况来看，仍需在理论和实证方面对其进行系统深入研究。

第二章

体育产业行政垄断的渊源

若要对"中国体育产业供给侧结构性改革中的打破行政垄断"问题系统深入地进行分析,首先要厘清中国体育产业行政垄断的历史渊源。本章将采用历史分析法对中国体育产业的发展历程进行回顾和探讨,并运用动态计量分析方法对体育产业在中国国民经济发展中所起的作用进行实证检验,从而在中国体育产业的发展轨迹中把握体育产业行政垄断的形成和演进的深刻背景。在此基础之上,本章还将运用新制度经济学中的国家理论和制度变迁理论等分析方法对中国体育产业行政垄断形成和演进的内在原因进行深入分析,以探寻体育产业行政垄断得以出现和长期维系的症结所在。

第一节 中国体育产业的发展及其在国民经济中的重要作用

中华人民共和国成立之后,在党和政府的领导和关怀下,中国体育事业发展突飞猛进,取得了令世界为之瞩目的成绩。但是,将体育作为中国国民经济体系组成部分的一项产业来发展的实践,却是在党的十一届三中全会以后。改革开放40余年以来,中国体育产业的发展经历了一个从无到有、由小变大的成长过程,在国民经济发展中日益发挥重要作用。

一 中国体育产业的发展历程

在中华人民共和国成立以后,为了增强国民体质、提高部队战斗力和突破外交封锁,党和政府高度重视发展体育运动,使得体育的社会地位空前提高,也促进了包括群众体育、竞技体育和国际体育交流等在内的体育事业大发展,为中国体育产业的发展提供了规模可观的消费者群体、基本齐全的公共体育设施、相对健全的体育教育科研体系和目标明确的人才培养选拔机制等良好的初始条件。然而,中华人民共和国成立之初形成的政府运用自上而下的行政命令管理体育事业的僵化模式,也束缚了中国体育产业的发展。伴随着改革开放不断走向全面和深入,中国体育产业的发展大体上经历了四个阶段。

（一）孕育萌芽阶段（1978—1991年）

1978年12月,党的十一届三中全会的召开,开启了中国改革开放的伟大征程。伴随着改革开放以来中国经济体制改革的不断深入推进,原来计划经济体制下各级行政管理部门对体育实施的依靠行政命令进行高度集中管理的模式,日渐无法适应中国国民经济和体育事业快速发展的要求,其种种弊端也愈发凸显出来。为了使中国体育管理体制和运行机制与深化经济体制改革的新要求相适应、推进体育的科学化和社会化发展,党中央决定对体育体制机制进行改革,并于1984年10月颁布了《关于进一步发展体育运动的通知》;当时的体育行政主管部门——国家体育运动委员会也积极响应党中央的号召,于1986年4月出台了《关于体育体制改革的决定（草案）》,为开展体育体制机制改革提供了初步的政策依据。[①]

这一阶段体育体制改革政策的出台对中国体育产业的萌生起了重要推动作用,促进了中国体育领域"以体育场馆改革为龙头,带动运动队和体育竞赛活动吸引社会资金"的体育经营活动的初步开

[①] 国家体育运动委员会编著:《体育统计年鉴（1987年）》,人民体育出版社1987年版,第107—111页。

展。首先，在当时国家体育运动委员会提出的"逐步实现场馆面向群众、面向社会，并由行政管理型向经营管理型过渡"和"发展多种经营，广开财路，提高场馆使用率，逐步做到自负盈亏，以场馆养场馆"方针引领下，中国体育场馆管理体制改革扬帆起航，开启了"以体为主、多种经营"的探索之路。其次，当时的国家体育运动委员会提出了专业运动队与企业进行合作、体育竞技赛事与生产经营活动实现联动的竞技体育社会化发展思路，促进了中国竞技体育"内引外联"和"体育搭台、经贸唱戏"新局面的开启，使竞技体育逐步成为推动中国经济发展的一种重要手段。最后，在体育场馆多种经营和竞技体育社会化实践的带动之下，一批体育产业实体逐渐建立，中国的体育服装、运动鞋、运动饮品等体育用品业也得到了一定程度的发展。

总之，在这一阶段，中国体育领域在改革开放背景下进行的一系列初步改革尝试对于中国体育产业的萌生是非常有益的，但这一阶段体育的经济价值和产业性质还并未得到广泛认可，因而中国体育产业仅仅处于刚刚起步的萌芽阶段。

(二) 初创探索阶段 (1992—2001 年)

1992 年 10 月，党的十四大确立了在中国建立社会主义市场经济体制的经济体制改革目标，为中国渐进式地由计划经济向中国特色社会主义市场经济转型指明了方向。在这种背景之下，中国体育事业为了适应日渐改变的宏观环境，必须以市场为导向，逐步实现社会化和产业化发展。在党的十四大召开的同年 11 月，当时的国家体育运动委员会在广东省中山市召开了由全国体育运动委员会主任参加的"中山会议"，对中国体育体制改革问题进行了深入研讨，并在随后的 1993 年 5 月发布了在中国体育改革过程中具有转折性和历史性意义的《关于深化体育改革的决定》。这一重要决定提出了"建立与社会主义市场经济相适应的，符合现代体育运动规律，国家调控，依托社会，有自我发展活力的体育体制和良性循环的运行机制"的深化体育改革总目标，并将"加快体育产业化进程"确定为一项必须着重抓好的主要工作，为开启中国体育产业发展的探索之路指明了基本方向。① 紧接着，于1993年召开的全国体育运动委员会主任会议又通过了《关于培育体育市场，加快体育产业化进程的意见》，提出了"面向市场，走向市场，以产业化为方向"的体育改革基本思路。1995年6月，当时的国家体育运动委员会基于深入的调研与探讨，发布了对中国体育产业发展具有提纲挈领作用的《体育产业发展纲要（1995—2010年）》，并将中国体育产业划分为主体产业、相关产业和体办产业三大类别。1996年3月，第八届全国人民代表大会第四次会议审议并通过的《国民经济和社会发展"九五"计划和2010年远景目标纲要》，进一步明确了"体育工作要形成国家和社会共同兴办体育事业的格局，走社会化、产业化道路"的发展要求。②

在改革目标和基本思路日渐清晰的基础上，原国家体育运动委员会出台了一系列配套措施，相继推动了全国性单项体育协会的实体化改革、体育俱乐部的职业化改革、中国体育用品博览会的举办、体育竞赛表演市场的开放、体育彩票的发行与销售、体育基金会的成立等，有力促进了中国体育产业的快速发展。

总之，在这一阶段，中国体育主要由原体育运动委员会一家独揽并只开展单一"创收增资"活动的旧有模式被打破，呈现较为明显的社会化、产业化趋势；中国竞赛表演、健身休闲等多个行业竞相取得新进展，体育产业全面发展的态势初步显现。

（三）乘势而起阶段（2001—2011年）

2001年7月，中国获得了2008年第29届夏季奥林匹克运动会的主办权。此次奥运会的筹备和举办有力促进了中国政治、经济、文化等各项事业在21世纪之初迈上一个新台阶，也为对中国体育产业乘势而起、加快发展注入了一针强心剂。当时，由原国家体育运动委员会于1998年改组而成的国家体育总局高度重视北京承办奥运会为中国体育产业发

---

① 刘彦、万文原：《中国体育体制改革二十年》，《人民论坛》2013年第23期。
② 鲍明晓：《体育产业——新的经济增长点》，人民体育出版社2000年版，第39页。

展带来的历史新机遇,并对体育产业在中国经济社会发展中扮演的角色进行了更加明确的定位:在 2005 年召开的全国体育产业工作会议上,国家体育总局将体育产业与群众体育和竞技体育并列作为中国体育事业的重要组成部分;在紧随其后召开的 2007 年全国体育产业工作会议上,国家体育总局又进一步强调,体育产业不能仅局限于在体育部门中发挥作用,而要作为中国经济社会生活的一部分为经济发展和社会进步提供服务和支撑。以上有关体育产业的深刻认识,为 21 世纪初中国体育产业借北京奥运会的东风取得更大进步提供了重要引导。

在充分认识体育产业对体育部门和经济社会发展重要战略意义的基础之上,国家体育总局又于 2006 年 7 月发布了《体育事业"十一五"规划》,提出了体育产业发展在"十一五"期间要实现的总目标,为中国体育产业在短期内要构建的初步发展体系和格局进行了筹划,使得中国体育产业获得了一次前所未有的发展机遇。为了全面落实以上规划确定的体育产业发展目标,促进体育产业实现又好又快发展,体育总局又进一步在推行体育服务认证、开发全国运动会市场、实施体育标准化管理、完善体育及相关产业统计、建设国家体育产业基地等多个方面开展了大量与体育产业相关的工作,并取得了十分显著的成效。鉴于体育产业发展的重要性,国务院办公厅又于 2010 年 3 月出台了《关于加快发展体育产业指导意见》,为中国体育产业的未来发展进一步指明了方向和进路,也使得中国体育产业发展迎来了一次难得的战略机遇。在这种有利的形势之下,国家体育总局在 2011 年 4 月印发的《体育事业"十二五"发展规划》中提出了"十二五"期间加快体育产业发展、增强体育产业竞争力的总体目标,并在随后印发的《体育产业"十二五"规划》中明确了"十二五"期间中国体育产业发展的具体目标、主要任务和措施,使得中国体育产业的发展更加有据可循。受各种政策利好持续释放的激励,这一时期中国体育产业的总体规模日益壮大,市场体系日益健全,内部结构逐渐改善,呈现欣欣向荣的发展态势;而体育产业的较快发展,既使中国居民日益高涨的体育需求得到了较好的满足,也为中国国民经济的发展增添了一大新的动力源泉。

总之，在这一阶段，以北京奥运会的承办为良机，中国政府及体育管理部门在进一步明确体育产业战略地位的基础上，出台了一系列对中国体育产业发展具有重要引领作用的政策措施，有力促进了中国体育产业管理体制的改革与发展，也使中国体育市场逐步走上了规范化的发展道路，为中国体育产业的乘势而起创造了良好的条件；在这种有利的发展氛围之中，受北京奥运会筹备和举行的强力带动，中国体育产业的各细分产业部门都得到了较快发展，逐步形成了包括竞赛表演业、健身休闲业、体育用品业、体育培训业、体育中介业等在内的较为完善的产业体系，并为带动中国国民经济的发展贡献了重要力量。

（四）提质增效阶段（2012年至今）

2012年11月党的十八大召开之后，随着中国特色社会主义进入新时代，中国国民经济也由原来的高速增长阶段过渡到了注重高质量发展的新阶段。在新形势下，为了适应深入推进供给侧结构性改革和建设现代化经济体系等重大战略决策的现实需要，国务院颁布了一系列旨在促进中国体育产业提质增效发展的重要措施。2014年10月，国务院发布了被称为中国体育产业发展史上第一个真正"国"字号文件的《关于加快发展体育产业促进体育消费的若干意见》，从产业体系、产业环境、产业基础等方面为中国体育产业实现"成为推动经济社会发展的重要力量"的战略目标规划了宏伟蓝图。之后，国务院办公厅又分别于2016年10月和2018年12月印发了《关于加快发展健身休闲产业的指导意见》和《关于加快发展体育竞赛表演产业的指导意见》，以促进健身休闲产业和体育竞赛表演产业两大在体育产业发展中具有巨大带动作用的主体产业实现全面、健康和可持续发展。为了进一步激发体育产业带动经济发展的潜能，国务院办公厅在2019年8月和9月又发布了《体育强国建设纲要》和《关于促进全民健身和体育消费推动体育产业高质量发展的意见》，使得中国体育产业的未来发展方向更加明朗。以上政策措施的出台表明，中国政府已将发展体育产业提升到了前所未有的战略高度，这对中国体育产业的进一步发展显然具有促进作用。

为了落实国家大力发展体育产业的方针政策，国家体育总局分别于

2016年5月和2017年6月发布了《体育发展"十三五"规划》和《体育产业发展"十三五"规划》,提出了"十三五"期间中国体育产业调整产业结构、优化空间布局、培育市场主体、扩大产品供给、促进大众消费的发展方向,并明确了"十三五"期间体育产业发展的总体要求、主要任务、重点行业和具体措施。之后,国家体育总局还与其他部委相继联合发布了《自行车运动产业发展规划》《马拉松运动产业发展规划》《武术产业发展规划(2019—2025年)》《冰雪旅游发展行动计划(2021—2023年)》等具体部门行业发展规划,并在国家体育产业统计分类及其完善、国家体育产业基地评选、田径产业发展规划相关问题调查、体育旅游及冰雪旅游业发展指导等方面取得了不少突破,有效助推了中国体育产业的进一步发展。[1] 在"十三五"期间中国体育产业发展取得突出成绩的基础上,国家体育总局于2021年10月发布的《"十四五"体育发展规划》,又对中国体育产业实现高质量发展提出了从供给和需求两端同时发力、加强要素创新驱动、形成现代产业体系、塑造市场竞争主体、提升产品供给水平、发掘消费形式内容、推进彩票事业发展、加大市场监管力度等新的目标和要求。随后,国家体育总局还与文化和旅游部、国家发展和改革委员会联合印发了《京张体育文化旅游带建设规划》,国家体育总局办公厅也发布了《关于体育助力稳经济促消费激活力的工作方案》,并在国家体育旅游示范基地和国家级滑雪旅游度假地认定、体育标准化管理等方面进行了卓有成效的工作,为中国体育产业实现高质量发展提供了有力支持。在国务院的科学顶层设计和国家体育总局的配套措施跟进引领下,这一时期中国体育产业的产值增长速度不断提升,产业规模进一步扩大,"放管服"改革不断深化,市场化程度进一步提高,市场体系不断完善,产业结构更加合理,日益展现其作为朝阳产业和国民经济新增长点的勃勃生机。

总之,在这一阶段,以中国特色社会主义进入新时代和中国经济进

---

[1] 国家体育总局:《体育经济司工作动态》(https://www.sport.gov.cn/jjs/n5032/index.html)。

入"新常态"并转向高质量发展阶段为背景，国务院及国家体育总局适时出台了多项在中国体育产业发展史上具有重要战略意义的政策措施，并在促进体育产业提质增效方面开展了一系列卓有成效的工作，使得中国体育产业发展迈上了一个新台阶，也为中国经济的高质量发展找到了新的突破口。当然，现阶段中国体育产业发展在经济贡献度、产业结构高级化、产品质量提升、市场主体培育等方面还存在许多亟待解决的问题，而正确处理体育产业发展中政府和市场的关系、在体育产业供给侧结构性改革中继续打破行政垄断，则是解决这些问题从而推进体育产业高质量发展的关键所在。

第二节　体育产业在中国国民经济发展中发挥重要作用的实证分析

从以上对中国体育产业发展历程进行的分析可以看出，在改革开放以来的40多年里，伴随着中国渐进式地由计划经济向中国特色社会主义市场经济转轨，作为中国国民经济中第三产业重要组成部分的体育产业经历了一个由无至有、不断壮大、逐步规范、走向成熟的过程。在这一过程中，体育产业作为拥有巨大发展潜力的朝阳产业之一，与中国国民经济的发展相互影响、彼此促进，在受到国民经济发展带动的同时，也通过带动产业结构优化升级、增加社会就业机会、提高人力资本水平、刺激相关产业发展等途径为国民经济的发展注入了新鲜血液。为了验证体育产业在中国国民经济发展中起到的重要作用，以下将基于中国体育产业和国民经济发展的相关统计数据，对体育产业和国民经济发展的相关关系进行动态计量分析。

一　实证检验方法

从已有的相关研究成果来看，对体育产业和国民经济发展之间的相关关系进行实证检验，主要有两种方法可供选择：一种是以横截面数据为基础的面板数据模型分析方法；另一种是以时间序列数据为基础的时序模型分析方法。① 与第一种方法相比，第二种方法能够比较好地解决第一种方法在处理变量之间关系时存在的太过简单化的问题，因而本书选择了时序模型分析方法对中国体育产业和国民经济发展间的相关关系进行动态计量检验。

基于原有传统计量模型进行的实证分析，经常由于无法满足作为这些模型建立基础的经济学理论或经济行为要求的确定性、完全理性等前提假设，而得不到真实可信的研究结论。相比之下，动态计量分析方法则是基于长期样本数据背后隐含的变量间的理论关系来确立计量检验模型，因而运用动态计量方法进行实证分析所得的结果往往更加可靠。协整检验及格兰杰因果检验是动态计量分析方法的典型代表，联合运用这两种方法探讨两个时间序列变量之间的关系要经过如下几步。②

（一）单位根检验

在运用协整检验方法对欲研究的两个变量 X_t 和 Y_t 进行分析之前，为了防止在实证过程中产生"伪回归"问题，必须先要检验这两个变量时间序列的单位根是否具有平稳性。如若这两个变量的时间序列在通过 d 次差分之后，可以变成平稳的序列，那么就将其称为 d 阶单整序列。1979 年，Dickey 和 Fuller 两位学者提出了最初的单位根检验方法，即 DF 检验法。随后，这两位学者又进一步扩展了这一方法，提出了后来被广泛使用的 ADF 检验法。若采用 ADF 方法对两个变量 X_t 和 Y_t 的时间序列进行检验，发现两者为同阶单整，就可以运用下面将提及的 E-G 两步法进一步检验两者是否存在协整关系；如果发现两者不是同阶单整的，则不能再继续进行协整分析。

（二）E-G 两步协整检验

1987 年，Engle 和 Granger 两位学者提出了用于对两个变量 X_t 和 Y_t 的时间序列进行协整检验的 E-G 两步分析法。在这种方法中包含了两个密切相关的检验步骤，其基本思路如下：首先，建立个两个变量 X_t

---

① 王会宗等：《中国体育发展与经济增长的动态计量分析》，《体育学刊》2012 年第 3 期。
② 李子奈编著：《计量经济学》，高等教育出版社 2000 年版，第 120—125 页。

和 Y_t 的一元线性模型 $Y_t = \alpha + \beta X_t + \varepsilon_t$，并基于普通最小二乘法（OLS）运用两个变量的样本数据对该模型进行回归分析，得到形如 $\hat{Y}_t = \hat{\alpha} + \hat{\beta} X_t$ 的估计结果。进而，基于残差的计算公式 $\hat{e}_t = Y_t - \hat{Y}_t$ 进行运算，得到这一模型的残差估计值时间序列。其次，基于上面提到的 DF 或 ADF 方法对得到的残差估计值序列 $\hat{e}_t$ 进行单位根检验，如果检验结果显示 $\hat{e}_t$ 是一个平稳的时间序列，就证明两个变量 X_t 和 Y_t 之间是具有协整关系的；如果结果显示 $\hat{e}_t$ 是一个非平稳的时间序列，则说明两个变量 X_t 和 Y_t 之间是不具有协整关系的。

（三）格兰杰因果检验

格兰杰因果检验法是由 Granger[①] 和 Sims[②] 两位学者分别在 1969 年和 1972 年创立和发展出来的一种用于对时序变量之间因果关系存在性进行判断的行之有效的方法。运用这种方法对两个变量 X_t 和 Y_t 的因果关系进行检验的基本思路如下：如果将变量 X_t 和 Y_t 的滞后期变量同时纳入回归模型对变量 Y_t 进行预测，比仅包含变量 Y_t 滞后期变量的模型对变量 Y_t 进行预测的效果更好。也就是说，变量 X_t 有助于对变量 Y_t 的未来变化进行解释，那么就可以推知变量 X_t 是变量 Y_t 的格兰杰原因；否则，变量 X_t 和变量 Y_t 就不存在格兰杰因果关系。

二　检验指标及样本数据的选取

（一）检验指标的确定

首先，就体育产业而言，其不断成长壮大是一个综合性的多维范畴，但中国的体育统计工作开展一直较为滞后，因而缺乏反映体育产业历年投入产出的长期数据。因此，只能选用某种替代性指标来间接体现中国体育产业历年总体的发展状况。考虑到一个行业的固定资产投资能在很大程度上代表这一行业发展的整体情况，且其长期的统计数据也相

[①] Granger, C. W. J., "Investigating Causal Relations by Econometric Models and Cross-spectral Methods", *Econometrica*, Vol. 37, No. 3, 1969.

[②] Sims, C. A., "Money, Income, and Causality", *America Economic Review*, Vol. 62, No. 4, 1972.

对较为齐全,因此,这里选用了体育固定资产投资(记作 SFAI)作为反映中国体育产业长期发展整体状况的替代性指标。

其次,就国民经济发展而言,鉴于其囊括内容的复杂性,学者们在以往的相关研究实践中曾经分别选用过国内生产总值、国内生产总值的增长率及人均国内生产总值作为其替代性指标。以上这三个指标在刻画国民经济发展方面各有其可取之处,但也都不同程度地存在一些不足。为了整体反映中国国民经济历年的总量规模,这里选用了国内生产总值(记作 GDP)作为反映中国国民经济发展状况的替代性指标。

(二)样本数据的选择

由于中国体育产业是在 2001 年之后才真正进入快速发展轨道的,因此,这里将体育产业与国民经济发展关系实证研究的时间跨度设定为 2001—2020 年。为了保证数据的真实可靠性,相关的样本数据均来源于国家统计局公布的 2002—2021 年的《中国统计年鉴》。出于对时间序列间可能存在的指数关系进行平滑化和尽可能对异方差造成的影响进行消除的需要,这里对中国体育固定资产投资及国内生产总值历年的样本数据进行了对数化处理,相应的时间序列记为 LNSFAI 和 LNGDP,其长期走势如图 2-1 所示。

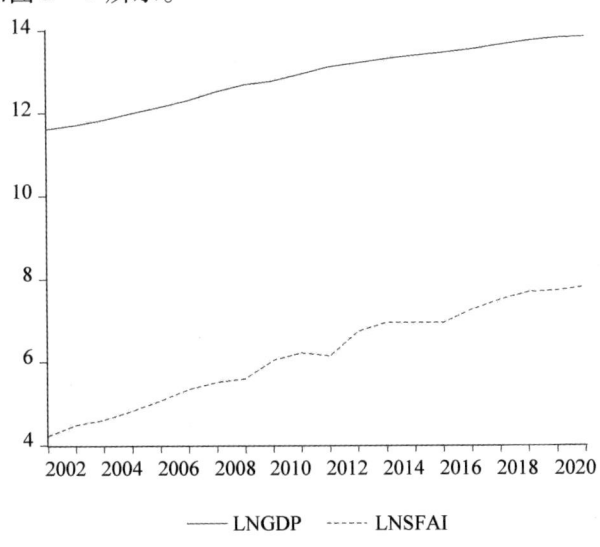

图 2-1 LNSFAI 和 LNGDP 的时序

从图 2-1 可以看出，分别代表中国体育产业与国民经济发展的两组时序统计数据呈现同向的演进趋势，这表明两者之间在长期内可能存在某种相关关系。那么，这种相关关系是否真实存在？如果真实存在，两者的相关程度又有多大呢？以下我们将基于协整检验及格兰杰因果检验的分析方法，运用 Eviews8 软件对其进行实证检验。

（三）实证检验过程

1. 单整检验及其结果

根据代表中国体育产业与国民经济发展的时间序列 LNSFAI 和 LNGDP 呈现的基本走势，我们选择了同时包含常数项和时间趋势项的检验方程作为基础模型，对这两个序列进行了 ADF 检验，所得结果见表 2-1。从该表中可以看出，LNSFAI 和 LNGDP 在显著性水平为 10% 时的检验值都大于其相应的临界值，这说明这两个时间序列都是非平稳的。

表 2-1　对时间序列 LNSFAI 和 LNGDP 进行单整检验的结果

变量	检验方式（c, t, k）	ADF 检验值	临界值	显著性水平	结论
LNSFAI	(c, t, 0)	-2.693882	-3.2762	10%	非平稳
LNGDP	(c, t, 0)	0.707927	-3.2762	10%	非平稳

注：在检验方式中，c 表示包含常数项，t 表示包含时间趋势项，k 表示 ADF 检验方程的滞后期数。

基于检验的一致性原则，我们对 LNSFAI 和 LNGDP 进行了一阶差分，并根据如图 2-1 所示的其一阶差分序列基本走势，仍然选择了同时包含常数项和时间趋势项的检验方程作为基础模型，对两个一阶差分序列 ILNSFAI 和 ILNGDP 又进行了 ADF 检验，所得结果见表 2-2。从该表中可以看出，两个一阶差分序列在显著性水平为 1% 和 10% 时的检验值分别小于其相应的临界值，这说明 LNSFAI 和 LNGDP 两个非平稳的时间序列在一阶差分之后通过了平稳性检验，从而我们可以依此断定两者都为一阶单整序列。

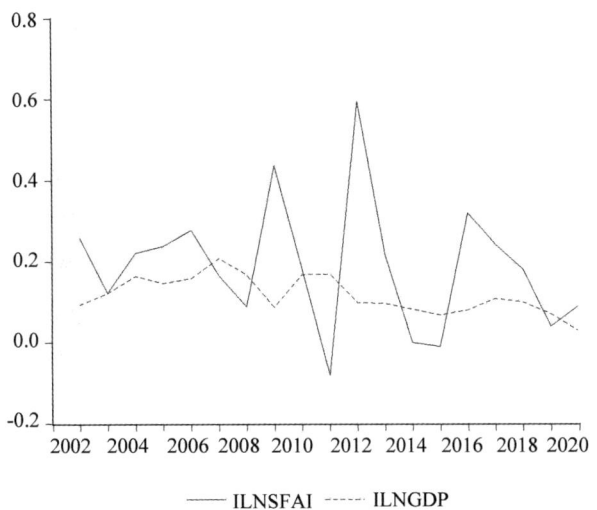

图2-2 序列ILNSFAI和ILNGDP的折线

表2-2 对LNSFAI和LNGDP的一阶差分序列
ILNSFAI和ILNGDP进行单整检验的结果

变量	检验方式（c, t, k）	ADF检验值	临界值	显著性水平（%）	结论
ILNSFAI	（c, t, 1）	-5.959625	-4.6193	1	平稳
ILNGDP	（c, t, 1）	-3.694796	-3.2964	10	平稳

注：在检验方式中，c表示包含常数项，t表示包含时间趋势项，k表示ADF检验方程的滞后期数。

2. 协整检验及其结果

由以上检验结果可知，代表中国体育产业与国民经济发展的时间序列LNSFAI和LNGDP为同阶单整，满足进行协整检验的前提条件。分别以LNSFAI和LNGDP为解释变量和被解释变量，采用普通最小二乘法（OLS）进行回归，并得到回归方程估计残差时间序列E，相应的结果见图2-3。

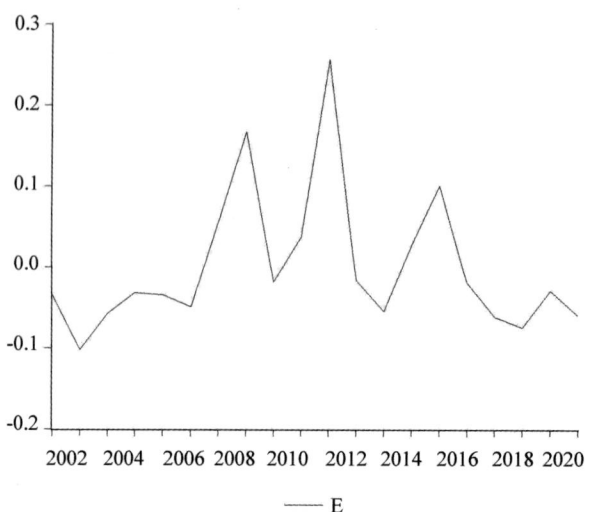

图 2-3　估计残差序列 E 的时序

根据估计残差序列 E 呈现的基本走势，我们选择了不包含常数项和时间趋势项（c=0，t=0）的检验方程作为基础模型，对这一序列进行了 ADF 检验，所得结果见表 2-3。从该表中可以看出，E 在显著性水平为 1% 时的检验值大于其相应的临界值，这说明这一时间序列是平稳的。从而我们可以依此断定代表中国体育产业与国民经济发展的时间序列 LNSFAI 和 LNGDP 具有一种长期稳定的均衡关系，即存在协整关系。

表 2-3　　　　　　估计残差序列 E 单整检验结果

变量	检验方式（c, t, k）	ADF 检验值	临界值	显著性水平	结论
E	(0, 0, 0)	-3.347787	-2.6968	1%	平稳

注：在检验方式中，c 表示包含常数项，t 表示包含时间趋势项，k 表示 ADF 检验方程的滞后期数。

3. 格兰杰因果检验及其结果

以上检验结果虽然已经证明代表中国体育产业与国民经济发展的时间序列 LNSFAI 和 LNGDP 之间存在长期稳定的均衡关系，然而我们尚不能确认该种关系是否是一种因果关系。为了进一步判断 LNSFAI 和 LNGDP 之间是否存在因果关系，我们运用格兰杰因果检验方法对这两个时间序列的关系进行了考证，所得结果见表 2-4。

表 2-4　对时间序列 LNSFAI 和 LNGDP 进行格兰杰因果检验的结果

原假设 H_0	F-统计值	概率值
LNSFAI 不是 LNGDP 的格兰杰原因	2.25586	0.14421
LNGDP 不是 LNSFAI 的格兰杰原因	6.74514	0.00979

注：检验过程中的最优滞后期为 1，是根据无约束 VAR 模型的残差分析结果确定的。

从表 2-4 中可以看出，LNSFAI 是 LNGDP 的格兰杰原因，LNGDP 也是 LNSFAI 的格兰杰原因。这就意味着，中国体育产业和国民经济发展之间存在很显著的互为因果关系，两者相辅相成。

（四）结论

以上检验过程及结果表明，中国体育产业与国民经济发展之间存在长期稳定的均衡关系，且这种关系是一种相互促进的因果关系。这表明，体育产业在中国国民经济发展中占有举足轻重的地位，体育产业中稀缺的体育资源对于助推国民经济发展具有非常重要的意义。

第三节　新制度经济学视域下的中国体育产业垄断体制成因分析

通过以上实证分析可知，从长期来看，体育产业的不断壮大对中国国民经济发展做出了十分重要的贡献。而行政垄断之所以能够在中国体育产业中形成并延续，则与体育产业在中国经济发展中发挥的重要促进作用具有密不可分的关系。以下我们将以经济转轨期为背景，基于体育产业在中国国民经济中的重要地位，运用新制度经济学中的有关理论，阐释中国体育产业行政垄断形成和发展的深层次原因。

一 体育产业垄断成因的国家理论分析

如前所述,体育产业对于国民经济的健康发展而言具有相当重要的意义,而这一点自然也为作为理性"经济人"的政府(国家)所洞悉。正因如此,政府(国家)为了实现效用最大化,必然将体育产业乃至体育作为一种重要资源牢牢掌控在手中,从而催生了中国体育产业的行政垄断。这里将基于新制度经济学的重要组成部分——国家理论来分析体育产业行政垄断的成因。

(一) 国家理论概述

在新制度经济学派提出国家理论之前,学术界已经出现了两大类分析政府(国家)存在缘由的理论——契约理论和掠夺(剥夺)理论。[1] 其中,持契约理论观点的学者们认为,政府(国家)是一种所有公民经合意而最终达成体现一致意愿契约的结果,由这种代表全体公众利益的政府(国家)进行各种契约的组织和实施可以产生因规模扩大而使成本降低的规模报酬递增效应;而持掠夺(剥夺)理论观点的学者们则认为,政府(国家)是作为某个阶级或者既得利益集团的政治代表而存在的,它是该统治阶级或既得利益集团成员掠夺其他被统治阶级或既得利益集团成员的暴力工具。[2] 在这两种理论的基础之上,新制度经济学派的代表人物、著名美国经济学家道格拉斯·诺斯梳理了西方国家的历史发展实践,提出了更为贴近现实的"新古典国家理论"。[3] 这种理论指出:可以将政府(国家)看作一种具有暴力方面比较优势的特殊组织;如果所有的公民都能通过平等分配得到相应的暴力潜能,那么,具有契约特征的政府(国家)就会产生;如果所有的公民无法通过平等分配得到相应的暴力潜能,那么,以掠夺(剥夺)为特征的政

---

[1] North, D.C., *Structure and Change in Economic History*, New York and London: W.W. Norton & Company, 1981, pp. 21–23.
[2] 卢现祥主编:《新制度经济学》,武汉大学出版社2004年版,第223—224页。
[3] North, D.C., *Structure and Change in Economic History*, New York and London: W.W. Norton & Company, 1981, pp. 21–23.

府（国家）则会产生。新古典国家理论的特征可归纳为如下三方面：第一，政府（国家）向全体公民提供具有规模报酬递增效应的公共服务，通过维护正义和保护权益（包括保护产权与合约权）的方式来换取相应的回报和收益；第二，选民会像在完全垄断市场结构条件下那样，被致力于实现自身最大化利益的政府（国家）带有歧视性地划分成不同的群体，并被设定了各不相同的权利；第三，由于选民们既可以向能为其提供更好生活条件的国家进行移民，也可以推举能为其提供更好公共服务的现任统治者的潜在竞争对手替代现任统治者上台执政，从而对政府（国家）的活动形成了一种无形的约束，而这种约束程度的高低则取决于选民上述两种行为实施成本的大小。①

从上述观点可以看出，新制度经济学家认为，可以从一个厂商的角度来理解政府（国家）的行为，将其当作一个具备理性偏好及效用函数的、致力于追求自身利益的特殊组织，而其作为理性"经济人"的主要行为倾向就是福利或效用的最大化。② 在诺斯看来，政府（国家）主要出于两种特定目的向社会成员提供公共服务：第一，通过制定产权结构的竞合规则框架，最大化实现统治者的租金；第二，降低以上规则框架下的交易费用，最大化社会总产出，从而使得政府（国家）能够征收的税收增加。③ 不过，以上这两个方面却往往因为难以取得一致甚至有着很大冲突而导致"鱼和熊掌不可兼得"的局面，即能使统治者租金实现最大化的产权结构框架，经常无法同时使最大社会总产出实现最大化，这就是后来被学者们称为"诺斯悖论"的矛盾状况。按照诺斯的观点，在别的政府（国家）进行政治竞争及统治者潜在竞争对手进行替代的威胁和征税需要付出的成本等交易费用的限制之下，政府（国家）出于安抚拥有实力的选民从而稳定其统治的需要，经常会选择

---

① [美]埃里克·弗鲁博顿、[德]鲁道夫·芮切特：《新制度经济学——一个交易费用分析范式》，姜建强、罗长远译，上海三联书店、上海人民出版社2006年版，第533—536页。
② [美]埃里克·弗鲁博顿、[德]鲁道夫·芮切特：《新制度经济学——一个交易费用分析范式》，姜建强、罗长远译，上海三联书店、上海人民出版社2006年版，第533—536页。
③ 陈文申：《试论国家在制度创新过程中的基本功能——"诺斯悖论"的理论逻辑解析》，《北京大学学报》（哲学社会科学版）2000年第1期。

一种能对某些既得利益集团起到维护作用但往往没有效率的产权结构。

总之，在新制度经济学家看来，政府（国家）也可以被看作致力于最大化自身利益的理性"经济人"，在其决定是否要将某种制度付诸实施以前，会理性地分析和比较实施这一制度及其他可供其取舍的制度的收益及成本，并最终选定一种可以最大化其自身效用的制度。下面我们将基于新制度经济学国家理论的基本原理构建一个有关体育产业行政垄断的政府（国家）效用模型，并分析和比较政府（国家）在经济体制转轨的过程中，对体育产业实施行政垄断及不实施行政垄断两种选择各自带来的收益和成本，及其对政府（国家）效用造成的不同影响，从而阐释为何政府（国家）会作出对体育产业实施行政垄断的抉择。

（二）对体育产业实施行政垄断的国家理论阐释

基于政府（国家）是理性"经济人"的前提假设，实施某项制度增加的收益能为其带来正的效用，实施某项制度付出的代价则会给其带来负的效用，因而这里建立了以下在体育产业中选择实施某项制度的政府（国家）效用函数：

$$U = U[R(x), C(x)] = U[R(x)] + U[C(x)]$$

在上式中，以 U 来代表政府（国家）从对体育产业实施某项制度中获得的总体效用；以 x 来代表政府（国家）可以进行选择实施的制度；以 $R(x)$ 来代表某项制度的实施能够增加的获益，以 $U[R(x)]$ 代表政府（国家）从这种增加的获益中得到的正面效用；以 $C(x)$ 来代表某项制度的实施造成的代价提高，以 $U[C(x)]$ 来代表政府（国家）从这种代价提高中得到的负面效用。

基于上面的模型，可分别对在体育产业中实施行政垄断及不实施行政垄断两种情况下政府（国家）获得的不同效用进行分析：

（1）在体育产业中实施行政垄断情况下政府（国家）获得的效用分析

在这里，政府（国家）作出在体育产业中实施行政垄断的选择用 x_1 来表示，因而根据上面建立的效用函数，用 $U_1 = U[R(x_1)] + U[C(x_1)]$ 来表示政府（国家）作出这一制度选择能够给其带来的总效用。在这两个设定的前提条件下，我们将对政府（国家）选择在体育产业中实施行政垄断引起的收益和代价进行全面考究，并进一步分析政府（国家）总效用因之受到的具体影响。

在中国经济转轨的背景下，政府（国家）在体育产业中实施行政垄断可以获得如下三个方面的收益：第一，让具有独特优势的传统"举国体制"继续发挥其积极作用，通过优先发展竞赛表演产业来保障良好的国际体育竞赛成绩，以使国家日益强大的"软实力"能够在国际上得以充分展示，并促进国家在国际上的影响进一步扩大，从而不断提升中国的国际形象；第二，通过大力支持包括竞赛表演产业在内的体育产业及与之相关的体育事业快速发展，提升广大国民的民族自尊和自信，激励全国上下在体育独有魅力的感召下凝心聚力、爱国图强、砥砺奋进；第三，在促进体育产业发展过程中增强政治向心力，从而有利于实现国内政局的稳定。与之相对应，政府（国家）在体育产业中实施行政垄断需要付出三个方面的代价：第一，把握充分的体育发展信息并将体育产业及其管理部门置于有效政府监管之下支付的成本；第二，为支撑体育产业管理部门及其他相关部门正常运转而耗费的巨大人财物支出形成的成本；第三，无法合理有效配置体育资源导致的体育产业效率损失成本。

对比政府（国家）在体育产业中实施行政垄断的收益和代价可以发现，虽然这种制度选择会付出不小的代价，但转轨期的政府（国家）必然会更看重这种制度选择带来的收益。首先，通过优先发展竞赛表演产业来保障国际体育竞技舞台上的优异表现，进而促进国家的国际地位和影响力提高，既能从一个侧面体现国家政治经济制度的巨大优越性，又能有力地推动与其他国家国际交往的开展，从而为加快发展社会经济营造更好的外部环境；其次，以包括竞赛表演产业在内的体育产业及与之密切相关的体育事业发展为媒介提振国民士气，增强民族向心力和凝聚力，能促进国内社会各界聚力同心、团结奋进，从而为加快发展社会经济创造更好的内部氛围；最后，通过促进体育产业发展巩固长期以来较为稳定的政治局面，从而为加快发展社会经济创造更好的政治前提。

以上这些对于转轨期的政府（国家）而言必然是至关重要的，而在体育产业中实施行政垄断付出的代价包括了信息搜寻、政府监管、支出增加等导致的直接成本和因体育资源配置效率低下造成无谓损失的间接成本，都尚处于政府（国家）能容忍的范围。综合考虑这些因素，作为理性"经济人"的政府（国家）必然会为了得到可确知的收益而付出对选民而言并不确知的代价。

综上所述可知，在体育产业中实施行政垄断付出代价造成的负向效用绝对值必然远不及其得到获益引致的正向效用绝对值，其表达式为 $|U[R(x_1)]| > |U[C(x_1)]|$。从而，政府（国家）能从在体育产业中实施行政垄断的制度选择中获得正的总效用，其表达式为 $U_1 = U[R(x_1)] + U[C(x_1)] > 0$。

（2）不在体育产业中实施行政垄断情况下政府（国家）获得的效用分析

在这里，政府（国家）作出不在体育产业中实施行政垄断的选择用 x_2 来表示，因而根据上面建立的效用函数，用 $U_2 = U[R(x_2)] + U[C(x_2)]$ 来表示政府（国家）作出这一制度选择能够给其带来的总效用。在这两个设定的前提条件下，我们将对政府（国家）选择不在体育产业中实施行政垄断引起的收益和成本进行全面探究，并进一步分析政府（国家）总效用因之受到的具体影响。

在中国经济转轨的背景下，政府（国家）不在体育产业中实施行政垄断可以得到如下四个方面的收益：第一，把握充分的体育发展信息并将体育产业及其管理部门置于有效监管之下的开支减少；第二，为支撑体育产业管理部门及其他相关部门正常运转而耗费的人财物支出降低；第三，市场化运营后的体育产业系统的税收贡献增加；第四，合理有效配置体育资源带来的体育产业效率提升。与之相对应，政府（国家）不在体育产业中实施行政垄断需要付出三方面的代价：第一，将体育产业系统引入市场化运作轨道支付的改革成本；第二，面临改革的巨大阻力，有可能影响国内政局的稳定；第三，改革的阵痛导致竞赛表演产业难以为良好的国际体育竞赛成绩的延续提供充分保障，引起国际体育影响力在短期内降低，招致国际国内体育声誉受到负面影响，从而不利于提振本国国民的民族士气，进而使得社会经济发展难以获得充足的精神动力。

对比政府（国家）不在体育产业中实施行政垄断引起的收益和代价可以发现，虽然这种制度选择会带来一定的收益，但转轨期的政府（国家）会更难以容忍这种制度选择付出的代价。首先，政府（国家）不实施行政垄断的直接收益包括了上述的信息掌握和监管实施开支的降低、体育产业系统运营开支的减少和体育产业系统缴纳的税收增加，它们都会使得政府（国家）的财政状况有所改善；其次，政府（国家）不实施行政垄断的间接收益是体育资源配置趋于优化而引起的体育产业效率水平提升，从而使整个产业的运营状况不断向好。以上这些收益对于转轨期的政府（国家）而言都是非常重要的，与这些收益相比，不在体育产业中实施行政垄断所付出的三方面代价对于政府（国家）来说却大都是无法承受的。将体育系统引入市场化运作轨道付出的改革成本主要是政府（国家）在创设新制度过程中发生的各种开支，其作为直接成本还可以被政府（国家）所容忍。因面临体育利益集团阻挠改革的压力和竞赛表演产业难以为良好的国际体育竞赛成绩的延续提供充分保障，而影响国内政治局面和经济发展动力的维持，构成不实施行政垄断的间接成本，这些代价对于致力于实现政治局面稳定和经济健康发展的理性政府（国家）来说必然是不愿意面对的。综合考虑这些因素可以看出，不在体育产业中实施行政垄断付出的代价远比其收益要大得多，作为理性"经济人"的政府（国家）自然不会选择这样的制度安排。

综上所述，不在体育产业中实施行政垄断付出的代价所产生的负效用绝对值要远高于其得到的收益产生的正效用绝对值，其表达式为$|U[R(x_1)]| < |U[C(x_1)]|$。从而，政府（国家）能从不在体育产业中实施行政垄断的制度选择中获得负的总效用，其表达式为$U_2 = U[R(x_2)] + U[C(x_2)] < 0$。

在经济转轨期，对比在体育产业中实施行政垄断和不在体育产业中实施行政垄断产生的总效用状况，理性的政府（国家）在两者之间进行取舍时,很大可能作出在体育产业中实施行政垄断的选择,以有效控制体育产业中的重要战略资源,从而导致了体育产业行政垄断的形成和延续。

二 体育产业行政垄断成因的路径依赖理论分析

与铁路运输业等其他典型行政垄断行业[①]类似,体育产业行政垄断的形成及其维系同样具有路径依赖方面的原因。这里将在体育产业垄断成因的国家理论分析基础之上,进一步依据路径依赖理论来分析体育产业行政垄断的成因。

(一) 路径依赖理论概述

路径依赖是指某些具有偶然性的外部性事件一旦影响了某一具有正向反馈机制的特定系统,这一系统就会沿袭着某种很难被其余潜在或者更优的体系取代的既定发展演化路径循序渐进。[②]

路径依赖一词最初被应用于生物学领域,后来这一概念被美国学者大卫借鉴到经济学领域,并探讨了存在于技术变迁中的路径依赖问题。[③] 基于此,另一位美国学者阿瑟更加系统深入地阐释了技术演进中的路径依赖理论,并提出了"偶发的小历史事件和由报酬递增引起的锁定决定了何种技术会被选择"的观点。[④]

进入20世纪90年代之后,一些新制度经济学派的经济学家在探讨制度变迁过程时,开始逐渐将路径依赖理论应用于相关现实问题的研究,并产生了一系列重要的研究成果。在这些研究成果中,美国经济学家诺斯取得的成果最具有开创性。诺斯将有效制度常常在较短时间内不能替代无效制度这种"悖论"归因于路径依赖,认为路径依赖问题出

[①] 王会宗:《行政垄断下的铁路运输业资源配置效率分析》,《西安财经学院学报》2012年第1期。

[②] 卢现祥主编:《新制度经济学》,武汉大学出版社2004年版,第187页。

[③] 韩毅:《"路径依赖"理论与技术、经济及法律制度的变迁》,《辽宁大学学报》(哲学社会科学版)2010年第3期。

[④] Arthur, W. B., "Competing Technologies, Increasing Returns and Lock-in by Historical Events", *The Economic Journal*, Vol. 99, 1989, pp. 116 – 131.

现在制度变迁中，主要是递增的报酬和不完全的市场两种力量作用的结果。① 在阐明上述观点的基础上，诺斯进一步提出，如果存在不完全的市场，并且在市场中存在显著不为零的交易成本，那么，某些没有效率的制度就会在具有自我强化机制的报酬递增作用下在较长时期内继续存在。并且，如果组织失灵的情况也同时存在，那么现有的制度就极有可能催生出致力于维护已有制度结构的组织或者利益集团，而居于主导地位的组织或者利益集团则会根据最大化自身利益的目标对制度变迁中的政治进程施加其影响。另外，诺斯还在其观点阐述中对非正式制度的重要性予以了强调，主张制度变迁的轨迹是由社会的政治进程来决定的，而政治市场的性质则源于当事人以社会文化认知模式为基础建立的信仰体系。因社会文化认知模式存在差异，路径依赖状况和递增报酬的存在既有可能对经济发展起高效率的促进作用，也可能对经济发展起低效率的阻滞作用。因此，制度变迁具有的路径依赖特征常常致使资源配置效率无法成为进行制度选择的基本标准，而适应性效率则成为替代标准。②

以诺斯的上述理论为基础，斯塔克、坎贝尔、格雷夫、豪斯勒、皮尔森、卡罗琳、青木昌彦和施密特等经济学家以其卓有成效的研究继续丰富和发展了路径依赖理论，从而使得这一理论不断趋于完善。③ 下面我们将以该理论为基础，并充分考虑中国体育产业独特的发展历程，阐释中国体育产业行政垄断最终形成并得以延续的原因。

(二) 导致体育产业行政垄断的路径依赖原因分析

根据路径依赖的基本原理，历史起着至关重要的作用，人们在过去进行的选择决定了其现在可能作出的选择。制度变迁的演进路径往往受到制度原有初始状态的深刻影响。在由计划经济体制向社会主义市场经济体制转轨的大背景下，中国体育系统的产业化改革孕育了体育产业的

---

① North, D. C., *Institutions, Institutional Change and Economic Performance*, Cambridge: Cambridge University Press, 1990, pp. 94 – 99.
② 韩毅：《"路径依赖"理论与技术、经济及法律制度的变迁》，《辽宁大学学报》(哲学社会科学版) 2010 年第 3 期。
③ 刘和旺：《诺斯制度变迁的路径依赖理论新发展》，《经济评论》2006 年第 2 期。

行政垄断。而在推进渐进式改革的制度变迁过程中，路径依赖的影响机制必然会在体育产业行政垄断的存续过程中发挥重要作用。具体而言，体育产业行政垄断的路径依赖原因主要有以下三个方面。

1. 传统文化的影响

中国的封建文化传统曾经延续了几千年，在这种曾在中国长期存续的传统文化熏染中，某些现代政府部门的行为不可避免地受到影响，而这也是中国体育产业管理部门对该产业实施不当干预的行政垄断的间接原因之一。除此之外，在传统封建文化基础之上衍生出来的"富贵合一"理念也起着推波助澜的作用。这一思想认为，拥有经济特权的人同时也应在社会上谋求受人尊崇的显赫地位。在这一思想的催动之下，"官商合谋"和"官商一体"的现象一直在中国数见不鲜，[①] 而这也成为中国体育产业出现行政垄断的一个次级历史文化路径依赖因素。

2. 国民经济计划体制惯性犹存

在原来计划经济体制之下构建的传统"举国体制"是中国体育产业起步与成长的初始制度发端，其在经济转轨过程中表现出的残存惯性作用长期影响着中国体育产业的发展演进路径。在中华人民共和国刚刚成立之时，出于在尽可能短的时间内迅速使已遭受严重破坏的生产力得到恢复和进一步发展的目的，中国在无其他现成经验可借鉴的情况下，依据"苏联模式"逐步建立了以高度集中为显著特征的国民经济计划管理体制。在这种排斥市场竞争的经济体制下，政府（国家）全面垄断了所有的资源，并通过指令性计划和行政命令统筹安排各行各业的一切日常工作，其中自然也包括体育领域的各方面工作。受这种曾经延续了几十年的计划经济体制管控的影响，体育行业对政府（国家）实施全面过度干预的旧有"举国体制"模式已习以为常，其逐步形成的"政府（国家）本位"依附观念也已积重难返。改革开放以来，国内市场化改革的不断深入推进逐步打破了政府（国家）全面垄断国民经济

---

① 王会宗、张国亭：《中国体育产业的行政垄断体制改革研究》，《理论学刊》2015 年第 10 期。

各行业资源的格局。然而，形成于过去计划经济管理体制之下的由政府（国家）凭借公共权力和行政命令直接指挥生产经营活动的路径依赖惯性，在中国体育产业中仍然显著，体育行政管理部门及其他相关部门依然会通过行政手段对体育市场的运营和竞争活动进行过多干预和限制，而这也正是中国体育产业出现行政垄断的经济体制路径依赖因素。

3. 体制改革循序渐进使然

自从开启改革开放之路以后，中国在探索未来发展道路的过程中逐步开辟了一条具有中国特色的"渐进式"改革道路，这其实本身就是中国经济社会对过往发展道路表现出路径依赖效应的一种制度变迁结果。并且，这种与"激进式"改革截然不同的"渐进式"制度变迁道路，也一样会变成影响以后经济发展制度变迁的路径依赖因素。在中国已历经的40余年"渐进式"改革道路中，政治体制改革与推进速度较快的经济体制改革在步调上稍欠一致，这种稳步推进政治体制改革的方式虽然有利于维护安定团结的政治局面，但也会对某些行政部门和企业之间的既得相关利益起到很大程度的强化作用。在这一制度演进过程中，行政管理部门及其他相关部门为了获取数量可观的"租金"利益，可以在较少承担甚至不承担责任后果的情况下，通过其掌握的公共权力对下属企业的生产经营管理活动进行各种行政干预。与此同时，相应的下属企业也能够以其行政管理部门对市场竞争的限制和排斥为无往而不胜的利器，赢得其他同类企业根本无法具备的强大竞争优势，从而导致相应市场出现不公平竞争的格局。以上这种情况在许多行业都有不同程度的表现，在体育产业中表现得十分明显。具体而言，虽然体育行政管理部门一直在不遗余力地推动中国体育职业化、市场化和产业化改革，但直到今天体育领域政企不分的色彩依然较为浓重。随着中国体育领域"渐进式"改革的战线不断拉长，体育行政管理部门与其下属的体育企业或体育组织逐步基于原有利益关联在实质上结成了唇齿相依的政企联盟。为了能有效巩固和维系双方共同的既得利益，体育行政管理部门设置了许多限制那些非其下属体育企业或体育组织发展的制度性障碍。而这种管办不分的利益共同体致力于延续已有利益格局的行为，往往会使得体育领域的市场化改革在短期内陷入一种"锁定"状态,这也成为中国体育产业出现行政垄断的改革模式路径依赖因素。

第四节 本章小结

中华人民共和国成立以后,作为"朝阳产业"的中国体育产业经历了孕育萌芽、初创探索、乘势而起和提质增效四个发展阶段,已成为中国国民经济体系各部门中不可或缺的重要部分,并在与国民经济相互影响的过程中越来越展示出其促进经济发展的重要作用,而这也正是中国体育产业行政垄断的源起所在。

为了在直观描述的基础上实证检验体育产业对中国国民经济发展起到的重要推动作用,基于中国体育产业和国民经济发展的相关样本数据,采用协整检验及格兰杰因果检验方法对体育产业与经济发展之间的关系进行了动态计量分析。检验结果表明,中国体育产业与国民经济发展之间存在一种相互促进的长期稳定因果关系,从而证实了体育产业及其业内的体育资源在中国国民经济发展中发挥着相当重要的作用。

基于体育产业及体育资源在中国国民经济发展中的重要作用,运用新制度经济学中的国家理论和路径依赖理论分析中国体育产业行政垄断形成和发展的深层次原因,得到了以下结论:从理性"经济人"的角度而言,政府(国家)对比在体育产业中实施行政垄断和不在体育产业中实施行政垄断获得的总体效用情况后,必然会选择在体育产业中实施行政垄断,以对行业中稀缺的体育资源进行控制,而这也正促成了体育产业行政垄断的形成和发展。除此之外,传统文化的影响、国民经济计划体制惯性、体制改革循序渐进导致的路径依赖作用机制,也对中国体育产业行政垄断的形成和发展起到了不可忽视的助推作用。

第 三 章

体育产业行政垄断的基本
特征及其程度测评

通过对体育产业行政垄断的渊源进行分析可知，基于体育产业呈现的发展态势并在中国国民经济的发展过程中日益发挥着重要的作用，在政府（国家）追求效用最大化的行政干预活动以及制度变迁的路径依赖机制影响下，体育产业的行政垄断才得以形成并延续至今。那么，在中国体育产业的发展过程中，其行政垄断有哪些基本特征呢？其在这些基本特征下表现出的行政垄断是否已经达到了必须在推进供给侧结构性改革中将其打破的程度呢？本章将基于中国体育产业行政垄断的基本特征的分析，借鉴笔者曾作为主要成员参与的以于良春为首席专家的教育部哲学社会科学研究重大课题攻关项目课题组在研究行政垄断问题时提出的 I-S-C-P 分析框架及构建的相应指标体系，对中国体育产业的行政垄断程度进行测评，以证明在推进供给侧结构性改革中打破中国体育产业行政垄断的必然性。

第一节 体育产业行政垄断的基本特征

由前面的分析可知，在中国体育产业各种形式的行政垄断中，行业性的行政垄断是最为主要的，[1] 而体育产业的行业性行政垄断是由体育

---

[1] 王会宗、张国亭：《中国体育产业的行政垄断体制改革研究》，《理论导刊》2015 年第 10 期。

行政管理部门及相关部门凭借其手中掌握的公共行政权力限制或排除体育市场中竞争机制正常作用发挥导致的一种垄断形态。该种类型的垄断具有如下几个基本特征。

一 垄断的初始根源在于计划经济体制

中国的体育产业发端于计划经济时期的体育事业，必然带有旧体制的烙印，因而其行政垄断体现出显著的体制性根源。在中国由高度集中的计划经济体制向灵活有序的社会主义市场经济体制转轨的过程中，体育产业行政管理部门及相关部门的职能日益转变，但旧体制下形成的利益格局的消极影响仍然存在，致使行政垄断成为长期妨碍体育产业市场化推进的一大阻碍。当前，中国正处于加快完善社会主义市场经济体制的历史进程当中，虽然由市场在资源配置中发挥决定性作用逐步成为体育产业发展的大趋势，但旧有体制的残余影响依然在体育产业各细分行业中不同程度地存在着，由此导致的行政垄断对市场竞争进行限制的现象也数见不鲜。可见，中国体育产业的行政垄断源自早期建立的国民经济计划管理体制，因此，继续深化经济体制改革是打破体育产业行政垄断的关键。

二 垄断的实施主体履行行政管理职能

如前所述，中国体育产业行政垄断的实施主体是政府体育行政管理部门及相关部门。它们或者本身即是政府的职能部门，或者是代表政府部门行使管理权力的特殊性行业组织，具有显著的行政性。在健全的社会主义市场经济体制之下，这些行政性的机构或组织自身并非真正意义上的市场竞争主体，不应该也不可能参与仅在经营主体间进行的体育市场竞争。然而，由于中国的社会主义市场经济体制还有待于进一步完善，上述行政性机构或组织则能直接借助手中掌握的公共行政权力强行参与体育市场竞争，并对体育市场秩序产生重要影响。一旦这种强行介入行为限制甚至排斥了体育市场竞争机制作用的有效发挥，这些行政性的机构或组织就演变成了行政垄断行为的具体实施主体，而这也正是体育产业行政垄断具有的本质特征。

三 垄断的客体对象存在供需结构矛盾

在经济转轨的过程之中，中国商品与服务市场的总供给和总需求曾长期处于相当严重的供需结构矛盾之中，许多产品和服务的生产有效供给相对不足的状况比较突出。正是在这种特殊的经济背景之下，在中国体育产业中才萌生了体育管理部门通过把持体育资源、控制或独占体育产品和服务以谋求最大化利益的行政垄断。有别于在有效需求不足背景下形成的对需求进行排他性支配形成的垄断情况，中国体育产业中的行政垄断主要存在于体育资源较为紧缺且产品或服务供不应求的卖方市场领域之内。这种行政垄断的长期存在，导致作为垄断客体对象的那些体育产品和服务难以在短时间内较快增加有效供给，也因而间接抑制了其有效需求的提升，从而使得其供需结构矛盾长期无法得到妥善解决，对中国体育产业的健康有序发展造成了严重负面影响。

第二节 体育产业行政垄断的程度测评

体育产业行政垄断所具有的基本特征是对其行政垄断程度进行评估的基础。以下我们将依据上述基本特征，借鉴于良春等在研究转轨经济中的行政垄断问题时提出的 I-S-C-P 分析框架，遵循设计垄断程度评估指标体系的基本原则，构建一套适用于系统反映中国体育产业行业性行政垄断真实状况的指标体系，对体育产业行政垄断的程度进行实际考评，以验证其行政垄断程度是否过高。

一 I-S-C-P 分析框架概述

现代产业组织理论中的 S-C-P（structure-conduct-performance，市场结构—市场行为—市场绩效）范式是被广泛应用于研究产业经济中的竞争与垄断问题的一个经典分析框架，其良好的解释力已被国内外学者的研究实践所证明。为了系统深入地研究中国转轨经济中的行政垄断与促进竞争问题，于良春和张伟基于 S-C-P 范式提出了更符合中国行政垄断具体实际的 I-S-C-P（institution-structure-conduct-performance，行政制度—市场结构—市场行为—市场绩效）理论分析框架和对行业性的行政垄断进行测评的三级指标体系，并将其应用于铁路、电力、石油、电信等典型行政垄断行业的行政垄断程度测度，[①] 得到了国内学术界的广泛认可。I-S-C-P 分析框架及相应的测评指标体系，在充分考虑用于研究竞争与垄断问题的市场结构、市场行为和市场绩效三个要素的基础上，突出了充分反映行政垄断基本特征并与上述三个要素密切相关的行政制度要素，能对行业性行政垄断问题进行有效的阐释。基于该分析框架及相应测评指标体系的科学性及其在研究实践应用中体现出的良好适用性，以下将借鉴其研究思路构建一套符合中国体育产业具体实际的指标体系，用于研究体育产业行业性的行政垄断程度。

二　I-S-C-P 分析框架下体育产业行政垄断测度指标体系的建立

（一）建立指标体系依据的基本原则

于良春等提出的 I-S-C-P 分析框架及相应的测评指标体系为我们建立用于评估体育产业行业性行政垄断程度的指标体系提供了基本遵循，国内外有关经济组织、研究机构和专家学者们在研究经济自由化、市场化程度时使用的指标体系也为我们建立用于评估体育产业行业性行政垄断程度的指标体系提供了重要借鉴。参考以上研究的具体做法，并结合中国体育产业行政垄断的客观实际，我们在设计中国体育产业行业性行政垄断评估指标体系时将遵循以下几项基本原则。

1. 系统综合性

体育产业的行政垄断是体育行政管理部门及其他相关部门凭借公共

[①] 于良春、张伟：《中国行业性行政垄断的强度与效率损失研究》，《经济研究》2010 年第 3 期；于良春等：《转轨经济中的反行政性垄断与促进竞争政策研究》，经济科学出版社 2011 年版，第 44—136 页。

行政权力制约市场机制充分发挥作用造成的最终结果，因此，它涉及经济、政治、社会等多个领域，会对体育产业微观、中观及宏观三个层面造成深刻影响。基于上述情况，建立用于评估体育产业行业性行政垄断程度的指标体系，必须从行政部门、行业市场、经营主体及社会福利等多个层次着手，且要通过多个具体指标对每个层次的实际情况客观全面地进行测度，以尽量从整体上系统综合地反映中国体育产业行业性行政垄断的总体状况。

2. 科学严谨性

体育产业是个相当复杂的系统，在 I-S-C-P 分析框架下建立用于对其行业性行政垄断进行测度的具体指标体系，需要在深入理解 I-S-C-P 分析框架的内在逻辑和充分考虑中国体育产业实际情况的基础上，科学严谨地选择行政管制、组织结构、主体行为、产业绩效四个方面的具体指标，以实现由理论分析框架到实际测度指标的转化性过渡。在具体指标的选择上，要注意指标的代表性，且要尽可能地避免遗漏和重复，以尽量准确地反映中国体育产业行业性行政垄断的客观面貌。需要特别注意的是，为了将必要的宏观调控和产业规制与行政垄断区分开来，要避免将体现政府对体育经济进行正常调控和对体育产业进行合理规制的各种指标不当地纳入指标体系之中，以确保最终测度结果的准确性。

3. 机动灵活性

由于中国的体育统计工作长期以来较为滞后，体育产业的官方数据资料并不健全，因而有些测度体育产业行业性行政垄断所需的直接统计数据很有可能无法获得，有些数据可能我们可以通过非官方途径采集到，但其可信程度未必能达到对相关指标进行测度的要求。以上这些情况将会给我们对体育产业行业性行政垄断进行指标体系测度造成很大的困难，使得我们在选择具体的测度指标时不得不根据所需数据资料的可获得性，机动灵活地借鉴以前学者在开展相关研究工作时已经采用过的成熟做法，变通地采用一些替代性指标来反映体育产业行政垄断某些方面的客观状况，以尽最大可能对中国体育产业的行业性行政垄断的真实情况进行刻画。

(二) 体育产业行政垄断程度测度指标体系的确定

依据上述基本原则，我们在充分理解 I-S-C-P 分析框架及相应的测算指标体系和占有其他大量相关文献资料的基础上，经过多次头脑风暴和深入研讨，初步构建出用于测度中国体育产业行业性行政垄断程度的经验性预选指标体系。之后，我们将该指标体系通过发放调查问卷的形式提交给多名专家进行了两轮咨询和评判，并根据各位专家反馈的修改意见对初步预设指标体系中的具体指标进行了增减、修改、补充和完善，从而确定了包含4大类一级指标、11类二级指标和26个三级指标的用于测度中国体育产业行业性行政垄断程度的应用性指标体系，如表3-1所示。

表3-1　　中国体育产业行业性行政垄断程度测度指标体系

一级指标	二级指标	三级指标
行政制度	行政管理部门情况	管理部门的设置
		管理部门的管辖权限
		管理部门的管理形式
	妨碍和排除市场竞争的政策法规	妨碍和排除市场竞争的政策法规数量
		相应政策法规妨碍和排除市场竞争的程度
	进入市场的行政性壁垒	进入的基本资质要求
		进入的管制方式
	市场价格的行政管制	行政管理及相关部门对价格进行管制的方式
		允许其他市场主体参与定价的程度
组织结构	产权结构	产权的集中程度
		国有经济的支配力
	市场结构	市场集中程度
		内部部门构成比例

续表

一级指标	二级指标	三级指标
主体行为	垄断厂商最大化自身利益的行为	定价行为
		非价格行为
		组织调整行为
	厂商自主经营中的行政干预行为	要素投入中的行政干预
		生产过程中的行政干预
		运营活动中的行政干预
		收入分配中的行政干预
产业绩效	产业的资源配置效率	劳动的配置效率
		资本的配置效率
	产业的规模结构效率	行业总体的规模结构效率
		下属部门的规模结构效率
	产业的技术进步程度	物质产品部门的技术进步
		服务产品部门的技术进步

三 体育产业行政垄断各项评估指标的测度

基于在 I-S-C-P 分析框架下建立的指标体系，结合搜集的中国体育产业相关统计数据和文献资料，我们对上述反映体育产业行业性行政垄断的各项具体指标进行了实际测评。为了便于将各种类型的指标进行综合概括，我们采用了等级评定法将各指标的测评结果最终转换成了其体现出的行政垄断程度等级。具体做法是：预先设定低、较低、中等、较高和高 5 个等级，根据对每一个具体指标情况的分析结果评定其反映出的体育产业行政垄断程度等级，并在此基础上综合评估中国体育产业的整体行政垄断程度。

（一）行政制度类指标评估

行政垄断是在中国由计划经济体制向社会主义市场经济体制转轨的制度变迁中形成的，其长期存在也有赖于一系列对其进行维系的行政制度的延续，因此，对行政垄断进行评估首先要从其行政制度根源入手。这里我们设置了行政管理部门情况、妨碍和排除市场竞争的政策法规、进入市场的行政性壁垒和市场价格的行政管制4个二级指标来对中国体育产业行业性行政垄断得以存续的行政制度因素进行评估。

1. 行政管理部门情况

某个行业的行政管理部门指的是依据中国行业管理的有关规定，对该行业的生产经营活动负主要监督管理职责的上级政府管理部门。考虑各行业行政管理部门在具体设置、管辖权限和监管方式等方面各有不同，我们进一步把这个二级指标分解成了3个三级指标，即管理部门的设置、管理部门的管辖权限以及管理部门的管理形式，来具体反映体育产业的行政管理部门情况。

（1）管理部门的设置

管理部门的设置反映的是带有行政垄断性质的行业由一个上级行政部门还是由两个或两个以上上级行政部门进行管理的情况。其体现的行业性的行政垄断程度与管理部门的个数成反比，即管理部门越少，相应管理权力越集中，因而其行政垄断程度往往越高；管理部门越多，相应管理权力越分散，因而其行政垄断程度往往越低。在中国体育产业发展的初期，其上级管理部门是国务院下属的国家体育运动委员会；1998年国家体育运动委员会改组为国家体育总局之后，全国的体育产业工作就一直主要由国家体育总局负责管理。基于这种情况进行判断，中国体育产业管理部门的设置可以被归为由单一行政部门进行管理，因而其这一指标体现出的体育产业行业性行政垄断程度可被评级为"高"。

（2）管理部门的管辖权限

管理部门的管辖权限反映的是国家赋予和配置给某一管理部门的具体行政职权范围。行业的上级行政管理部门对该行业拥有越大的管辖权限，就越有能力凭借其手中的公共行政权力对市场竞争进行不正当干预甚至排除，因而也往往会导致这一行业行政垄断的程度更高。1994年国家体育运动委员会出台的《关于加强体育市场管理的通知》规定，由国家体育运动委员会同其他的相关管理部门承担制定有关体育市场的国家政策和法规，负责对全国范围内体育市场进行宏观管理，并对体育商品的经营活动实施监督和管理。① 1998年国家体育运动委员会被改组为国家体育总局，其对体育产业的管辖权限也相应转变为拟定全国体育产业发展服务管理政策和体育产业发展规划，对体育服务进行规范化管理，力推体育市场建设的标准化进程，监督管理体育彩票的发行……；②总局下属的体育经济司是具体负责对全国体育产业进行专门管理的司局级机构，其管辖权限为研究并拟定各种体育经济、体育生产经营活动和体育市场监督管理方面相关的政策和法规草案，确定从事体育生产经营活动的具体条件及相应程序，研究并制定体育领域的行业标准规范。③从上述情况来看，无论是原来的国家体委，还是现在的国家体育总局，都对体育产业拥有很大的管辖权，但考虑到国家体委改组为国家体育总局后，其对体育产业的管辖权限已经比原来有所削减，可将这一指标反映出的体育产业行业性行政垄断程度评级为"较高"。

(3) 管理部门的管理形式

从目前中国行政部门对其下属行业进行管理的具体实际来看，其基本管理方式大致有三种：指令性计划管理、指导性计划管理和无计划管理。这三种形式体现的行政强制性和约束力由强到弱，因而其反映的行政管理部门对其下属行业进行行政垄断的程度也依次降低。从近些年来中国出台的有关体育产业管理的政策文件来看，④虽然体育产业还尚未实现无计划管理，但除个别事关体育和经济发展全局的特殊领域仍然继续沿用指令性计划管理之外，其管理部门的管理形式已由原来国家体育运动委员会采取的指令性计划管理为主、指导性计划为辅的模式逐步转变为了现在国家体育总局采取的指导性计划管理为主、指令性计划管理

---

① 《国家体委关于加强体育市场管理的通知》（https：//www.sport.gov.cn/n315/n331/n403/n1957/c573985/content.html）。

② 国家体育总局：《总局职责》（https：//www.sport.gov.cn/n20001099/n20001263/c20193110/content.html）。

③ 《国务院办公厅关于印发国家体育总局职能配置内设机构和人员编制规定的通知》（http：//www.gov.cn/zhengce/content/2010-11/18/content_7784.htm）。

④ 国家体育总局经济司、国家体育总局体育器材装备中心编著：《体育产业政策文件汇编（国务院及部门篇）》，人民体育出版社2017年版，第1—391页。

为辅的模式。综合考虑这些情况，可将这一指标体现出的体育产业行业性行政垄断程度评级为"中等"。

2. 妨碍和排除市场竞争的政策法规

行业性的行政垄断因行业行政管理部门及相关部门出台妨碍和排除市场竞争的政策法规而形成，这是行政垄断行业与市场垄断行业的最大区别，因而妨碍和排除市场竞争的政策法规理应是体现行业性行政垄断的重要行政制度类指标。为了全面描述这个二级指标，我们将其进一步分解成了2个三级指标，即妨碍和排除市场竞争的政策法规数量和相应政策法规妨碍和排除市场竞争的程度。

（1）妨碍和排除市场竞争的政策法规数量

在某个行业中妨碍和排除市场竞争的政策法规数量越多，这一行业的行政垄断问题越严重；反之，则越轻微。纵观中国体育产业发展过程中其行政管理部门出台的各种规章制度，其中涉及妨碍和排除市场竞争的政策法规不在少数。在国家体育运动委员会被改组为国家体育总局之前，就曾经出台过《关于加强体育市场管理的通知》《中华人民共和国体育法》《关于进一步加强体育经营活动管理的通知》《全国综合性体育运动会财务管理办法》《关于加强在役运动员从事广告等经营活动的通知》《全国水上体育经营活动管理暂行规定》等政策法规，这些法规虽然对于维护正常的体育市场秩序具有很大作用，但其中的一些条文也对体育市场的正常竞争具有非常强的妨碍和排除作用。在国家体育运动委员会改组为国家体育总局之后，虽然原来国家体育运动委员会出台的一些妨碍和排除体育市场正常竞争的政策法规被废止，但有些政策法规仍然有效，[①] 而且又出台了一些对体育市场正常竞争具有妨碍和排除作用的政策法规，如《全国性单项体育竞赛财务管理办法》《全国体育竞赛管理办法（试行）》《关于对国家队运动员商业活动试行合同管理的通知》等。除体育产业行政管理部门出台的这些政策法规之外，体育

---

① 如《中华人民共和国体育法》（2009年第一次修订、2016年第二次修订、2022年第三次修订）、《全国综合性体育运动会财务管理办法》等。

产业相关管理部门也出台了一些对体育市场及其细分市场正常竞争具有妨碍和排除作用的政策法规，如2000年当时的国家广播电影电视总局颁布的《关于加强体育比赛电视报道和转播管理工作的通知》、2015年当时的国家新闻出版广电总局颁布的《关于改进体育比赛广播电视报道和转播工作的通知》等。鉴于以上情况，另外考虑到部分对体育市场正常竞争具有较强妨碍和排除作用的政策法规已经废止，可将这一指标体现出的体育产业行业性行政垄断程度评级为"较高"。

（2）相应政策法规妨碍和排除市场竞争的程度

除了表现在相关政策法规的数量上之外，某个行业的行政垄断还会反映在相关政策法规妨碍和排除市场竞争的程度上。上述政策法规大都对体育市场的正常竞争具有较强的妨碍和排除程度，尽管有些政策法规已经被废止，但其对体育行政管理部门及相关部门的行为仍然具有较大残余惯性影响，致使体育产业的行政垄断状况依然不容乐观。当然，近年来，特别是2006年国家体育总局发布《体育产业"十一五"规划》、2010年国务院办公厅颁布《关于加快发展体育产业的指导意见》和2014年国务院颁布《加快发展体育产业促进体育消费的若干意见》以来，随着中国体育发展方式"从行政主导向行政服务和市场推动相结合转变、从政府办体育向扶持引导社会办体育转变、从体育部门主管向多部门联动转变"[①]，中国体育产业行政管理及相关部门相继出台了一系列打破体育产业行政垄断、促进体育市场竞争的政策法规，如2011年的《体育产业"十二五"规划》、2012年的《关于鼓励和引导民间资本投资体育产业的实施意见》、2013年的《关于加强大型体育场馆运营管理改革创新 提高公共服务水平的意见》、2014年的《关于推进体育赛事审批制度改革的若干意见》、2015年的《体育赛事管理办法》《体育场馆运营管理办法》《关于大力发展体育旅游的指导意见》、2016年的《体育产业发展"十三五"规划》《国务院办公厅关于加快发展健身

---

① 刘鹏：《发展体育产业 促进体育消费 建设体育强国 服务经济民生》，《运动》2014年第21期。

休闲产业的指导意见》、2018年的《国务院办公厅关于加快发展体育竞赛表演产业的指导意见》《关于进一步加强体育赛事监管的意见》、2019年的《进一步促进体育消费的行动计划（2019—2020年）》《体育强国建设纲要》《国务院办公厅关于促进全民健身和体育消费推动体育产业高质量发展的意见》、2020年的《体育赛事活动管理办法》、2021年的《关于加强社会足球场地对外开放和运营管理的指导意见》《"十四五"体育发展规划》等。这些政策法规的出台，表明了中国体育产业行政管理及相关部门在打破体育产业行政垄断和促进体育市场竞争方面的决心。但我们同时也看到，在这些文件中，体育产业行政垄断和促进竞争的政策法规支持相关问题被反复提及，从而间接地说明了中国体育产业相应政策法规仍在很大程度上对体育市场竞争具有妨碍和排除作用。综合考虑以上情况，可将这一指标体现出的体育产业行业性行政垄断程度评级为"中等"。

3. 进入市场的行政性壁垒

进入市场的壁垒指的是对正在进入或者准备进入某个市场的厂商产生不利影响的各种困难或阻碍，或者说是指行业内已在位的厂商相对于新进入或潜在进入厂商而言具有的先发竞争优势。而在这些不利因素当中，进入市场的行政性壁垒是由行业的行政管理部门通过出台限制性政策法规而设置的管制性障碍，具有明显的主观性、强制性和随意性，[①]对行业内已在位的厂商具有更强的庇护作用，是比经济性壁垒[②]更难逾越的鸿沟。正因如此，进入市场的行政性壁垒高低也是体现一个行业行政垄断状况的重要行政制度类因素。以下我们设置了进入的基本资质要求和进入的管制方式2个三级指标，来反映中国体育产业进入市场的行政性壁垒情况。

（1）进入的基本资质要求

进入的资质指的是一个行业的行政管理部门及相关部门对欲进入这

[①] 林琳：《论行政性市场进入壁垒及其法律规制》，《经济法论坛》2009年第0期。
[②] 经济性壁垒是指由规模经济、资本门槛、资源占有、产品差异等经济性因素造成的进入障碍。

一行业从事生产经营活动的厂商规定的基本资格条件要求。对进入的资质规定的条件越高，正在进入或准备进入这一行业的厂商面临的困难越大，从而也意味着进入这一行业的行政性壁垒越难以跨越；反之，则越容易跨越。1994年国家体育运动委员会出台的《关于加强体育市场管理的通知》对于从事体育经营活动的市场主体必须具备的条件进行了规定，涉及资金、设备、场所、从业人员、经营内容、活动安全性等多个方面。之后，中国体育产业行政管理部门及相关部门在不同时期出台了许多更为明确细致的政策法规，对体育产业各部门的基本从业资格都进行了更为详尽的规定，如《彩票管理条例实施细则》《体育场馆运营管理办法》《体育赛事管理办法》《体育赛事活动管理办法》等。虽然这些规定大都是出于考虑行业发展安全的需要做出的，但也在客观上为正在进入或准备进入相应市场的经营主体设置了不小的制度障碍。综合考虑保障行业发展安全性和造成市场进入制度壁垒两方面的因素，可将这一指标体现出的体育产业行业性行政垄断程度评级为"中等"。

（2）进入的管制方式

在中国实行投资体制改革之后，政府对进入市场投资进行管制的方式大致可分为三种类型，即"审批制""核准制"和"备案制"。①"审批制"是一种计划经济色彩较为浓重的政府管制方式；"核准制"是一种体现着由计划经济向社会主义市场经济过渡的政府管制方式；"备案制"则是一种社会主义市场经济体制下的政府管制方式。这三种管制方式对正在进入或准备进入某个市场的厂商形成的阻碍程度依次降低。在过去很长一段时间里，中国体育行政管理部门对进入体育市场都实行严格的"审批制"管制方式，如《国家体委关于加强体育市场管理的通知》第五条就规定对竞赛表演、体育培训、体育信息咨询等实行审批甚至是许可制度，②等等。伴随着中国"放管服"改革的持续深化，中国体育行政管理部门虽然正在逐步简化对进入体育市场实行"审批

---

① 祝波：《投资项目的审批制、核准制和备案制》，《上海企业》2008年第3期。
② 《国家体委关于加强体育市场管理的通知》（https://www.sport.gov.cn/n315/n331/n403/n1957/c573985/content.html）。

制"的方式，但仍然保留了大量的审批权限，在事实上形成了市场主体进入体育市场的较大障碍，如在 2015 年的《体育赛事管理办法》基础上形成的《体育活动管理办法》就是典型例证。综合考虑以上情况，可将这一指标体现出的体育产业行业性行政垄断程度评级为"较高"。

4. 市场价格的行政管制

商品价格由市场来决定是市场经济的基本特征，价格机制能充分发挥作用是市场经济有效运行的基础条件。而通过出台价格管制措施对商品价格进行政府规制，则是政府干预市场运行的重要手段。如果相应的管制措施不当，影响了价格机制作用的充分发挥，那么这种手段也会成为行业性行政垄断的重要体现。以下我们设置了行政管理及相关部门对价格进行管制的方式和允许其他市场主体参与定价的程度 2 个三级指标，来说明中国体育产业中市场价格的政府管制情况。

（1）行政管理及相关部门对价格进行管制的方式

根据《中华人民共和国价格法》的规定，中国政府部门对价格进行管制的方式主要分为三种，即政府定价、政府指导定价和市场调节定价。[①] 政府定价是政府有关部门制定的，政府指导定价是政府有关部门指导市场主体制定的，而市场调节定价则是市场主体根据市场供求自主制定的。因此，这三种方式体现出的政府部门对价格进行管制的程度是依次降低的。在中国由计划经济体制向社会主义市场经济体制转轨的过程之中，体育行政管理及相关部门曾主要采用政府定价和政府指导定价两种方式，在相当长的一段时间里延续了对体育产品和服务的价格确定进行严格管制的做法。近年来，伴随着体育产业领域价格体制改革的不断深入，中国体育产业中由市场调节定价的产品和服务所占比重大为提高，但仍有相当一部分体育产品和服务的价格确定受到体育行政管理部门及相关部门较为严格的管制，依然主要采取的是政府定价和政府指导定价两种方式，这一点在目前仍有效的 2009 年的《彩票管理条例》、2015 年的《国家新闻出版广电总局关于改进体育比赛广播电视报道和

---

① 《中华人民共和国价格法》（http://www.people.com.cn/item/3-15/a1005.htm）。

转播工作的通知》、2020年的《体育赛事活动管理办法》、2021年的《公共体育场馆基本公共服务规范》等政策文件中都有所体现。综合考虑以上情况，可将这一指标体现出的体育产业行业性行政垄断程度评级为"中等"。

(2) 允许其他市场主体参与定价的程度

在商品价格确定的过程中，政府允许其他市场主体（如企业、消费者等）参与定价的程度越高，政府对商品价格进行管制受到这些市场主体监督的程度越高，不当的商品价格政府管制越不容易发生，其反映出的行业性行政垄断程度也就越低；反之，则越高。伴随着中国体育产业市场化进程的不断推进，体育行政管理部门及相关部门对体育健身休闲行业、体育用品行业、体育场地服务行业、体育教育与培训行业、体育广告行业等产业部门产品价格的管制已大为放松，并越来越鼓励其他市场主体通过调整自身行为影响市场供求的方式参与商品价格的形成过程，这在2010年的《国务院办公厅关于加快发展体育产业的指导意见》、2014年的《国务院关于加快发展体育产业促进体育消费的若干意见》、2019年的《国务院办公厅关于促进全民健身和体育消费推动体育产业高质量发展的意见》、2021年的《"十四五"体育发展规划》中都得到了充分的体现。然而，体育行政管理部门及相关部门对体育竞赛表演行业、体育传媒与信息服务行业、体育金融与保险行业、体育经纪行业、体育建筑行业等产业部门产品价格管制的放松仍然与推进体育产业市场化的要求存在较大差距，其他市场主体通过调整自身行为参与商品定价仍然受到较大限制，这在2009年的《彩票管理条例》、2015年的《国家新闻出版广电总局关于改进体育比赛广播电视报道和转播工作的通知》、2020年的《体育赛事活动管理办法》等政策文件中都有所体现。基于上述分析，可将这一指标体现的体育产业行业性行政垄断程度评级为"中等"。

(二) 组织结构类指标评估

中国行业性行政垄断的市场势力并不是在市场竞争中通过优胜劣汰机制形成的，而是某些行业的行政管理部门及相关部门在原有计划经济体制下对资源配置行使的控制权在经济转轨时期得以延续造成的。这些行业的行政垄断在使其得到维系的行政制度庇护下，逐步孕育出了特有的产业组织结构，而这种结构的状态也因而成为行业性行政垄断的又一个重要表现。这里我们设置了产权结构和市场结构2个二级指标，来反映中国体育产业的组织结构情况。

1. 产权结构

这里的产权结构体现的是行政垄断影响下的某个产业中，国有性质的产权和非国有性质的产权各占多大比例以及两者之间相互耦合连接的关系。因为体育行政管理部门及相关部门主要是以其下属的体育产业国有成分为基础对体育产业进行行政垄断的，所以体育产业的产权结构状况是反映其行政垄断程度的重要组织结构类指标。以下我们将设置产权的集中程度和国有经济的控制力2个三级指标来反映行政垄断下中国体育产业的产权结构。

（1）产权的集中程度

产权的集中程度指的是行政垄断影响下的某个产业中，国有性质的产权和非国有性质的产权此消彼长的发展趋势，它能够反映一个产业当中国有性质的产权对市场的影响力变化情况，由此从侧面间接体现这一产业产权结构的调整。以下我们将用近年来中国体育固定资产投资中国有控股、集体控股和私人控股成分的增长情况来具体说明中国体育产业产权的集中程度发展状况。

图3-1汇总的是《中国统计年鉴》公布的2013—2020年中国国有控股、集体控股和私人控股体育固定资产投资各自的增长率变化情况。从图中可以看出，2013—2020年，中国国有控股的体育固定资产投资除个别年份有小幅度下滑之外，其余年份的增长率都超过10%，有的年份增长率甚至达到40%；集体控股的体育固定资产投资除2013年、2015年和2018年有较大幅度增长之外，其余大部分年份出现了较大幅度的下滑，有的年份下滑幅度甚至达到了40%以上；私人控股的体育固定资产投资除在2013年和2016年有较大幅度增长之外，其余年份的增幅并不大，甚至在2015年和最近的2020年出现了一定幅度的下滑。

这表明，伴随着中国体育产业领域的产权制度改革，其产权的集中程度虽然正在降低，在近年来却又呈现抬头趋势。综合考虑这些情况，可将这一指标体现出的体育产业行业性行政垄断程度评级为"较高"。

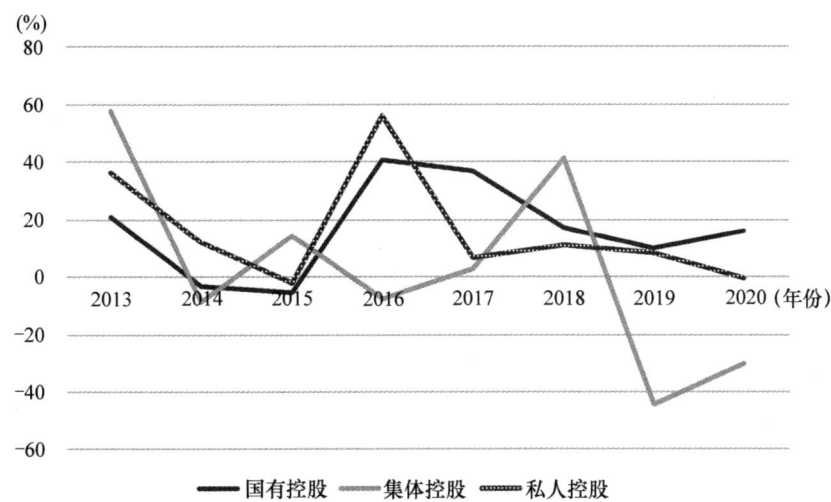

图 3-1 2013—2020 年国有控股、集体控股和私人控股体育固定资产投资的年增长率情况

资料来源：根据《中国统计年鉴》2014—2021 年各期公布的相关统计数据整理而得。

（2）国有经济的支配力

国有经济的支配力指的是行政垄断影响下某个产业中国有经济对整个产业发展所起的主导作用大小，它同样也能从侧面体现行政垄断下某个产业的产权结构特征。作为中国体育产业中国有经济典型代表的中体产业集团是以国家体育总局为实际控制人的 A 股上市公司，以下我们将以中体产业集团为例，说明中国体育产业中国有经济的支配力情况。

自 1998 年成立以来，中体产业集团长期致力于推进中国体育"本体产业"的发展。渤海证券发布的《中体产业研究报告：体育资源积淀丰厚，始终植根产业发展》显示，目前中体产业集团的业务范围涵盖体育赛事活动、体育传播、体育教培、体育标准认证、体育彩票、线下及线上体育空间平台、体育数字科技、体育品牌运营、体育资本运作、体育研究咨询、体育国际业务及体育地产等领域,且已基本建立了体育赛事活动、体育传播、体育教培、体育彩票、线上线下体育空间平台及体育标准认证等业务领域的全国性布局雏形。① 由此可见,中国体育产业中的国有经济无论是在深度还是在广度上,都拥有着强大的行业支配力,对中国体育产业的发展起着举足轻重的作用。但考虑到在中国体育产业内已基本形成了国有经济引领下的多种所有制经济共同发展的整体框架,可将这一指标体现出的体育产业行业性行政垄断程度评级为"较高"。

2. 市场结构

市场结构体现的是行政垄断影响下的某个产业中市场竞争与垄断程度的基本状况。中国体育产业的市场结构状况并非在自由市场竞争中自然形成的,主要是由行政垄断作用于体育市场导致的结果,因此,市场结构也是反映中国体育产业行政垄断的重要组织结构类指标。以下我们将设置市场集中程度和内部部门构成比例2个三级指标来反映行政垄断下中国体育产业的市场结构。

(1) 市场集中程度

由产业组织理论的相关基本原理可知,在市场结构的诸多决定因素中,最为重要的是市场集中程度。作为反映某一产业中买方或卖方集中程度的关键要素,市场集中程度是用于刻画市场主体相对规模结构的重要指标。在市场集中程度的主要测度指标中,行业集中程度被研究者们更为广泛地采用,且其数值计算受到相关统计数据资料可得性的限制较少,因此,我们在这里也将其作为反映中国体育产业市场集中程度的具体测算指标。行业集中程度计算的是某一个产业内部规模大小排在前几位的厂商有关指标值的总和占整个行业该指标值总额的比重,② 其具体的计算公式如下所示:

---

① 姚磊:《中体产业研究报告:体育资源积淀丰厚,始终植根产业发展》(https://baijiahao.baidu.com/s?id=1717388468163424295&wfr=spider&for=pc)。
② 简新华、李雪编著:《新编产业经济学》,高等教育出版社2000年版,第125页。

$$CR_m = \sum_{j=1}^{m} X_j \Big/ \sum_{j=1}^{m} X_j$$

在上式中，CR_m 是某一产业中前 m 个最大厂商的行业集中度指数；X_j 为第 j 个厂商的某一个相关指标的取值；m 是某一产业中前几个规模最大的厂商数；M 是某一个产业内部总的厂商数。

根据以上测算公式，我们以中超联赛有限责任公司为例，基于其股权结构相关统计数据，计算了其前4家和前8家最大股东的持股比例，来从一个侧面反映中国体育产业的本体产业之———体育竞赛表演产业中的中国足球协会超级联赛的市场集中度情况，其计算结果分别为 $CR_4 = 48\%$ 和 $CR_8 = 64\%$。根据贝恩年提出的判断标准，中国中超联赛的市场结构可被归为寡占Ⅳ型，具有较高的垄断程度。另外，吴思根据俱乐部的收入指标计算了中国足球协会超级联赛的市场集中度指数，结果为 $CR_4 = 51\%$；[①] 苗春竹根据滑雪场数量指标计算了中国滑雪产业的市场集中度指数，结果为 $CR_4 = 43\%$、$CR_8 = 66\%$。[②] 以上情况说明，经过多年的市场化改革，中国竞赛表演产业的市场集中度仍然比较高，其市场中的垄断势力依旧比较强大。除竞赛表演产业之外，中国体育传媒与信息服务行业、体育金融与保险行业、体育经纪行业、体育建筑行业等产业的垄断程度也都较高，如王玉珍等根据体育类应用软件下载量指标相关统计数据计算了中国体育传媒产业的市场集中度指数，结果为 $CR_4 = 34\%$、$CR_8 = 51\%$，[③] 等等。但考虑到中国体育健身休闲行业、体育用品行业、体育场地服务行业、体育教育与培训行业、体育广告行业的垄断程度已大为降低，可将这一指标体现出的体育产业行业性行政垄断程度评级为"中等"。

（2）内部部门构成比例

一个产业的内部部门构成比例反映的是这一产业在发展过程中生产

[①] 吴思：《基于SCP分析框架的中超联赛产业研究》，硕士学位论文，华东师范大学，2019年。
[②] 苗春竹：《我国滑雪产业的SCP范式分析》，《体育文化导刊》2018年第2期。
[③] 王玉珍等：《基于SCP框架的中国体育传媒产业组织分析》，《体育成人教育学刊》2019年第4期。

要素的配置和使用情况，是产业结构协调化程度的重要体现。就体育产业而言，按提供的产品形态的不同进行划分，其内部可分为提供有形物质产品的部门和提供无形服务产品的部门两大类。以下我们将以近年来中国体育服务业总产出占比和体育用品及相关产品制造业总产出占比来说明体育产业的内部部门构成的比例情况。

图3-2汇总的是2015—2020年体育服务业和体育用品及相关产品制造业的总产出占比变化情况。从图3-2中可以看出，中国体育服务业的总产出比重在逐年上升，体育用品及相关产品制造业的总产出占比却在逐年下降，这说明中国体育产业的内部部门构成比例得到了很大改善。然而，即便是到了2020年，中国体育服务业和体育用品及相关产品制造业的总产出占比已分别达到51.6%和44.9%的较理想状态，也仍然与发达国家体育产业相应的统计数据存在一定差距。① 综合考虑以上情况，可将这一指标体现出的体育产业行业性行政垄断程度评级为"中等"。

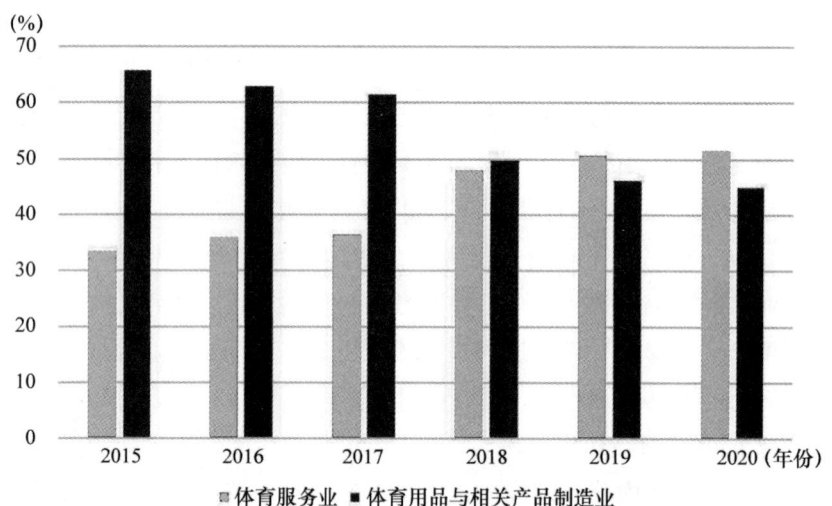

图3-2 2015—2020年体育服务业和体育用品及
相关产品制造业总产出占比情况

资料来源：根据国家统计局、国家体育总局官方网站公布的相关统计数据整理而得。

---

① 中研网公布的资料显示，美国的相应统计数据分别为57%和28%。

(三) 主体行为类指标评估

由产业组织理论的相关基本原理可知,在行政垄断下形成的产业组织结构会在很大程度上决定该产业中市场主体的各种经济行为,而相应的市场主体行为又会反过来使得该产业在行政垄断下形成的产业组织结构更加巩固。基于这种逻辑关系,行政垄断行业中获得垄断地位的厂商、行业的行政管理部门及相关部门谋求不当得利的行为,也同样是这一行业行政垄断状况的重要体现。这里我们设置了垄断厂商最大化自身利益的行为和厂商自主经营中的行政干预行为2个二级指标来评估行政垄断下中国体育产业的市场主体行为情况。

1. 垄断厂商最大化自身利益的行为

在具有行政垄断性质产业组织结构的行业中,获得垄断支配地位的在位厂商往往借助其拥有的强大市场势力而最大化其自身私利。正因如此,受行政垄断影响在行业中处于垄断地位的厂商实现自身利益最大化的各种行为,是反映行业性行政垄断状况的典型市场主体行为指标。这里我们根据产业经济学的相关基本原理设置了定价行为、非价格行为和组织调整行为3个三级指标来说明行政垄断下中国体育产业中的垄断厂商最大化自身利益的行为。

(1) 定价行为

定价行为指的是行业中的垄断厂商拥有凭借自身市场势力制定商品供应价格的能力,它是垄断厂商在追求自身利润最大化时经常采取的一种手段。在中国体育产业中,在行政垄断影响下取得垄断地位的厂商拥有强大的定价能力,并且能够根据消费群体的不同特征进行差别定价。例如,在中国足球协会的授权下,中超联赛有限责任公司在中国足球协会超级联赛门票、特许商品等方面拥有支配性的定价权,并能够通过采取价格歧视的策略对门票等商品进行差别定价;[1] 央视也凭借其对国

---

[1] 例如,根据《北京青年报》的报道,2019年广州队主场门票价格分别被定为100元、200元、300元和VIP 500元四档;而中超联赛有限责任公司为了提振球市,将2021中国平安中国足球协会超级联赛重要场次的门票价格分别定为80元、150元和240元三档,将普通场次的门票分别定为60元、80元和100元三档,这在事实上构成了价格歧视。

际、国内重大赛事转播权的垄断，对这些赛事转播的版权定价具有绝对话语权；① 等等。考虑到在体制改革不断深化的过程中，中国体育产业竞争性领域的厂商们的定价能力并没有那么强大，可将这一指标体现出的体育产业行业性行政垄断程度评级为"较高"。

（2）非价格行为

非价格行为指的是行业中的垄断厂商开展的通过价格之外的其他手段获得高额利润的各种活动。就中国体育产业而言，在行政垄断影响下，获得垄断支配地位的厂商不仅能通过定价行为谋利，还能通过研发及促销等非价格手段获取巨额收益。并且，其通过非价格行为获得的收益甚至要远高于其从实施定价行为中得到的收益。例如，中超联赛有限责任公司就凭借对中国足球协会超级联赛版权、赞助、冠名、球员转会等方面的控制权，获得了巨大的经济收益；② 央视也通过垄断国际、国内重大赛事转播期间的独家广告播出、专题节目冠名、演播室产品摆放等途径，获得了高额的商业收入；③ 等等。考虑到这些垄断厂商的非价格行为在中国体育产业体制改革不断深入推进过程中不断受到约束，可将这一指标体现出的体育产业行业性行政垄断程度评级为"较高"。

（3）组织调整行为

组织调整行为指的是行业中的垄断厂商通过签订合作协议、参股控股、投资、兼并等方式与其他厂商组建企业集团或进行战略合作，以达到进一步限制竞争和控制市场的目的。在中国体育产业中，因行政垄断原因形成的垄断厂商通过组织协调行为提高其对体育市场控制力的现象并不少见。例如，自称为"体育产业中的国家队"的中体产业集团，自从1998年成立以来就通过各种形式，逐步在体育国际交

---

① 例如，根据中华网的报道，在里约奥运会即将开幕前，央视突然宣布对奥运会的网络播映权进行分销，但同时规定该项非独家奥运新媒体版权的使用要比同步直播延迟30分钟。最终这一赛事的网络点播权以1亿元的价格售予了腾讯体育和阿里体育。

② 《中超上赛季商业及版权收益约15亿 16队分到11亿》（https://www.sohu.com/a/395837398_463728）。

③ 王会宗：《我国体育传媒与信息服务业行政垄断的A-S-C-P分析》，《河北体育学院学报》2021年第5期。

流、体育航空服务、体育传播业务、体育经纪业务、体育场馆运营业务、健身业务、房地产业务、体育赛事表演业务、综合性运动会业务、体育彩票业务、体育数字科技业务、体育标准认证业务、体育教育培训业务等领域进行拓展，并通过重大资产重组业务引入外部资产，实现了对中国体育本体产业的全方位覆盖，也提高了对中国体育市场的把控能力；① 在本着以培育中国职业足球联赛市场为目的而组建的中超联赛有限责任公司中，依据《中超联赛有限责任公司章程》的规定，中国足球协会拥有36%的股份，其他16家足球俱乐部各自仅拥有4%的股份，从而使得中国足球协会能作为公司的第一大股东而左右中国职业足球联赛市场发展的基本走向；② 等等。考虑到这些厂商的组织调整行为具有贯彻国家体育发展战略意图和追求规模经济及范围经济效应的实现等积极意义，可将这一指标体现出的体育产业行业性行政垄断程度评级为"较高"。

2. 厂商自主经营中的行政干预行为

自主经营指的是厂商能够根据其获得的市场信息自主对自己从事的生产经营活动进行决策并自负盈亏的情况，它是市场机制充分发挥作用的基本前提之一。在具有行政垄断性质产业组织结构的行业中，厂商往往因受到行政管理部门及相关部门的不当干预而无法实现真正的自主经营，因而厂商自主经营中的行政干预也是说明行业性的行政垄断状况的典型市场主体行为指标。根据厂商开展生产经营活动包括的基本环节，这里我们设置了要素投入中的行政干预、生产过程中的行政干预、运营活动中的行政干预和收入分配中的行政干预4个三级指标来说明厂商自主经营中的行政干预行为在中国体育产业中的具体体现。

（1）要素投入中的行政干预

在成熟的市场经济条件下，独立经营的厂商可以根据生产的需要自主选择各种要素的投入数量及比例。然而，在行业性行政垄断影响下的

---

① 中体产业集团：《发展历程》（https://sports.csig158.com/page98）。
② 张自如：《体育产业资源交易的制度约束及交易平台建设研究》，《体育文化导刊》2018年第3期。

中国体育产业中，厂商的要素投入却时常受到其行政管理部门及相关部门行政干预的影响，致使其要素投入无法实现最佳状态。例如，引进外援是参加中国足球协会超级联赛的各俱乐部改善劳动要素投入的重要手段，但中国足球协会却于2017年以引导俱乐部理性投资为名对这种要素投入活动征收高额"引援调节费"，①在实际上形成了对俱乐部劳动要素投入的行政干预；2021年9月，一些被"欠薪"窘境困扰的俱乐部为了缓解危机，要求中国足球协会退还其缴纳的"引援调节费"，但一直未得到回应，以至于引起了国家市场监管总局对该事件的关注。②又如，在中超联赛有限责任公司的股权结构中，中国足球协会持有了对公司具有实际控制权的36%的股份，并要求参加中国足球协会超级联赛的各俱乐部分别认缴4%的股份，③在事实上形成了对各参赛俱乐部资本投入的行政干预；虽然中国足球协会于2019年10月宣布不再持有中超联赛有限责任公司的股份，④但这一承诺直到目前为止仍未真正兑现。考虑到以上这些行政干预确实有一定维护正常市场秩序、确保国有资产安全等积极作用，可将这一指标体现出的体育产业行业性行政垄断程度评级为"较高"。

（2）生产过程中的行政干预

在成熟的市场经济条件下，独立经营的厂商可以根据市场的需求状况，自主决定生产什么样的产品、服务及其供应数量。然而，在行业性行政垄断下的中国体育产业中，厂商的生产过程也经常受到其行政管理部门及相关部门行政干预的影响，致使其生产过程的效率状况难以尽如人意。例如，在2021年，体现体育行政管理部门意志、具

---

① 《中国足协又奇葩了，中超俱乐部高价买外援也要管》（https：//www.163.com/dy/article/D7NOB9370529AA91.html）。

② 《曝足协退还调节费 因市场监管总局介入就合规问题派员走访》（https：//www.sohu.com/a/546788853_463728）。

③ 张自如：《体育产业资源交易的制度约束及交易平台建设研究》，《体育文化导刊》2018年第3期。

④ 《足协放弃中超股份，中国足球有希望了？》（https：//www.sohu.com/a/347761340_660584）。

有足球项目行政管理功能的中国足球协会不顾参赛俱乐部、赞助商等各方的切身利益，以中国国家男子足球队集训备战国际足球联合会2022年世界杯亚洲区预选赛预赛阶段比赛为由，在世预赛开始的三个多月前暂停了中国足球协会超级联赛的所有场次比赛，① 结果却是不但中国男足在世预赛12强赛中折戟沉沙，国内职业联赛也因赛程受到严重影响而被搞得一塌糊涂。这种做法属于典型的厂商生产过程受到其行政管理部门及相关部门行政干预的行为，且该种行为及其产生的后果在世界体育领域范围内都是较为少见的，在中国体育产业中却屡见不鲜，② 对联赛各俱乐部乃至中国足球联赛的发展都造成了严重的负面影响。考虑到与以上做法类似的行为在中国体育产业的深化改革过程中逐步减少，可将这一指标体现出的体育产业行业性行政垄断程度评级为"较高"。

（3）运营活动中的行政干预

在成熟的市场经济条件下，独立经营的厂商可以根据自身的内外部条件自主选择其运营模式及运营策略。然而，在行业性行政垄断下的中国体育产业中，厂商的运营活动经常受到其行政管理部门及相关部门行政干预的影响，致使其运营活动无法正常进行。例如，长时间以来，中国足球协会超级联赛一直允许各俱乐部采用商业冠名的模式进行运营，然而，在新冠疫情已使各俱乐部运营捉襟见肘的2021赛季，中国足球协会突然要求各俱乐部在较短时间内完成各自名称的非企业化变更，否则将不予办理注册，③ 致使许多俱乐部因大股东的退出而在运营方面更加举步维艰，造成了俱乐部不同程度的无形资产损失。这种"一刀切"的干预行为虽然是出于对"金元足球"进行治理的目的做出的，却选择了新冠疫情严重影响俱乐部运营的不良时

---

① 《国足欲提前备战12强赛 中超赛程将"空前紧凑"》（https://m.gmw.cn/2021-06/23/content_1302372995.htm）。

② 例如，根据北方网的报道，早在2008年，中国足球协会为了保证中国男足在世界杯预选赛上取得好成绩，就采取过类似的做法。

③ 《足协官宣！联赛俱乐部名称去企业化，2021赛季前完成》（https://www.sohu.com/a/438189547_120109837）。

机，而且在日本、韩国等国家的高水平亚洲足球联赛也并没有完全禁止商业冠名，[①] 因而在事实上构成了对厂商运营活动的不当行政干预，严重影响各俱乐部运营模式及相应策略的自主选择。考虑到与以上类似的行为具有合理成分，可将这一指标体现出的体育产业行业性行政垄断程度评级为"较高"。

（4）收入分配中的行政干预

在成熟的市场经济条件下，独立经营的厂商可以根据最终的获益状况自主决定收入分配的数量及其方式。然而，在行业性行政垄断下的中国体育产业中，厂商的收入分配也时常受到其行政管理部门及相关部门行政干预的影响，致使其收入分配的激励机制难以有效发挥作用。例如，中国足球协会在近两年连续发布"限薪令"：2019年12月规定，中国足球协会超级联赛各俱乐部的普通国内球员税前最高薪资不得超过1000万人民币（入选国家队的球员可上浮20%），外籍球员税后薪资不得超过300万欧元；2020年12月上述标准又分别被调整为国内球员税前500万人民币（入选国家队的球员无特殊优惠）和外籍球员税前300万欧元（单赛季总收入上限1000万欧元）；2022年年初，第三次"限薪"也曾一度酝酿，但由于种种原因未付诸实施。[②] 这种对工资收入分配的连续行政干预行为虽然是出于缓解各俱乐部巨大的财务压力及欠薪困境、消除联赛中存在的金元足球泡沫等目的做出的，但在其实际执行过程中却造成了某些俱乐部因以较极端的方式打压球员而激化劳资矛盾等负面影响，也在事实上严重干扰了各俱乐部充分行使收入分配领域的自主权。考虑到与以上行为类似的干预活动具有促进体育产业健康发展的初衷，可将这一指标体现出的体育产业行业性行政垄断程度评级为"较高"。

（四）产业绩效类指标评估

产业绩效指的是在由特定行政制度催生的组织结构状态下，市场主

[①] 《企业冠名，在亚洲并不罕见》（https：//www.163.com/dy/article/H105ANJF05299LQ3.html）。

[②] 《中超将发布最严限薪令！国内球员顶薪300万，外援顶薪200万欧》（https://new.qq.com/omn/20220214/20220214A04QAO00.html）。

体的行为导致的最终经济效果状况，它体现了特定行政制度、组织结构和主体行为对社会福利的增进程度及对社会需求的满足程度，是最能直接反映某一产业中行业性行政垄断现实状态的指标。依据产业经济学中有关产业绩效的基本原理，这里我们设置了产业的资源配置效率、产业的规模结构效率和产业的技术进步程度3个二级指标来说明行政垄断下中国体育产业的整体绩效状况。

1. 产业的资源配置效率

产业的资源配置效率反映的是一个产业投入的各种生产要素根据社会福利最大化原则进行合理、有效配置的程度，它是价格机制能否在某一产业中充分发挥作用的重要体现。在一个行业性行政垄断状况严重的产业中，由于行政管理及相关部门的不当干预严重影响了价格机制作用的发挥，其资源配置效率往往较低。基于经济学中生产理论的基本原理，这里设置了劳动的配置效率和资本的配置效率2个三级指标来考察中国体育产业的资源配置效率状况。

（1）劳动的配置效率

劳动指的是在生产过程中投入的一定数量和质量的劳动力资源，其配置效率主要体现为劳动力能否在产业内实现自由流动。在行政垄断影响下，中国体育产业的劳动力资源往往难以在自由流动中实现高效合理配置。例如，《中华人民共和国体育法》（2016年第二次修正）第二十九条规定，运动员由其所从事项目的全国性单项体育运动协会采取注册制的方式进行管理；根据国家体育行政管理部门的规定在相关体育竞赛和运动队之间进行流动。[①] 根据这一规定，各单项体育运动协会纷纷出台了有关运动员转会的具体规定，如《中国足球协会球员身份与转会管理规定》（2015年）等。这些规定虽然在很大程度上保护了一些俱乐部的利益，却使得运动员在各俱乐部之间的流动受到极大限制，从而也造成了运动员这一劳动力资源难以实现优化配置。近年来，随着中国体

---

① 《中华人民共和国体育法》（http://www.gov.cn/guoqing/2021-10/29/content_5647637.htm）。

育产业市场化改革的深入推进，产业中的劳动力流动受到过度行政干预的状况正在逐步改善，但有关劳动力流动的行政限制依然存在。例如，2022年新修订的《中华人民共和国体育法》第四十五条虽然规定"运动员可以参加单项体育运动协会的注册"，但仍然要"按照有关规定进行交流"①，可见运动员转会依然会受到较严格的限制。考虑到中国体育产业中竞争性部门因劳动流动受行政限制较少而劳动力资源配置效率较高，可将这一指标体现出的体育产业行业性行政垄断程度评级为"中等"。

（2）资本的配置效率

资本指的是在生产过程中投入的能够产生增值的资金及由其转化而成的各种生产资料，其配置效率主要体现为资本投入产生的经济、社会效益。在行政垄断下，中国体育产业的资本投入经常难以产生良好的经济、社会效益，从而致使资本的配置效率状况并不理想。例如，表3-2显示，中国体育产业中竞赛表演产业的典型代表——中国足球协会超级联赛每年的资金投入数额都相当庞大，然而，这种投入带来的经济社会效益却让人大跌眼镜。首先，从经济效益来看，表中显示，各俱乐部总体亏损数额逐年上升，说明对职业足球联赛巨额的资本投入没有带来应有的回报，俱乐部的总体经济效益状况在逐步恶化；其次，从社会效益来看，近年来中国国家男子足球队的战绩不佳，特别是在2022年2月1日进行的卡塔尔世界杯12强赛亚洲区预选赛第8轮比赛中，以1:3不敌越南之后又一次提前无缘世界杯，在国内产生了强烈的负面社会效应。考虑到中国体育产业的总产出和增加值在逐年递增等积极因素，可将这一指标体现出的体育产业行业性行政垄断程度评级为"中等"。

---

① 《中华人民共和国体育法》（http://www.npc.gov.cn/npc/c30834/202206/ad515e98ae274e44b1cd2c02687db07f.shtml）。

表 3-2　　　　2012—2019 年中国足球协会超级联赛的
资金投入与各俱乐部总亏损状况

年份	中超公司总支出（亿元）	俱乐部总成本支出（亿元）	俱乐部总体亏损（亿元）
2012	0.6	29.7	0.8
2013	1.1	18.8	2.6
2014	1.7	22.0	2.2
2015	2.6	40.0	—
2016	9.8	110.1	40.0
2017	18.5	—	48.3
2018	—	180.2	70.4
2019	16.0	176.0	—

资料来源：根据德勤财务咨询与中超联赛联合发布的各年《中超联赛商业价值评估白皮书》整理而得，表中，"—"代表该年相应数据未查找到。

2. 产业的规模结构效率

产业的规模结构效率反映的是一个产业投入的各种生要素因规模经济而进行合理有效配置的程度，它是规模经济效益能否在一个产业中充分发挥作用的重要表现。在一个行业性行政垄断程度高的产业中，由于行政管理及相关部门的不当干预严重影响了规模经济作用的发挥，其规模结构效率往往较低。基于西方经济学的相关理论，这里设置了行业总体的规模结构效率和下属部门的规模结构效率 2 个三级指标来考察中国体育产业的规模结构效率状况。

（1）行业总体的规模结构效率

行业总体的规模结构效率体现的是在国民经济中某一产业总体规模是否实现了规模经济效益。在行政垄断影响下，中国体育产业的总体规模一直偏小，在国民经济中的占比一直较低，发展不充分的情况较为严重，致使其规模经济效益难以有效实现。根据中国历年体育产业增加值及国内生产总值（GDP）的统计数据，这里计算了 2006—2020 年中国体育产业增加值占当年GDP的比重，如图3-3所示。虽然近年来中国体育产业增加值占GDP的比重呈现逐年上升的趋势，但近年来这一比重也只有1%左右；而美国在2013年、英国在2011年、法国在2011年、德国在2011年、澳大利亚在2011年、韩国在2011年、日本在2006年体育产业增加值占其GDP的比重就分别达到了3%、2.33%、1.4%、2.31%、0.96%、2.95%、2.65%的水平。[1] 可见，中国体育产业的总体规模仍然偏小，在国民经济中的占比依然比较低，尚无法有效发挥规模经济效益的作用。但是，考虑到近年来中国体育产业的发展速度较快，其总体规模正在日益扩大，可将这一指标体现出的体育产业行业性行政垄断程度评级为"较高"。

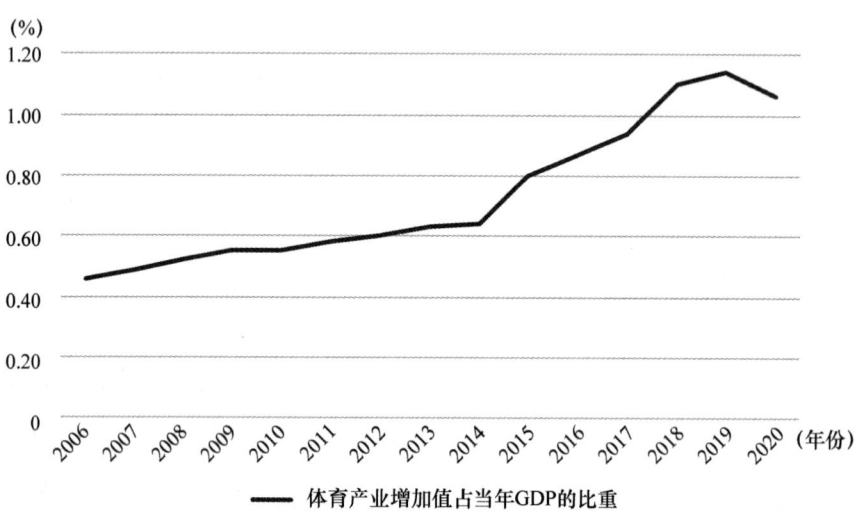

图3-3 2006—2020年中国体育产业增加值占当年国内生产总值（GDP）的比重情况

资料来源：根据国家统计局和国家体育总局官方网站公布的2006—2020年相关数据计算而得。

---

[1] 黄道明等：《"供给侧改革"视域下我国体育产业的供给困境与治理对策》，《中国体育科技》2018年第2期。

（2）下属部门的规模结构效率

下属部门的规模结构效率体现的是在一个产业中各个部门的规模是否实现了规模经济效益。在行政垄断影响下，中国体育产业下属的各部门发展非常不平衡，致使其因下属部门不能实现适度规模经营而规模结构效率偏低：有的部门发展因受到相关政策的极力支持而出现了规模过大的不经济状况；同时，有的部门则因得不到相关政策的必要支持而出现了规模过小的不经济状况。根据中国2019年体育产业的相关统计数据，计算该年中国体育产业各部门总产出和增加值的占比情况，[①] 如图3-4和图3-5所示。图3-4和图3-5显示，中国体育用品及相关产品制造部门在中国体育产业中所占比重最大，而体育竞赛表演部门等体育服务业所占比重都比较低。而相关研究表明，中国体育用品及相关产品制造部门和体育竞赛表演等部门都存在因规模过大或过小导致的规模不经济状况，从而导致其产品生产存在供给不足、无效供给过剩的状

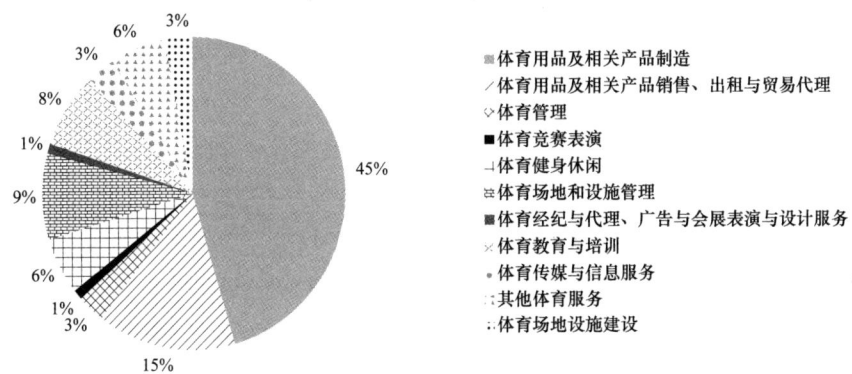

图3-4　2019年中国体育产业各部门总产出占比情况

资料来源：根据国家统计局和国家体育总局官方网站公布的2019年相关数据计算而得。

[①] 截至本书完成时中国体育产业的最新统计数据已更新至2020年，但该年的数据因受疫情影响较为严重而略显异常，因而笔者选择了2019年我国体育产业的相关统计数据来计算其各产业部门的总产出和增加值占比情况。

况，严重影响了中国体育产业下属部门规模结构效率的整体水平。[①] 考虑到近年来中国体育产业的上述规模效率偏低的情况已有所改善，可将这一指标体现出的体育产业行业性行政垄断程度评级为"较高"。

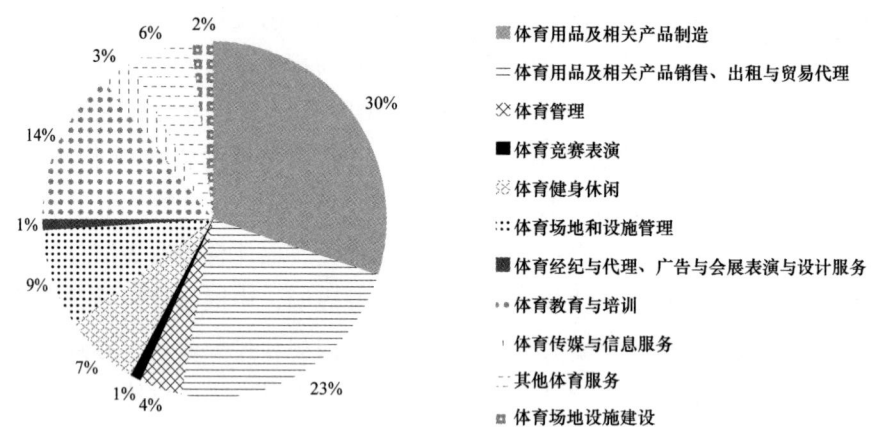

图3-5　2019年中国体育产业各部门增加值占比情况

资料来源：根据国家统计局和国家体育总局官方网站公布的2019年相关数据计算而得。

3. 产业的技术进步程度

产业的技术进步程度反映的是一个产业在产品、技术和方法方面的创新及其扩散状况，它是技术进步成果能否在一个产业中得到有效应用的重要表现。在一个行业性行政垄断状况严重的产业中，由于行政管理及相关部门的不当干预严重影响了技术进步成果的应用，其技术进步状况往往并不理想。基于体育产业的内部构成，这里设置了物质产品部门的技术进步和服务产品部门的技术进步2个三级指标来考察中国体育产业的技术进步程度状况。

（1）物质产品部门的技术进步

体育物质产品部门指的是生产与体育有关的各种有形物质产品的体育

---

① 王会宗：《中国体育产业供给侧结构性改革与打破行政垄断的研究进展分析》，《聊城大学学报》（社会科学版）2020年第4期。

产业部门，主要包括了体育用品部门和体育场地设施建设部门等。在行政垄断影响下，中国体育物质产品生产部门的技术水平虽然在近年来有了较大提升，但其整体状况并不理想。例如，中国体育用品制造业存在低端产品无效供给过剩和高端产品有效供给不足并存的结构性失衡问题。[1] 国内体育用品制造业厂商安踏集团、华米集团、李宁集团虽然在2019年的高新技术研发投入分别达到了7.9亿元、4.3亿元和3.6亿元人民币，但与耐克公司、阿迪达斯公司常年投入高新科技研发的费用都超过15亿欧元的水平相比依然存在非常大的差距。[2] 而且中国体育用品制造业主要依靠性价比较高来进行市场竞争，其在专利申请方面主要集中于外观设计，在具有国际竞争优势的新材料、新工艺等核心技术方面较为欠缺。[3] 考虑到近年来中国体育产业的物质生产部门在转型升级过程中已经将技术进步作为其高质量发展的重要目标，并在技术水平提高方面进行了大量投入，可将这一指标体现出的体育产业行业性行政垄断程度评级为"较高"。

（2）服务产品部门的技术进步

体育服务产品部门指的是生产与体育有关的各种无形服务产品的体育产业部门，主要包括体育竞赛表演部门、体育健身休闲部门、体育场地和设施服务部门、体育培训与教育部门、体育传媒与信息服务部门、体育经纪与代理部门、体育广告与会展表演与设计服务部门及其他体育服务部门等。在行政垄断影响下，中国体育服务产品生产部门的技术水平虽然在近年来大为提升，但其整体状况并不尽如人意。例如，虽然中国体育服务行业与人工智能产业的耦合协调度由2015年的0.15提升到

---

[1] 刘晴等：《新发展格局下我国体育用品制造业发展转向与路径》，《体育文化导刊》2022年第2期。

[2] 刘晴等：《"双循环"新发展格局下我国体育用品制造业高质量发展的现实困境与路径选择》，《体育学研究》2021年第2期。

[3] 李增光、沈克印：《双循环新发展格局下体育用品制造业转型升级的动力机制研究》，《沈阳体育学院学报》2022年第1期。

了 2019 年的 0.82,① 表明中国体育服务业在技术进步上取得了可喜的成绩,但是,以体育竞赛表演部门为典型代表的中国体育服务业产品提供部门,在附加值较高的价值链上游环节存在产品设计与研发投入资源不足的情况,影响了其服务产品的质量和附加值水平。② 综合考虑上述正反两方面的情况,可将这一指标体现的体育产业行业性行政垄断程度评级为"中等"。

四 体育产业行业性行政垄断程度的总体评价

以上我们根据在 I-S-C-P 分析框架下构建的体育产业行业性行政垄断测度指标体系,结合收集的中国体育产业相关方面的统计数据和资料,运用行政制度、组织结构、主体行为、产业绩效四大方面的 11 个二级指标、26 个三级指标对中国体育产业的行业性行政垄断状况进行了评价,结果如表 3-3 所示。从表 3-3 可以看出:体现中国体育产业行政垄断不同具体方面情况的各项三级指标的评价结果都在"中等"以上,且大部分指标的评价结果达到了"较高",甚至有个别指标的评价结果达到了"高";对每一项二级指标下属的三级指标进行综合评价得到的二级指标评价结果也都在"中等"以上,而且绝大部分二级指标的综合评价结果都为"较高";对每一项一级指标所属的二级指标进行综合评价得到的一级指标评价结果都为"较高",因而中国体育产业行业性行政垄断程度的总体评价结果也为"较高"。这说明,在中国体育产业深化改革不断推进的过程中,虽然其行业性行政垄断在过去表现出的"铁板一块"局面已经大为改观,但行业性行政垄断的整体状况依旧较为严重,其在积极推进供给侧结构性改革中实现打破行政垄断的目标依然任重道远。

---

① 卿平、李玥峰:《现代服务业与人工智能产业的耦合协调发展研究——以体育服务业为例》,《四川轻化工大学学报》(社会科学版) 2022 年第 2 期。
② 胡若晨、朱菊芳:《产业价值链视角下体育服务业转型升级的困境、契机与路径》,《体育文化导刊》2021 年第 6 期。

表3-3 中国体育产业行业性行政垄断程度测度指标体系评价结果

总体评价结果	一级指标综合评价结果	二级指标综合评价结果	三级指标评价结果
较高	较高	较高	高
			较高
			中等
		较高	较高
			中等
		较高	中等
			较高
		中等	中等
			中等
	较高	较高	较高
			较高
		中等	中等
			中等
	较高	较高	较高
			较高
			较高
		较高	较高
			较高
			较高
			较高
	较高	中等	中等
			中等
		较高	较高
			较高
		较高	较高
			中等

第三节　本章小结

在政府（国家）追求效用最大化以及制度变迁中的路径依赖机制影响下形成并得以延续的体育产业行政垄断主要表现为行业性行政垄断，该种形式的行政垄断具有三方面的基本特征：垄断的初始根源在于计划经济体制、垄断的实施主体履行行政管理职能、垄断的客体对象存在供需结构矛盾。

依据上述基本特征，借鉴笔者曾作为主要成员参与的教育部哲学社会科学研究重大课题攻关项目课题组在研究转轨经济中的行政垄断问题时提出的 I-S-C-P 分析框架，本章遵循设计垄断程度测算指标体系的系统综合性、科学严谨性、机动灵活性等基本原则，构建了一套从行政管制、组织结构、主体行为、产业绩效系统四个方面反映体育产业行业性行政垄断实际状况的指标体系，并结合收集的相关统计数据和资料对中国体育产业行政垄断的程度进行了测评。最终结果显示，虽然在深化改革过程中，某些指标反映出的行政垄断程度已有所降低，但大部分指标反映出的体育产业行政垄断程度仍然较高，因而中国体育产业在供给侧结构性改革中打破行政垄断的任务仍然相当繁重。

第四章

体育产业行政垄断阻滞其供给侧结构性改革的效率评估视角分析

依据产业组织理论的基本原理,某一产业的垄断程度越高,其整体的效率状况往往越差。根据前面对体育产业行业性行政垄断进行评估所得的结果可知,其行政垄断程度依然较高,因而极有可能导致中国体育产业整体效率状况不佳。而这种效率状况对中国体育产业正在着力推进的供给侧结构性改革会形成巨大阻力,进而会对中国体育产业实现高质量发展制造很大困难。那么,在现有较高行业性行政垄断程度影响下,中国体育产业的实际效率状况是否严重阻滞了其供给侧结构性改革的推进呢?本章将运用中国体育产业的相关统计数据和资料,对行业性行政垄断之下的体育产业效率状况,进行包括微观、中观和宏观三大层面的指标体系评价,并运用非参数估计方法中的数据包络分析模型对体育产业的整体效率进行综合评估,以验证行业性行政垄断下体育产业的整体效率不高、有效供给相对不足等问题对其供给侧结构性改革乃至高质量发展造成的实际障碍,从而验证中国体育产业在推进供给侧结构性改革中打破行政垄断的必要性。

第一节 体育产业整体效率状况的指标体系评价

参考笔者曾作为主要成员参与的以于良春为首席专家的教育部哲学

社会科学研究重大课题攻关项目课题组设计的用于分析行政垄断对行业整体效率造成影响的指标体系,[①] 并借鉴胡文国和吴栋、王会宗在评价相关行业及企业效率时使用的指标体系,[②] 我们在充分考虑中国体育产业发展具体实际情况以及多名专家对初步构建的经验性预选指标体系提出的修改意见的基础上,最终确定了用于对行政垄断下体育产业效率状况进行系统评价的指标体系。该指标体系包括微观效率水平、中观效率水平和宏观效率水平三个一级指标层面,并基于同一层次以及不同层次的指标之间应彼此呼应、互为补充的原则,在每个一级指标都分别设置了相应的二级指标,进而将每一个二级指标分解成了相应的三级指标,具体各级指标见表4-1。

表4-1　　中国体育产业行业性行政垄断程度测度指标体系

一级指标	二级指标	三级指标
微观效率水平	企业的盈利能力	资产回报率
		销售净利率
	企业的资源利用效率	劳动利用效率
		资本利用效率
	企业的创新发展水平	研发人员基础
		研发资金投入
		研发转化效率
中观效率水平	产业整体规模效率	产业的总产出
		产业的增加值率
	产业内部结构效率	产业的非物质化程度
		产业细分部门的协同化程度
		主体部门的影响程度

---

① 于良春、张伟:《中国行业性行政垄断的强度与效率损失研究》,《经济研究》2010年第3期;于良春等:《转轨经济中的反行政性垄断与促进竞争政策研究》,经济科学出版社2011年版,第197—269页。

② 胡文国、吴栋:《资源配置效率指标体系的构建及我国不同性质工业企业资源配置效率的比较分析》,《当代经济科学》2007年第3期;王会宗:《行政垄断下的铁路运输业资源配置效率分析》,《西安财经学院学报》2012年第1期。

续表

一级指标	二级指标	三级指标
宏观效率水平	产业对经济发展的贡献度	对所在产业类别的贡献度
		对国民经济的贡献度
	产业对社会发展的贡献度	对劳动就业的带动程度
		对社会需要的满足程度

一 微观效率水平

企业在产业发展中发挥着其作为微观主体的基础性作用,因此,一个产业的微观效率水平指的就是这一产业中的企业在生产经营过程中表现的效率高低状况。这里设置了企业的盈利能力、企业的资源利用效率和企业的创新发展水平3个二级指标来说明行业性行政垄断影响下中国体育产业的微观效率水平。

(一)企业的盈利能力

企业的盈利能力,又被称为企业的获利能力,这一指标体现的是一个企业在生产过程中取得经营成果的能力水平高低情况,可根据企业单位资产或单位收入的盈利状况进行判断。这里我们将以中国体育产业的"国家队"——中体产业集团为例,设置资产回报率和销售净利率2个三级指标来说明中国体育产业中企业的盈利能力强弱状况。

1. 资产回报率

资产回报率,又被称作资产收益率或投资回报率,是用一个企业的税后净利润除以其所拥有的资产总额平均值而得到的百分比,主要用来衡量一个企业在一定时期内每单位资产的盈利能力强弱。一般而言,一个企业的该指标数值与其单位资产的盈利能力成正比:该指标数值越高,意味着企业的单位资产获利水平越高;反之,则越低。以下我们根据中体产业集团2016—2021年年度报告中的资产回报率数据,整理出了中体产业集团2016—2021年的加权平均资产回报率和扣除非经常性损益后的加权平均净资产回报率两项财务指标的计算结果,如表4-2所示。

表 4-2   2016—2021 年中体产业集团资产回报率情况

年份	加权平均资产回报率（%）	扣除非经常性损益后的加权平均净资产回报率（%）
2016	3.89	3.75
2017	3.62	3.51
2018	5.05	4.94
2019	5.68	4.20
2020	2.17	4.78
2021	2.19	1.65

资料来源：根据各年《中体产业集团股份有限公司年度报告》中的相关统计数据整理而得。

表 4-2 显示，无论是从加权平均资产回报率来看，还是从扣除非经常性损益后的加权平均净资产回报率来看，中体产业集团的资产回报率都是比较高的；即使是在受新冠疫情影响较为严重的 2020 年和 2021 年，中体产业的上述两项财务指标也均高于 1.5%。这说明，在行业性行政垄断影响下，中国体育产业中的垄断企业能凭借其在体育市场中的支配地位获得相当多的利润，从而使其每单位资产表现出较强的盈利能力。

2. 销售净利率

销售净利率，又被称作净利润率，是用一个企业的税后净利润除以其所获得的营业收入总额而得到的百分比，主要用来衡量一个企业在一定时期内每单位销售收入的盈利水平高低。一般而言，一个企业的该指标数值与其单位销售收入的盈利水平成正比：该指标数值越高，意味着企业的单位销售收入带来的利润水平越高；反之，则越低。以下我们根据中体产业集团 2016—2021 年年度报告中的净利润和营业收入数据，整理计算出了中体产业集团 2016—2021 年未扣除非经常性损益的销售净利率和扣除非经常性损益后的销售净利率两项财务指标的结果，如表 4-3 所示。

第四章　体育产业行政垄断阻滞其供给侧结构性改革的效率评估视角分析

表 4-3　　　　　2016—2021 年中体产业集团销售净利率情况

年份	未扣除非经常性损益的销售净利率（%）	扣除非经常性损益后的销售净利率（%）
2016	5.14	4.96
2017	5.32	5.16
2018	5.79	5.66
2019	6.45	4.77
2020	2.70	5.24
2021	3.62	2.74

资料来源：根据各年《中体产业集团股份有限公司年度报告》中的相关统计数据整理计算而得。

表 4-3 显示，无论是从未扣除非经常性损益的销售净利率来看，还是从扣除非经常性损益后的销售净利率来看，中体产业集团的资产回报率都是比较高的；即使是在受新冠疫情影响较为严重的 2020 年和 2021 年，中体产业的上述两项财务指标也均高于 2.5%。这同样说明了，在行业性行政垄断影响下，中国体育产业中的垄断企业可以通过其对体育市场的控制获得高额利润，从而使其每单位销售收入表现出较高的盈利水平。

（二）企业的资源利用效率

企业的资源利用效率，又被称为生产要素使用效率，这一指标体现的是一个企业在生产过程中投入的各种资源的有效使用程度，可根据企业每单位资源投入产生的经济效益高低来进行判断。这里我们仍以中体产业集团为例，设置劳动利用效率和资本利用效率 2 个三级指标来说明中国体育产业中企业的资源利用效率状况。

1. 劳动利用效率

劳动利用效率反映的是一个企业在生产过程中投入的劳动要素的有效使用程度，可用企业每单位劳动投入的创收情况来进行衡量。一般而言，一个企业的劳动利用效率和每单位劳动投入的创收水平成正比：每单位劳动创收越多，说明该企业劳动利用效率越高；反之，则越低。以下是我们根据中体产业集团 2016—2021 年年度报告中的在职员工数量和营业收入数据，整理计算出了中体产业集团 2016—2021 年的单位劳动创收指标结果，如表 4-4 所示。

表 4-4　　　2016—2021 年中体产业集团劳动利用效率情况

年份	营业收入（万元）	在职员工数量（人）	单位劳动创收（万元/人）
2016	118617.08	908	130.64
2017	109222.73	889	122.86
2018	144988.11	868	167.04
2019	152393.63	878	173.57
2020	199633.03	1790	111.53
2021	151506.32	1584	95.65

资料来源：根据各年《中体产业集团股份有限公司年度报告》中的相关统计数据整理计算而得。

表 4-4 显示，中体产业集团 2016—2021 年的单位劳动创收数额波动较大，并在近两年出现了较大幅度的下降。当然，这两年该指标值的大幅降低有新冠疫情方面的原因，但也与相应年份数量激增的在职员工没有得到有效利用有很大关系。以上情况说明，在行业性行政垄断影响下，中国体育产业中的垄断企业仍然存在冗员较多的问题，从而导致其劳动利用效率状况并不理想。

2. 资本利用效率

资本利用效率反映的是一个企业在生产过程中投入的资本要素的有效使用程度，可用企业每单位资本投入的创收情况来进行衡量。一般而言，一个企业的资本利用效率和每单位资本投入的创收水平成正比：每单位资本创收越多，说明该企业资本利用效率越高；反之，则越低。以下我们根据中体产业集团 2016—2021 年年度报告中的营业收入和作为资本投入替代指标的固定资产投入数据，整理计算出了中体产业集团 2016—2021 年的单位资本创收指标结果，如表 4-5 所示。

第四章　体育产业行政垄断阻滞其供给侧结构性改革的效率评估视角分析

表4-5　　2016—2021年中体产业集团资本利用效率情况

年份	营业收入（万元）	固定资产（万元）	单位资本创收（元）
2016	118617.08	10530.04	11.26
2017	109222.73	8699.77	12.55
2018	144988.11	7782.60	18.63
2019	152393.63	28326.03	5.38
2020	199633.03	24076.64	8.29
2021	151506.32	28700.37	5.28

资料来源：根据各年《中体产业集团股份有限公司年度报告》中的相关统计数据整理计算而得。

表4-5显示，中体产业集团2016—2021年的单位资本创收数额呈现一定的波动趋势，并在近几年出现了较大幅度的下降。当然，近年来该指标值的大幅降低有新冠疫情方面的原因，但也与相应年份数量激增的固定资产投入没有得到有效利用有很大关系。以上情况说明，在行业性行政垄断影响下，中国体育产业中的垄断企业仍然存在盲目扩大投资的问题，从而导致其资本利用效率状况并不理想。

（三）企业的创新发展水平

企业的创新发展水平指标体现的是一个企业在生产过程中通过加大创新研发力度实现其自身发展动力增强和发展空间拓展的能力水平，可根据企业的研发投入产出状况来进行判断。这里我们仍以中体产业集团为例，设置研发人员基础、研发资金投入、研发转化效率3个三级指标来说明中国体育产业中企业的创新发展水平。

1. 研发人员基础

研发人员基础反映的是一个企业在研究开发过程中具备的人员基础条件，可用企业的研发人员数量及其占企业总人数的比例来进行衡量。一般而言，一个企业的研发人员数量及其占比和研发人员基础状况成正比：企业的研发人员数量越多、占比越高，说明其研发人员基础越雄厚；反之，则越薄弱。以下我们根据中体产业集团2018—2021年年度报告中的研发人员情况数据，整理出了中体产业集团2018—2021年的研发人员基础指标的结果，如表4-6所示。

表4-6　　2018—2021年中体产业集团研发人员基础情况

年份	研发人员数量（人）	研发人员占比（%）
2018	18	2.07
2019	17	1.97
2020	274	15.31
2021	174	24.72

资料来源：根据各年《中体产业集团股份有限公司年度报告》中的相关统计数据整理而得。

表4-6显示，中体产业集团2018—2021年的研发人员数量及其占比呈现一定的波动趋势，这一趋势在近两年表现得尤为明显：其数量在经过2020年的激增之后，又于2021年出现大幅减少。其近两年的波动可能与新冠疫情有关，但也从一个侧面反映出其研发人员基础并不稳定。以上情况说明，在行业性行政垄断影响下，中国体育产业中垄断企业的研发人员队伍虽然在逐步健全，但仍存在一定不稳定因素，从而会对其创新发展造成一定不良影响。

2. 研发资金投入

研发资金投入反映的是一个企业在研究开发过程中具备的资金保障条件，可用企业的研发资金数量及其占营业收入的比例来进行衡量。一般而言，一个企业的研发资金数量及其占比和研发资金投入状况成正比：企业的研发资金数量越多、占比越高，说明其研发资金保障越充分；反之，则越匮乏。以下我们根据中体产业集团2018—2021年年度报告中的研发投入情况数据，整理出了中体产业集团2018—2021年的研发资金投入指标的结果，如表4-7所示。

第四章 体育产业行政垄断阻滞其供给侧结构性改革的效率评估视角分析

表4-7　　　2018—2021年中体产业集团研发资金投入情况

年份	研发资金数量（元）	研发投入占比（%）
2018	5621731.86	0.39
2019	2496739.79	0.16
2020	126457518.30	6.33
2021	50304749.46	3.32

资料来源：根据各年《中体产业集团股份有限公司年度报告》中的相关统计数据整理而得。

表4-7显示，中体产业集团2018—2021年的研发资金数量及其占比呈现一定程度的波动趋势，这一趋势在近两年表现得尤为明显：其数量在经过2020年的大幅增加之后，又于2021年大幅下滑。其近两年的波动可能与新冠疫情有关，但也从一个侧面反映出其研发资金投入并不稳定。以上情况说明，在行业性行政垄断影响下，中国体育产业中垄断企业的研发资金保障虽然在逐渐加强，但仍存在一定不稳定因素，从而会对其创新发展造成一定不良影响。

3. 研发转化效率

内部研发转化反映的是一个企业在研究开发过程中将投入转化为实际产出成果的情况，可用企业的研发投入资本化比重和内部研发形成的无形资产占无形资产余额的比例来进行衡量。一般而言，一个企业的研发投入资本化比重和内部研发形成的无形资产占比与其研发转化效率状况成正比：企业的研发投入资本化比重和内部研发形成的无形资产占比越高，说明其研发转化水平越高；反之，则越低。以下我们根据中体产业2018—2021年年度报告中的研发投入和无形资产情况数据，整理出了中体产业集团2018—2021年的研发转化效率指标的结果，如表4-8所示。

表4-8　2018—2021年中体产业集团研发转化效率情况

年份	研发投入资本化比重（%）	内部研发形成的无形资产占比（%）
2018	0	0
2019	0	0
2020	0	0
2021	0	0

资料来源：根据各年《中体产业集团股份有限公司年度报告》中的相关统计数据整理而得。

表4-8显示，中体产业集团2018—2021年的研发投入资本化比重和内部研发形成的无形资产占比基本为0；只有其研发投入资本化比重在2021年有所改善，但也仅仅达到了接近0.1%的水平，低到了可以被忽略的程度。所以，无论是从研发投入资本化比重来看，还是从内部研发形成的无形资产占比来看，其研发转化效率都处于非常低的状态。以上情况也验证了前述推断：在行业性行政垄断影响下，中国体育产业中垄断企业的研发人员基础和研发资金保障虽然在逐渐改善，但仍存在一定的不稳定性，从而使其研发转化效率水平非常低，进而对其创新发展造成了严重的负面影响。

总之，在行业性行政垄断影响下，中国体育产业中垄断企业的盈利能力、资源利用率和创新发展水平都体现了"垄断往往降低微观效率"的基本原理：首先，体育产业中的垄断企业为了获取垄断利润，通过"限产提价"的行为降低了资源配置效率；其次，体育产业中的垄断企业因组织庞大造成内部效率降低，引致了"X-非效率"；最后，体育产业中的垄断企业面临的市场竞争压力较小，致使其创新发展的动力大为减弱。

二　中观效率水平

产业经济介于微观经济和宏观经济之间，属于国民经济中观层次范畴。一个产业的中观效率水平指的就是这一产业作为生产经营特征相近的同类企业集合在经济活动中表现出的整体效率水平高低情况。这里设置了产业整体规模效率和产业内部结构效率2个二级指标来说明行业性行政垄断影响下中国体育产业的中观效率水平。

(一) 产业整体规模效率

产业整体规模效率反映的是一个产业的整体规模是否已经达到了规模化生产经营要求的适度有效规模,可根据产业的产出规模及增加值率来进行判断。这里我们设置了产业的总产出和产业的增加值率2个三级指标来说明中国体育产业的整体规模效率状况。

1. 产业的总产出

产业的总产出反映的是一个产业在一定时期内生产出的各种可用于再生产或消费的产品和劳务成果的总和,可用这一产业的总产值大小来进行衡量。一般而言,一个产业的总产值和其总产出成正比:该产业的总产值越大,说明其总产出越多;反之,则越少。以下我们根据国家体育总局和国家统计局联合发布的2012—2020年全国体育产业状况公告,整理计算出了中国体育产业2012—2020年的总产出指标的结果,如表4-9所示。

表4-9　　　　　　2012—2020年中国体育产业总产出情况

年份	体育产业总产值(亿元)	名义增长率(%)	按照可比价格计算的实际增长率(%)
2012	9500	—	—
2013	11000	15.79	7.44
2014	13575	23.41	14.88
2015	17107	26.02	17.73
2016	19011	11.13	4.01
2017	21988	15.66	8.15
2018	26579	20.88	13.23
2019	29483	10.93	4.70
2020	27372	-7.16	-9.19

资料来源:根据国家统计局和国家体育总局官方网站公布的相关数据计算而得。

表4-9显示，除2020年受新冠疫情影响而有所回落之外，近十年来中国体育产业的名义总产值有了大幅增长，其各年的名义增长率基本都在10%以上，个别年份的名义增长率甚至超过了20%。这说明，中国体育产业的总产出正在日益提升，其总体规模效率状况正逐步得到改善。然而，我们也应该看到，中国体育产业的总产出水平与体育产业较为发达的国家相比还有很大差距，如日本体育产业的总产值早在2012年就已经达到了1033.92亿美元。[①] 并且，中国体育产业按照可比价格计算的实际增长率远没有名义增长率那样亮眼，仅有个别年份的实际增长率超过了10%，且其整体波动幅度也比较大。可见，中国体育产业的总产出规模还相对较小，总体规模效率不高，还难以产生规模经济效益。

2. 产业的增加值率

产业的增加值率反映的是一个产业在一定时期内生产出的产品和劳务成果价值中新创造出的价值所占比重，可用这一产业的增加值与总产值之比来进行衡量。一般而言，一个产业的增加值与总产值之比和其增加值率成正比：该产业的增加值与总产值之比越大，说明其增加值率越高；反之，则越低。以下我们根据国家体育总局和国家统计局联合发布的2012—2020年全国体育产业状况公告，整理计算出了中国体育产业2012—2020年的增加值率指标的结果，如表4-10所示。

表4-10　　2012—2020年中国体育产业增加值率情况

年份	体育产业增加值（亿元）	体育产业总产值（亿元）	体育产业增加值率（%）
2012	3136	9500	33.01
2013	3563	11000	32.39
2014	4041	13575	29.77
2015	5494	17107	32.12

[①] 蔡朋龙、李树旺：《体育产业结构优化中体育服务业占比研究》，《体育学刊》2022年第2期。

续表

年份	体育产业增加值（亿元）	体育产业总产值（亿元）	体育产业增加值率（%）
2016	6475	19011	34.06
2017	7811	21988	35.52
2018	10078	26579	37.92
2019	11248	29483	38.15
2020	10735	27372	39.22

资料来源：根据国家统计局和国家体育总局官方网站公布的相关数据整理计算而得。

表4-10显示，近十年来中国体育产业的增加值率由30%左右的水平稳步提升到了将近40%的水平。这说明，中国体育产业在降低中间消耗、提高新增价值方面取得了一定的成绩，其投入产出效果和经济效益状况正在日益改善。然而，我们也应该看到，中国体育产业的增加值率提升速度较为缓慢，且与国内其他行业相比还存在一定差距，例如，根据国家统计局公布的《中国统计年鉴》（2019年）和《第四次全国经济普查公报》中的相关数据计算的交通运输、仓储和邮政业及金融业2018年的增加值率分别达到了46.71%和51.47%。可见，中国体育产业的增加值率还相对较低，生产过程中的中间消耗量仍有待于进一步降低，投入产出效益还需进一步提升。

（二）产业内部结构效率

产业内部结构效率反映的是一个产业的内部结构是否达到了实现优化升级的要求，可根据该产业的高度化和协调化程度状况来进行判断。这里我们设置了产业的非物质化程度和产业细分部门的协同化程度2个三级指标来说明中国体育产业的内部结构效率状况。

1. 产业的非物质化程度

产业的非物质化程度反映的是一个产业中的服务部门的发展状况，可用该产业服务部门的某项指标值在整个产业中所占的比重来进行衡量。一般而言，一个产业中服务部门的某项指标值所占的比重与其非物质化程度成正比：服务部门某项指标值所占的比重越大，说明其非物质化程度越高；反之，则越低。以下我们根据国家体育总局和国家统计局联合发布的 2015—2020 年全国体育产业状况公告，整理计算出了 2015—2020 年的体育服务业总产出占比和增加值占比来反映中国体育产业的非物质化程度情况，结果如表 4-11 所示。

表 4-11　　2015—2020 年中国体育产业非物质化程度情况

年份	体育服务业总产出占比（%）	体育服务业增加值占比（%）
2015	33.4	49.2
2016	35.9	55.0
2017	36.5	57.0
2018	47.9	64.8
2019	50.6	67.7
2020	51.6	68.7

资料来源：根据国家统计局和国家体育总局官方网站公布的相关数据整理计算而得。

表 4-11 显示，无论是从总产出占比来看，还是从增加值占比来看，近年来中国体育服务业在体育产业中所占的比重都在逐年大幅攀升，这说明中国体育产业的非物质化程度正在日益提高。然而，我们也应该看到，较之体育产业发达的国家，中国体育服务业在体育产业中的占比还较低。例如，美国体育服务业在体育产业中所占的比重早在 2013 年就已经达到了 82.2%。[1] 这说明，虽然中国体育产业的非物质化程度已经大为改善，但仍然亟待进一步提高。

2. 产业细分部门的协同化程度

产业细分部门的协同化程度反映的是一个产业中的各个细分部门发展的协调性，可用该产业中各个细分部门增长速度的均衡状况进行衡量。一般而言，一个产业中各个细分部门增长速度的均衡状况与其细分部门的协同化程度成正比：各个细分部门增长速度的均衡状况越好，说

---

[1] 国家发展和改革委员会社会发展司、国家体育总局体育经济司编著：《〈国务院关于加快发展体育产业促进体育消费的若干意见〉100 问》，人民体育出版社 2015 年版，第 14 页。

明其细分部门的协同化程度越高；反之，则越低。以下我们根据国家体育总局和国家统计局联合发布的2019—2020年全国体育产业状况公告，整理出了2019—2020年的体育产业细分部门增加值增速数据来反映中国体育产业的细分部门的协同化程度情况，[①] 结果如表4-12所示。

表4-12 2019—2020年中国体育产业各细分部门增加值增速情况（单位:%）

体育产业及其各细分部门	2019年	2020年
体育产业总体	11.60	-4.6
体育用品及相关产品制造	0.65	-8.1
体育用品及相关产品销售、出租与贸易代理	10.10	0.5
体育管理	15.87	1.5
体育竞赛表演	18.74	-15.6
体育健身休闲	74.40	-11.5
体育场地和设施管理	18.39	-20.2
体育经纪与代理、广告与会展表演与设计服务	11.13	-16.9
体育教育与培训	7.01	5.7
体育传媒与信息服务	23.96	18.9
其他体育服务	14.77	-8.8
体育场地设施建设	41.27	2.4

资料来源：根据国家统计局和国家体育总局官方网站公布的相关数据整理而得。

表4-12显示，虽然2020年中国体育产业各细分部门增加值的增速都出现了不同程度的回落，但绝大多数细分部门在2019年增加值的增幅都相当大，这说明中国体育产业细分部门的协同化程度已经有了较大提高。然而，我们也应该看到，2019年中国体育产业各细分部门增加值的增速有的高达近75%，有的低至不到1%，呈现严重的非均衡增

[①] 2019年4月1日国家统计局公布并实施的《体育产业统计分类（2019）》对体育产业的具体分类进行了与以往略有不同的新调整，因而这里只根据新的体育产业分类标准计算了2019—2020年的细分部门增加值增速。

长态势。这说明，虽然中国体育产业各细分部门的协同化发展已初见端倪，但其协同发展的程度仍然不高，还存在较为严重的"不平衡"问题。

3. 主体部门的影响程度

主体部门的影响程度反映的是一个产业中居于主导地位的细分部门对于该产业发展的带动作用强弱，可用该产业的主体部门某项指标值在整个产业中所占的比重来衡量。一般而言，一个产业中主体部门某项指标值所占的比重与其影响程度成正比：主体部门某项指标值所占的比重越大，说明其影响程度越高；反之，则越低。以下我们根据国家体育总局和国家统计局联合发布的2015—2020年全国体育产业状况公告，整理出了2015—2020年体育竞赛表演和体育健身休闲两大体育产业主体部门的总产出及增加值占比，来反映中国体育产业的主体部门影响程度情况，结果如表4-13所示。

表4-13 2015—2020年中国体育产业中的主体部门影响程度情况

年份	体育竞赛表演部门占比		体育健身休闲部门占比	
	总产出（%）	增加值（%）	总产出（%）	增加值（%）
2015	0.9	1.0	1.6	2.4
2016	0.9	1.0	1.9	2.7
2017	1.1	1.2	2.6	3.3
2018	1.1	1.0	3.9	4.7
2019	1.0	1.1	6.1	7.4
2020	1.0	1.0	5.8	6.9

资料来源：根据国家统计局和国家体育总局官方网站公布的相关数据计算而得。

表4-13显示，近年来中国体育竞赛表演部门的总产出和增加值在体育产业中所占的比重虽然有一定增长，但基本常年维持在1%左右的低水平；与此同时，中国体育健身休闲部门的总产出和增加值在体育产业中所占的比重虽然都有了相对较大的提升，但也都在7.5%以下的较

低水平。这说明，中国体育健身休闲部门，特别是体育竞赛表演部门，在中国体育产业中主体地位尚未得到充分体现，[①] 其对中国体育产业发展的影响程度和带动作用仍然还非常有限。

总之，在行业性行政垄断影响下，中国体育产业中的总体规模效率和内部结构效率状况均体现了"垄断往往造成中观低效率"的基本原理：首先，垄断影响了体育产业的规模经济实现程度，使得体育产业的生产成本难以在实现最小有效规模的过程中进一步降低；其次，垄断影响了体育产业内部结构的优化，使得生产资源难以在体育产业内部实现合理优化配置。

三 宏观效率水平

作为国民经济组成部分的各个产业是影响一国经济社会整体发展的重要因素，一个产业的宏观效率水平指的就是这一产业在推动经济和社会发展过程中的贡献程度大小情况。这里设置了产业对经济发展的贡献度和产业对社会发展的贡献度2个二级指标来说明行业性行政垄断影响下中国体育产业的宏观效率水平。

（一）产业对经济发展的贡献度

产业对经济发展的贡献度是反映一个产业在一定时期内对一国经济发展贡献大小的指标，可根据该产业对其所在的产业大类以及对整个国民经济发展所做的贡献进行判断。这里我们设置了对所在产业类别的贡献度和对国民经济的贡献度2个三级指标来说明中国体育产业对经济发展的贡献度状况。

1. 对所在产业类别的贡献度

对所在产业类别的贡献度体现的是一个产业对其所在的三次产业类别（第一产业、第二产业和第三产业）发展所做的贡献大小，可用这一产业的增加值增量与其所在的三次产业类别的增加值增量之比来进行

[①] 黄海燕、康露：《新时代体育产业高质量发展的理论逻辑与实施路径》，《体育科学》2022年第1期。

衡量。一般而言，一个产业增加值增量与其所在三次产业类别增加值增量的比值和其对所在产业类别的贡献度成正比：该产业增加值增量与其所在三次产业类别增加值增量的比值越大，说明其对所在产业类别的贡献度越高；反之，则越低。由于体育产业隶属于第三产业，以下我们根据《中国统计年鉴》（2013—2021年）以及国家体育总局和国家统计局联合发布的2012—2020年全国体育产业状况公告，整理计算出了2013—2020年中国体育产业对第三产业的贡献度指标结果，如表4-14所示。

表4-14 2013—2020年中国体育产业对所在产业类别的贡献程度情况

年份	体育产业增加值增量（亿元）	第三产业增加值增量（亿元）	两者之比（%）
2013	427	33127	1.29
2014	478	32671	1.46
2015	1453	39091	3.72
2016	980	41083	2.39
2017	1336	47528	2.81
2018	2267	51345	4.42
2019	1170	45670	2.56
2020	-513	16603	-3.09

资料来源：根据国家统计局和国家体育总局官方网站公布的相关数据计算而得。

表4-14显示，除2020年受新冠疫情影响而有所回落之外，近年来中国体育产业的增加值一直保持着逐年递增态势，体育产业增加值增量与第三产业增加值增量的比也有所提高，这说明中国体育产业创造的增加值在不断提高，且其对第三产业的发展也贡献越来越多的力量。然而，我们也应该看到，中国体育产业对第三产业的贡献度仍然处于较低的水平，仅有个别年份达到了4%左右，大多数年份都只是在2%左右；同时，其对第三产业的贡献度呈现上下波动的趋势，且有些年份的波幅还相当大。可见，中国体育产业对第三产业的贡献度仍然偏低，且并不

稳定，尚无法为其所在的产业大类发展提供有力支撑。

2. 对国民经济的贡献度

对国民经济的贡献度体现的是一个产业对整个国民经济所做的贡献大小，可用这一产业的增加值增量与GDP增量之比来进行衡量。一般而言，一个产业增加值增量与GDP增量的比值和其对国民经济的贡献度成正比：该产业增加值增量与GDP增量的比值越大，说明其对国民经济的贡献度越高；反之，则越低。以下我们根据《中国统计年鉴》（2013—2021年）以及国家体育总局和国家统计局联合发布的2012—2020年全国体育产业状况公告，整理计算出了2013—2020年中国体育产业对国民经济的贡献度指标结果，如表4-15所示。

表4-15 2013—2020年中国体育产业对国民经济的贡献程度情况

年份	体育产业增加值增量（亿元）	GDP增量（亿元）	两者之比（%）
2013	427	54383	0.79
2014	478	50600	0.94
2015	1453	45295	3.21
2016	980	57537	1.70
2017	1336	85641	1.56
2018	2267	87245	2.60
2019	1170	67234	1.74
2020	-513	27052	-1.90

资料来源：根据国家统计局和国家体育总局官方网站公布的相关数据计算而得。

表4-15显示，除2020年受新冠疫情影响而有所回落之外，近年来体育产业增加值增量与GDP增加值增量的比值有所提高，这说明中国体育产业同样对国民经济的发展作出了越来越多的贡献。然而，我们也应该看到，中国体育产业的贡献度仍然处于非常低的水平，仅有个别年份达到了3%左右，大多数年份都只是在1%左右；同时，其对国民经济的贡献度呈现上下波动的趋势，且有些年份的波幅还相当大。可

见,中国体育产业对经济发展的贡献度仍然比较低,[①]且并不稳定,尚未成为中国国民经济发展的支柱性产业。

(二) 产业对社会发展的贡献度

产业对社会发展的贡献度是反映一个产业在一定时期内对一国社会发展贡献大小的指标,可根据该产业对就业的带动以及对社会需求的满足情况进行判断。这里我们设置了对劳动就业的带动程度和对社会需要的满足程度2个三级指标来说明中国体育产业对社会发展的贡献度。

1. 对劳动就业的带动程度

对劳动就业的带动程度体现的是一个产业对全国劳动就业的带动作用大小,可用这一产业吸纳就业的人数占全国就业人数的比重来间接进行衡量。一般而言,一个产业吸纳就业的人数占全国就业人数的比重和其对劳动就业的带动程度成正比:该产业吸纳就业的人数占全国就业人数的比重越大,说明其对劳动就业的带动程度越高;反之,则越低。以下我们根据国家统计局和国务院第四次全国经济普查领导小组办公室联合发布的《第四次全国经济普查公报》,以及国家体育总局和国家统计局联合发布的2018年全国体育产业状况公告,整理计算出了2018年中国体育产业及第三产业中其他一些典型代表行业对劳动就业的带动程度指标结果,如表4-16所示。

表4-16　　2018年中国体育产业对劳动就业的带动程度情况

	从业人员(万人)	占全国从业人员的比重(%)
中国	75782	100
体育产业	443.9	0.59
批发和零售业	4008.2	5.29
交通运输、仓储和邮政业	1396.7	1.84
住宿和餐饮业	706.4	0.93

---

① 任波、黄海燕:《体育强国建设背景下我国体育产业现实问题与发展策略》,《体育文化导刊》2022年第4期。

第四章 体育产业行政垄断阻滞其供给侧结构性改革的效率评估视角分析

续表

	从业人员（万人）	占全国从业人员的比重（%）
信息传输、软件和信息技术服务业	995.1	1.31
金融业	1818.0	2.40
房地产业	1263.5	1.67
租赁和商务服务业	2236.8	2.95
科学研究和技术服务业	1182.9	1.56
居民服务、修理和其他服务业	414.8	0.55

资料来源：根据国家统计局和国家体育总局官方网站公布的相关数据计算而得。

表4-16显示，中国体育产业在2018年吸纳就业的人数占全国就业人数的比重只有将近0.60%的水平，相较于第三产业中其他一些典型代表行业而言，仅比居民服务、修理和其他服务业略高一点，与批发和零售业、租赁和商务服务业、金融业、房地产业以及交通运输、仓储和邮政业等行业的相应数据都存在很大差距。这说明，虽然近年来体育产业对促进劳动就业做出了很大贡献，但在吸纳就业方面的水平仍然十分有限。可见，中国体育产业对劳动就业的带动程度还比较低，尚难以为缓解中国的劳动就业问题提供有效支持。

2. 对社会需要的满足程度

对社会需要的满足程度体现的是一个产业提供的产品或服务是否能够有效满足社会需要，可用这一产业提供的产品或服务的人均数量来间接进行衡量。一般而言，一个产业提供的产品或服务的人均数量和其对社会需要的满足程度成正比：该产业提供的产品或服务的人均数量越多，说明其对社会需要的满足程度越高；反之，则越低。以下我们根据国家体育总局近年来发布的各年《全国体育场地统计调查数据》，整理计算出了中国体育产业提供的重要产品之一——体育场地近年来的人均数量及其增速，从侧面衡量中国体育产业提供的产品能否有效满足社会需要，结果如表4-17所示。

表4-17　2013—2020年中国体育产业对社会需要的满足程度情况

年份	体育场地的人均面积（平方米）	体育场地的人均面积增速（%）
2013	1.46	—
2019	2.08	42.47（较之2013年提高的幅度）
2020	2.20	5.77（较之上一年提高的幅度）
2021	2.41	9.55（较之上一年提高的幅度）

资料来源：根据国家体育总局官方网站公布的相关数据计算而得。

表4-17显示，相较于2013年的相应普查数据而言，近年来中国体育场地的人均面积有了很大幅度的提升，这间接反映出中国体育产业对社会需要的满足程度正在日益提高。然而，与发达国家相比，中国体育场地的人均面积还处于较低水平，如美国和日本体育场地的人均面积分别为16平方米和19平方米，[1] 这从一个侧面说明了中国体育产业还存在较为严重的供给"不充分"问题。可见，中国体育产业对社会需要的满足程度还比较低，尚难以与社会日益增长的多样化体育需要相匹配。

总之，在行业性行政垄断影响下，中国体育产业对经济发展的贡献度和对社会发展的贡献度水平均体现了"垄断往往影响宏观效率"的基本原理：首先，垄断影响了体育产业增加值的提升速度，使得体育产业的经济贡献能力难以达到应有水平；其次，垄断影响了体育产业吸纳就业的数量规模和满足社会需要的产品供给，使得体育产业的社会贡献能力受到较大限制。

综上所述，通过对行业性行政垄断之下的体育产业微观、中观和宏观效率状况进行系统指标体系评价，可以得出如下结论：在较高程度的行政垄断之下，中国体育产业的整体效率状况不佳，这自然会对其供给侧结构性改革的推进造成严重阻滞，从而使其高质量发展的实现遇到很

---

[1] 隔超、谢洪伟：《健康中国行动下我国体育场地设施有效供给的整体性治理策略》，《山东体育科技》2022年第3期。

大困难，因此，体育产业在供给侧结构性改革中打破行政垄断势在必行。

第二节 体育产业整体效率的 DEA 综合评价

在对行业性行政垄断下的中国体育产业整体效率表现进行指标体系评价时，尽管构成以上指标体系的各个具体指标都是在经过通盘考虑、审慎思考后筛选出来的，并且它们在反映体育产业效率状况的过程中都有着其特有的价值，但由其组合而成的评价指标体系可能还无法做到对体育产业整体效率状况进行面面俱到的刻画，并且以上指标体系评价最终也没有形成统一的体育产业综合效率指数。为了对以上指标体系评价的未尽之处进行补充，以下我们将基于中国体育产业历年的相关统计数据，运用非参数估计法中的 DEA（数据包络分析）方法，对行业性行政垄断下的中国体育产业整体效率状况进行综合评价。

一 实证模型的选定

（一）选择非参数估计方法的原因

目前，被用于进行综合效率评估的方法大致可分为参数估计方法和非参数估计方法两大类。相对于以 SFA（随机前沿分析）方法为典型代表的参数估计方法而言，以 DEA 方法为典型代表的非参数估计方法在被用于对中国体育产业进行整体效率评估时能体现其自身具备的以下优势和适用性[1]：

第一，参数估计方法主要被用于解决单一或多种投入对应单一产出的现实问题，对多种投入对应多种产出的实际问题则经常力有不逮。相比较而言，非参数估计法却可以有效应对多种投入对应多种产出的较复杂问题，而且这种方法对作为投入和产出的各个指标没有量纲上的要求，是一种适用性更强的综合效率评估方法。体育产业是个

---

[1] 肖霆、王国顺：《企业效率研究中前沿面方法的比较》，《统计与决策》2005 年第 10 期。

具有多种人、财、物等生产要素投入和多种有形物质产品和无形服务产品产出的复杂系统，因而其整体效率状况更适合采用非参数估计方法进行评估。

第二，在运用参数估计方法进行综合效率评估时，研究者要预先确定有关研究对象的前沿成本函数或生产函数采取的具体形式，而由于每一位研究者的学术背景和研究意图都有所不同，这就不免使得这一步骤的开展带有很强的主观随意性，从而极有可能影响函数设定在反映研究对象实际状况时的客观准确性。相比之下，运用非参数估计方法进行综合效率评估时，其成本函数或生产函数是隐含于评价过程之中的，从而无须再去对有关研究对象的前沿成本函数或生产函数应采取的具体形式进行预设，因而会使效率评估过程尽可能少地受主观因素影响，以便较为真实客观地反映研究对象的实际状况。体育产业系统具有较为复杂的生产过程，确定其前沿成本函数或生产函数的具体形式具有很大难度，因而选用非参数估计方法对其整体效率进行评估更符合其具体实际情况。

第三，运用参数估计方法进行综合效率评估时，不能具体说明相对于富有效率的决策单元而言效率较低的决策单元的实际效率水平，也不能为没有效率的决策单元指明其投入和产出向有效率的决策单元进行调整时的改进方向和具体数值，因而不利于找出提高研究对象综合效率的最终路径。与之相比，非参数估计方法却能出色地完成上述任务。中国体育产业的整体效率状况尚不理想，因而体育产业管理部门迫切需要找到提高其综合效率水平的具体途径，而运用非参数估计方法对其综合效率状况进行研究，正能借助非参数估计方法的以上特有优势，为相关部门出台行之有效的具体改革措施提供一定参考。

总之，较之参数估计方法而言，非参数估计方法更加适用于对中国体育产业的综合效率进行评估，而 DEA 方法又是众多非参数估计方法中的典型代表，以下我们将对这一评估方法进行简要介绍。

（二）DEA 方法概述

DEA 方法是一种基于"相对效率评价"的非参数效率估计方法，

主要用于对作为决策单元（DMU）的具有多种投入及产出的各同种类型单位或部门进行系统有效性综合评价。在评价过程中，这种方法借助数学规划模型把全部决策单元的各种产出或投入项投影至一个几何空间之中，从而探寻作为 DEA 评价前沿面的最高产出或最低投入，并将其他决策单元与 DEA 前沿面的偏离程度大小作为其相对有效性的评价标准。[①] 若一个决策单元恰巧位于 DEA 前沿面之上，那么这一决策单元就被看作是最为相对有效的，其相对效率值可相应地记作 1；若一个决策单元并没有处在 DEA 前沿面之上，那么这一决策单元就被看作是相对无效的，其相对效率值可根据其对 DEA 前沿面的偏离程度相应地记作 0 到 1 之间的某一数值（偏离程度越大取值越接近于 0，偏离程度越小取值越接近于 1）。DEA 方法以对作为研究对象的各个决策单元进行优化为导向，运用这种方法测算出的各决策单元的相对效率值都是其最大取值，在测算中各决策单元产出和投入项被赋予的具体权重也是客观地由线性最优化过程确定的，因而对于研究多种投入对应多种产出的实际输入输出问题是十分行之有效的。

DEA 方法演进过程中的第一个模型是假设规模报酬不变（CRS）的 CCR 模型；后来，在这一模型的基础上又发展出了假设规模报酬可变（VRS）的 BCC 和 CCGSS 两种模型，使得这一方法的应用范围进一步拓宽。[②] 在此之后，这种方法不断改进和完善，已被广泛应用于各领域的效率评估。为了使我们的分析更加全面，这里我们分别选择了假设规模报酬不变和可变模型中的 CCR 和 CCGSS 两种经典模型，对中国体育产业的整体效率状况进行综合评估。

1. 运用 CCR 模型进行效率评价的基本原理

假设一共有 n 个作为研究对象的决策单元 j（$j=1, 2, \cdots, n$），其相应的输入向量记作 $X_j = (x_{1j}, x_{2j}, \cdots, x_{mj})^T$，相应的输出向量记作

[①] 金永刚：《经济发展中的能源效率问题：测度方法及评价体系》，《沈阳师范大学学报》（社会科学版）2020 年第 3 期。

[②] 马占新：《数据包络分析方法的研究进展》，《系统工程与电子技术》2002 年第 3 期。

$Y_j = (y_{1j}, y_{2j}, \cdots, y_{sj})^T$。其中，$x_{ij}$ 是第 j 个决策单元第 i 种输入的投入量，y_{rj} 则是第 j 个决策单元第 r 种输出的产出量（$i = 1, 2, \cdots, m$；$j = 1, 2, \cdots, n$；$r = 1, 2, \cdots, s$）。$\mu = (u_1, u_2, \cdots, u_s)^T$，$v = (\nu_1, \nu_2, \cdots, \nu_m)^T$ 则分别代表输入和输出各自的权重向量，它们是由各决策单元共同构成的效率评估群体所客观决定的，而不是由研究者人为主观赋值的。在以上前提假设条件之下，决策单元 DMU_j 的相应综合效率评价指数可以被表示为：

$$h_j = \frac{\sum_{r=1}^{s} u_r y_{rj}}{\sum_{i=1}^{m} \nu_i x_{ij}}, j = 1, 2, \cdots, n$$

在以上表达式中，h_j 是将决策单元 DMU_j 产出指标的加权之和除以投入指标的加权之和所得的结果，其相应取值在 0 到 1 的范围之内。根据该指数的取值在 0 到 1 之间的变化情况，既可以将所有决策单元区分为 DEA 相对有效率与 DEA 相对无效率两种类型，又能对每个决策单元经营绩效的好坏进行具体判定。在运用 CCR 模型进行效率评价时，第 j_0 个决策单元 DMU_{j_0} 的相对效率评估模型可表示为：

$$(C^2R) \begin{cases} \max \dfrac{\sum_{r=1}^{s} u_r y_{rj_0}}{\sum_{i=1}^{m} \nu_i x_{ij_0}} \\ s.t. \dfrac{\sum_{r=1}^{s} u_r y_{rj}}{\sum_{i=1}^{m} \nu_i x_{ij}} \leq 1 \\ j = 1, 2, \cdots, n \\ v = (\nu_1, \nu_2, \cdots, \nu_m)^T \geq 0 \\ u = (u_1, u_2, \cdots, u_s)^T \geq 0 \end{cases}$$

以上模型还可以用以下的矩阵形式来进行表示：

第四章 体育产业行政垄断阻滞其供给侧结构性改革的效率评估视角分析

$$(P')\begin{cases} \max \dfrac{u^T y_0}{\nu^T x_0} = V_p \\ s.\,t.\ \dfrac{u^T y_j}{\nu^T x_j} \leqslant 1 \\ j = 1,2,\cdots,n \\ u \geqslant 0 \\ v \geqslant 0 \end{cases}$$

对以上矩阵形式进行一系列变换（过程从略），以实现将以上相对效率评估问题转化成对以下线性规划模型的求解：

$$(D\varepsilon)\begin{cases} \min[\theta - \varepsilon(e_1^T s^- + e^T s^+)] = V_{D\varepsilon} \\ s.\,t.\ \sum_{j=1}^{n} x_j \lambda_j + s^- = \theta x_0 \\ \sum_{j=1}^{n} y_j \lambda_j - s^+ = y_0 \\ \lambda_j \geqslant 0,\ j = 1,2,\cdots,n \\ s^+ \geqslant 0 \\ s^- \geqslant 0 \end{cases}$$

在以上表达式中，λ_j 是对偶变量；而 s^-、s^+ 则分别是相应输入与输出项的松弛变量。

假定以上这一模型（$D\varepsilon$）的最优解分别为 λ^0、s^{0+}、s^{0-}、θ^0。如果 $\theta^0 = 1$，并且同时 $s^{0+} = s^{0-} = 0$，就表示第 j_0 个决策单元 DMU_{j_0} 是 DEA 相对有效率的；如果 $\theta^0 = 1$，并且同时 $s^{0+} \neq 0$，$s^{0-} \neq 0$，就表示第 j_0 个决策单元 DMU_{j_0} 是 DEA 相对弱有效率（即技术有效率）的；如果 $\theta^0 < 1$，同时 $s^{0+} \neq 0$，$s^{0-} \neq 0$，就表示第 j_0 个决策单元 DMU_{j_0} 就是 DEA 相对无效率的。[1]

2. 运用 CCGSS 模型进行效率评价的基本原理

在以上相对效率评价过程中，CCR 评估模型假定相关的"生产可

---

[1] 魏权龄：《数据包络分析》，科学出版社 2004 年版，第 2—26 页。

能集"是一个多面的"凸锥",但是,该种假设在现实中不一定能够成立,这使得 CCR 评估模型的实际应用范围受到很大限制。为了有效弥补 CCR 评估模型存在的不足之处,研究者们在该模型的基础上发展起一种 CCGSS 评估模型,从而构建了一种不必事先考虑"生产可能性集"是否符合"锥性"条件的 DEA 效率评估方法。在运用 CCGSS 模型进行效率评价时,第 j_0 个决策单元 DMU_{j_0} 的相对效率评估模型可被表示为:

$$\min \theta$$

$$s.t. \begin{cases} \sum_{j=1}^{n} \lambda_j x_j + s^- = \theta x_0 \\ \sum_{j=1}^{n} \lambda_j y_j - s^+ = y_0 \\ \sum_{j=1}^{n} \lambda_j = 1 \\ \lambda_j, s^-, s^+ \geq 0, j = 1, \cdots, n \end{cases}$$

在以上表达式中,各种符号的含义与 CCR 模型中相应的符号相同。

假定以上这一模型的最优解分别为 λ^*、s^{*-}、s^{*+}、θ^*。如果 $\theta^* = 1$,同时 $s^{*-} = 0$,$s^{*+} = 0$,就表示第 j_0 个决策单元 DMU_{j_0} 是 DEA 相对有效率的;如果只是满足 $\theta^* = 1$,就表示第 j_0 个决策单元 DMU_{j_0} 是 DEA 相对弱有效率的;如果 $\theta^* < 1$,就表示第 j_0 个决策单元 DMU_{j_0} 就是 DEA 相对无效率的。①

二 决策单元、投入产出指标和样本数据

(一)决策单元的确定

如上所述,我们要对行业性行政垄断下中国体育产业的整体效率进行综合评估。基于这一研究目的,这里将中国体育产业发展历经的各个年份确定为对其进行 DEA 综合效率评估的决策单元,以探究行业性行政垄断对中国体育产业整体综合效率的长期动态影响。2012 年党的十

---

① 王会宗:《行政垄断下我国竞技体育行业效率的理论与实证分析》,《武汉体育学院学报》2017 年第 8 期。

八大以来，中国政府对体育产业给予了前所未有的重视，出台了一系列有力促进体育产业发展的政策措施，使得中国体育产业进入了一个快速发展的新时期；新冠疫情暴发以来，包括体育产业在内的中国第三产业的发展受到严重影响，使得中国体育产业进入了一个不能体现其正常运转状态的特殊时期。在充分考虑以上因素并兼顾中国体育产业统计数据资料可获得性的基础上，这里我们选择以 2012 年为研究起始年份、以 2019 年为研究截止年份，构造了体育产业 2012—2019 年 DEA 整体综合效率评价的 8 个决策单元，以探究体育产业在步入发展快车道后是否存在效率不佳问题。

（二）投入产出指标的设置

由于中国体育产业方面的统计工作推进尚不十分理想，其投入产出方面的数据资料还不健全，我们只能基于相关统计数据的可获得性，依据经济学中厂商理论的经典生产函数模型，有选择地将体育产业从业人员（万人）和体育固定资产投资（亿元）作为劳动和资本两大基本生产要素的替代指标，设置为中国体育产业 DEA 整体效率综合评估的投入指标，将体育产业增加值（亿元）和体育产业相关企业注册数量（家）作为体育产业经济效益和社会效益两方面生产成果的替代指标，设置为相应的产出指标。

（三）样本数据的来源

为了保证数据资料具有充分的可信度，除体育产业相关企业注册数量指标因未公布官方统计数据而采用了企业洞察数据中心公布的相应数据之外，以上其他各投入、产出指标的相关样本数据主要源于国家统计局发布的历年《中国统计年鉴》《国民经济和社会发展统计公报》及国家统计局和国家体育总局联合发布的全国体育产业状况公告中的相应权威官方统计数据。另外，由于 2017 年体育产业从业人员的样本数据缺失，我们通过对 2016 年和 2018 年的相应样本数据取平均值得到了其推断值。

三 实证检验结果分析

（一）CCR 模型的估计结果及其分析

基于 CCR 模型的基本原理，运用经典的 DEAP2.1 软件对中国体育产业 2012—2019 年的整体效率进行 DEA 估计的结果如表 4-18 所示。

表 4-18　　2012—2019 年中国体育产业 DEA 整体效率状况的 CCR 模型评估结果

决策单元	DEA 效率值
2012 年	0.708
2013 年	0.656
2014 年	0.733
2015 年	1.000
2016 年	0.894
2017 年	0.861
2018 年	0.973
2019 年	1.000
平均值	0.853

资料来源：根据软件分析结果整理计算而得。

表 4-18 显示，在我们考究的 2012—2019 年，中国体育产业的 DEA 效率呈现在具有一定幅度的波动中逐步提升的趋势。并且，仅有 2015 年和 2019 年两年的 DEA 效率值为 1，其他年份的效率值则均低于 1，且所有年份平均的 DEA 效率值为 0.853。这表明，在我们进行研究的时间区间内，处于行业性行政垄断之下的中国体育产业仅在个别年份的生产运营中实现了 DEA 相对有效率，而在大多数年份的生产运营中则表现为 DEA 相对无效率，因而其整体效率状况并不理想。

（二）CCGSS 模型的估计结果及其分析

基于 CCGSS 模型的基本原理，同样运用 DEAP2.1 软件对中国体育产业 2012—2019 年的整体效率进行 DEA 估计的结果如表 4-19 所示。

表 4-19　　　　2012—2019 年中国体育产业 DEA 整体效率
状况的 CCGSS 模型评估结果

年份	综合效率值	纯技术效率值	规模效率值	规模报酬状况
2012	0.708	1.000	0.708	递增
2013	0.656	0.912	0.719	递增
2014	0.733	0.890	0.823	递增
2015	1.000	1.000	1.000	不变
2016	0.894	0.989	0.903	递增
2017	0.861	0.987	0.873	递增
2018	0.973	1.000	0.973	递增
2019	1.000	1.000	1.000	不变
平均值	0.853	0.996	0.856	—

资料来源：根据软件分析结果整理计算而得。

表 4-19 显示的综合效率值是在对各个决策单元的规模大小不予以考虑时估计出的 DEA 生产效率数值，它与上面的 CCR 模型评估结果一致；表中显示的纯技术效率值是对各个决策单元的规模大小予以考虑时估计出的 DEA 技术效率数值；表中显示的规模效率值则是对各个决策单元的规模大小予以考虑时估计出的 DEA 规模收益效率数值，其对应的规模经济效益实现状况显示在规模报酬状况一栏中（规模报酬不变代表实现了规模经济效益，规模报酬递增或递减则代表没有实现规模经济效益）；作为综合效率分解出来的两部分——纯技术效率和规模效率，两者数值的乘积就是综合效率值。表 4-19 中的综合效率估计结果与表 4-18 完全一致，同样体现了处于行业性行政垄断之下的中国体育产业在我们所研究的时期内整体效率状况尚未达到理想状态；纯技术效率估计结果则显示，处于行业性行政垄断之下的中国体育产业在我们所研究的时期内，有半数以上年份的纯技术效率值都小于1，这表明其纯

技术效率状况仍有待于进一步改善；规模效率和规模报酬状况的估计结果显示，除2015年和2019年两年之外，处于行业性行政垄断之下的中国体育产业在我们所研究的时期内，绝大部分年份的规模效率值都小于1，且其规模报酬呈现递增的状态，这表明中国体育产业的规模仍然偏小，无法实现规模经营，从而导致了其整体规模效率仍然较低的情况出现。

四 体育产业有效供给不足估计

从以上分析可以看出，中国体育产业在2012—2019年的整体综合效率偏低，即存在"有效供给不足"的情况。以下我们将基于DEA方法中的投影原理，估算出中国体育产业在2012—2019年应实现增加值的理论最大数量，并用其实际实现的增加值与之进行比较，从而对估算出中国体育产业因整体综合效率偏低导致的有效供给相对不足数量。

（一）投影的基本原理

在DEA方法中，投影描述的是以将DEA相对无效率的决策单元或DEA相对弱有效率的决策单元转变为DEA相对有效率的决策单元为目标，依据几何学中"投影"的基本原理，在投入变量值、产出变量值、最优效率指数值、剩余变量值和松弛变量值之间进行的一种基于"相对有效生产前沿面"（或简称为"相对有效面"）的相应数学变换过程。其基本思路可以借助如下单一投入、单一产出的生产函数进行简要阐释：

假定 $T = \{(x, y) | $ 某一产出 y 能由某一投入 x 来进行生产 $|\}$ 为由所有可能的"生产活动"组成的一个"生产可能集"。在DEA方法中，这一生产可能集为一个"凸锥"，它具有的面数为有限多个，是被考察的 n 个"生产活动"（x_j, y_j）的数据包络集合。而前述的"相对有效生产前沿面"则是由在这 n 个"生产活动"中DEA相对有效率的 l（$l \leq n$）个"生产活动"所共同决定的某一个"相对有效面"，也即由上述"生产可能集"所决定的面数有限多的"凸锥"的某一个"超平面"。

假设 x_0 为决策单元 DMU_{j_0} 的投入要素向量，y_0 为其产出要素向量，而 λ^0、s^{0+}、s^{0-}、θ^0 则为前述（$D\varepsilon$）模型的最优解。如果令（X_0，Y_0）满足以下条件：

$$X_0 = \theta^0 x_0 - s^{0-}$$
$$Y_0 = y^0 + s^{0+}$$

那么，（X_0，Y_0）则被称为是决策单元 DMU_{j_0} 相应的生产活动（x_0，y_0）在 DEA"相对有效面"之上的"投影"。[①]（X_0，Y_0）可以被看作 DEA 无效率或 DEA 弱有效率的决策单元 DMU_{j_0} 在完成改进之后能实现的理想目标值，相对于原来的 n 个"生产活动"而言，它是 DEA 相对有效率的。换言之，决策单元 DMU_{j_0} 在"相对有效面"上的"投影"可被视作其需要实现改进的理想目标方向。

（二）理论最大增加值及相对有效供给不足数量估算

根据上述"投影"原理的基本思路，我们对中国体育产业在 2012—2019 年应实现增加值的理论最大数量进行了估算，并用得到的各年份理论数值分别减去其当年实际实现的增加值，从而估算出中国体育产业在现有整体效率偏低情况下出现的有效供给相对不足，具体结果如表 4-20 所示。

表 4-20　　2012—2019 年中国体育产业理论最大增加值及
有效供给相对不足数量估算结果

年份	理论最大值（亿元）	实际值（亿元）	有效供给相对不足数量（亿元）
2012	4429	3136	1293
2013	5432	3563	1869
2014	5514	4041	1473
2015	5494	5494	0

[①] 魏权龄、岳明：《DEA 概论与 C-2R 模型——数据包络分析（一）》，《系统工程理论与实践》1989 年第 1 期。

续表

年份	理论最大值（亿元）	实际值（亿元）	有效供给相对不足数量（亿元）
2016	7244	6475	769
2017	9067	7811	1256
2018	10353	10078	275
2019	11248	11248	0
合计	58781	51846	6935

资料来源：根据软件分析结果整理计算而得。

从表4-20可以看出：处于行业性行政垄断之下的中国体育产业在2012—2019年中的绝大部分年份都没有在既定成本下实现最大理论产出；除2015年和2019年之外，其增加值在其他年份都存在数量不等的有效供给相对不足，有的年份有效供给相对不足数量甚至接近2000亿元，各年累计的有效供给相对不足数量更是高达6935亿元。该种情况说明，处于行业性行政垄断之下的中国体育产业存在较为严重的有效供给相对不足问题，从而成为中国体育产业深化供给侧结构性改革中遇到的一大阻碍，也使得我们正在努力推进的体育产业高质量发展面临严峻考验。

综上所述，无论是从对中国体育产业效率状况进行包括微观、中观和宏观三大层面的指标体系评价的结果来判断，还是从运用DEA方法中的CCR、CCGSS模型和投影原理，对中国体育产业的整体效率进行综合评估及有效供给相对不足数量估算的结果来审视，处于行业性行政垄断之下的中国体育产业确实存在整体效率较低、有效供给相对不足等问题，而这些问题也成为中国体育产业在供给侧结构性改革和高质量发展中必须克服的巨大障碍。

第三节 本章小结

由产业组织理论的"垄断导致低效率"基本原理可推知，中国体

第四章 体育产业行政垄断阻滞其供给侧结构性改革的效率评估视角分析

育产业较高的行政垄断程度很有可能引起其整体效率水平偏低,从而阻滞中国体育产业供给侧结构性改革的推进并进而影响其高质量发展的顺利实现。为了验证这一推论是否与现实情况相符,从而为中国体育产业在供给侧结构性改革中打破行政垄断提供实证支持,基于中国体育产业的相关统计资料,本章从微观、中观和宏观三大层面对行政垄断之下的体育产业效率状况进行了指标体系评价,并对体育产业的整体综合效率进行了 DEA 评估,从而在效率测评的视角下检验了体育产业行政垄断对其供给侧结构性改革造成的阻碍。

体育产业整体效率状况的指标体系评价结果显示:受行政垄断程度较高的影响,无论是从反映体育产业微观效率状况的行业中企业的盈利能力、资源利用率和创新发展水平来看,还是从反映体育产业中观效率状况的行业整体规模效率和内部结构效率来看,抑或是从反映体育产业宏观效率状况的行业对经济发展社会发展的贡献度来看,中国体育产业的效率状况都并不理想。

体育产业整体综合效率的 CCR、CCGSS 模型数据包络综合分析以及基于投影原理的有效供给不足估算结果表明:在高度的行政垄断支配之下,中国体育产业的整体综合效率状况不佳、纯技术效率状况仍有待改善、规模效率状况依然不容乐观,且其存在的有效供给不足问题也相当严重,从而在很大程度上阻滞了其供给侧结构性改革和高质量发展。

第 五 章

打破行政垄断对体育产业供给侧结构性改革的促进作用和积极效应

通过对体育产业行政垄断阻滞其供给侧结构性改革进行效率评估可知，处于行业性行政垄断下的中国体育产业整体效率状况欠佳，致使其出现了较为严重的有效供给相对不足等不平衡不充分问题。那么，打破体育产业的行政垄断能否改善其整体效率状况，从而对其供给侧结构性改革乃至高质量发展起到促进作用呢？其积极效应又具体表现在哪几个方面呢？本章将依据产业经济学的相关基本原理及前述的 I-S-C-P 理论分析框架，对行业性行政垄断影响行业绩效的机制进行推演，并在探究打破体育产业行政垄断对促进其供给侧结构性改革的作用机理基础上，分析打破体育产业行政垄断对其供给侧结构性改革的顺利推进能够产生的各种积极效应，从而阐明中国体育产业在推进供给侧结构性改革中打破行政垄断的合理性，也为相关对策建议的提出奠定学理基础。

第一节 行业性行政垄断影响行政垄断行业绩效的机制推演

如前所述，笔者曾作为主要成员参与的教育部哲学社会科学研究重大课题攻关项目课题组基于产业组织理论中的 S-C-P 分析范式提出的 I-S-C-P 理论分析框架对行政垄断影响市场绩效的作用机制精练地进行了概括。以下我们将以这一分析框架提供的总体思路和产业经济学的相关

第五章 打破行政垄断对体育产业供给侧结构性改革的促进作用和积极效应

理论为基础,对行业性行政垄断影响行政垄断行业绩效的机制更为细致地进行推演,以为深入分析打破体育产业行政垄断对提高其整体绩效从而促进体育产业供给侧结构性改革的作用机理提供理论依据。

根据产业组织学的相关理论和前述的 I-S-C-P 分析框架,我们归纳出了行业性行政垄断影响行政垄断行业绩效的机制:在行业性行政垄断这一与经济转轨相伴而生的特殊制度安排之下,具有行政垄断性质的行业衍生出了一种该类行业独有的产业组织结构形态——以国有经济为主导的产权结构和以高度垄断为特征的市场结构相互交织的行业结构模式。在这种产业组织结构形态之下,国有经济占主导的产权结构催生了行政垄断行业中多层级委托—代理以及内部人控制的负面问题,高度垄断的市场结构则导致了行政垄断行业中居于垄断地位的既得利益集团采取垄断行为谋求最大化利益的不良后果。正是以上两方面因素的共同作用,行政垄断性质的行业才表现出了比市场垄断性质的行业更难尽如人意的产业绩效状况。对以上影响机制进行具体细化,可以推演出如图 5-1 所示的行业性行政垄断影响行政垄断行业绩效的双重路径。从图 5-1 可以看出,行业性行政垄断是通过国有经济主导和行业市场垄断两条相互交织的路径影响行政垄断行业绩效的。以下我们将对行业性行政垄断导致行政垄断行业绩效欠佳的"双重路径"进行具体阐释。

一 国有经济主导路径

由于计划经济体制曾长期在中国经济发展中居于支配地位,各行政垄断行业的一个共同特征就是国有经济在产权结构中占主导地位。这种国有经济占主导的产权结构借由如下逻辑路径影响了行政垄断行业的产业绩效状况。

首先,行政垄断行业产权界定不清晰,产权主体不明确。由现代产权理论的基本原理可知,国有产权是在配置社会公共资源过程中产生的一种有针对性的制度安排。基于该种制度安排的理念框架,行政垄断行业的产权主体理应是全体社会成员,即每一位社会成员都应平等地享有对行政垄断行业的产权,但任何一个社会成员又不能单独拥有对行政垄

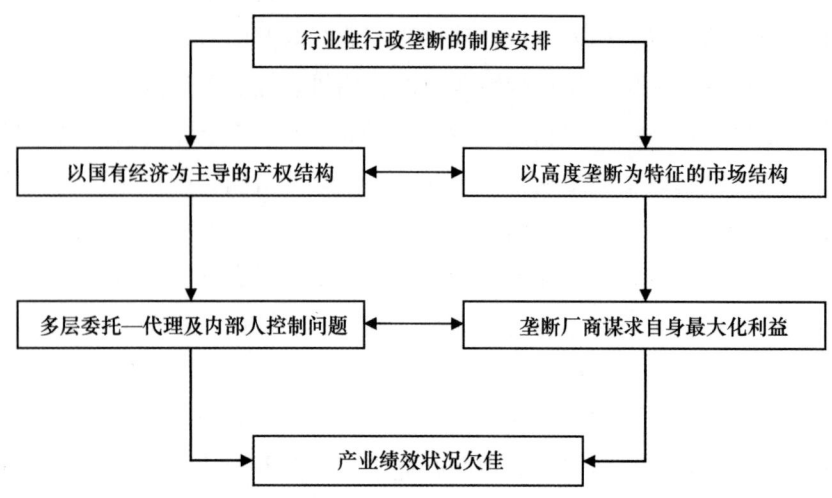

图 5-1　行业性行政垄断影响行政垄断行业绩效的机制

断行业的产权。该种对产权主体的不明确定位使得社会成员只能作为一个整体去享有对行政垄断行业的权利，实际上是构成了对社会成员个人行使行政垄断行业产权的一种限制，导致单个社会成员很难有充足的动力去实现自己对行政垄断行业拥有的一系列权利。在这种状况之下，社会成员对行政垄断拥有的产权基本上名不副实，行政垄断行业的产权主体实际上是未被明确界定的。

其次，模糊不清的产权界定引发了行政垄断行业中的多层级委托—代理问题。在行政垄断行业产权界定模糊不清的情况下，全体社会成员"集体"履行作为产权主体的职责具有非常高的成本，因而只能委托作为公众利益的代表——政府来代表他们行使相应的权利。而与此同时，由于在国民经济体系之中国有经济占主导的行政垄断行业不在少数，中央政府不可能对每一个行政垄断行业都亲自去进行经营管理。因此，中央政府又将各行政垄断行业的经营管理权委托给各行政垄断行业的管理部门，但各行政垄断行业的整体规模又往往是非常巨大的，因而行政垄断行业管理部门也难以直接对其进行经营管理。于是，行政垄断行业管理部门又将行政垄断行业的资产委托给其下属的各职能部门或具有行政功能的行业组织进行营运管理。以此类推，这些下属职能部门或行业组织也同样会将其受托进行营运管理的资产委托给其下一级的各部门或组织，从而造成了行政垄断行业中严重的多层级委托—代理问题。以上多层次委托—代理关系可通过图5-2呈现：从该图可以看出，行政垄断行业中的多层级委托—代理关系犬牙交错，牵扯多个委托人及代理人，涉及的范围非常广泛。

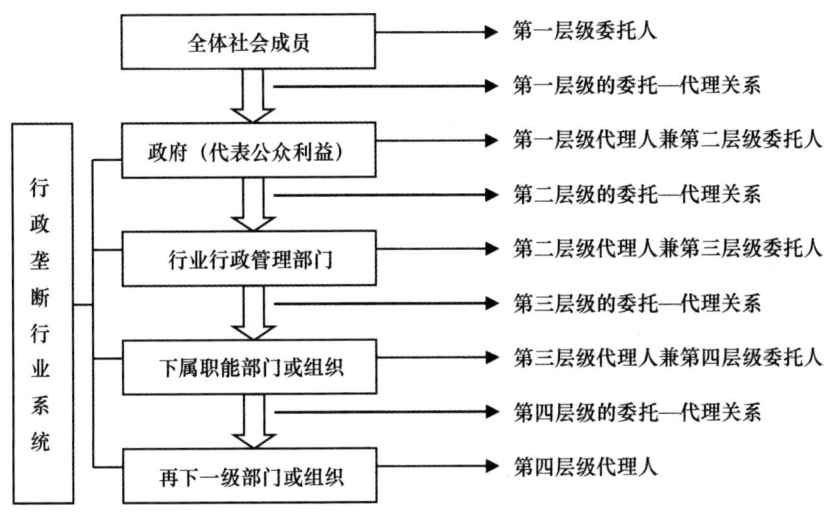

图5-2 行政垄断行业多层级委托—代理关系

最后，行政垄断行业的多层委托—代理关系造成了巨额的内部交易成本，并导致了内部人控制问题的出现，进而严重影响了行政垄断行业的整体绩效表现。在行政垄断行业层次繁多、规模庞大的复杂委托—代理关系中，受政府行为目标多元协调性及动态变化性的影响，各层级的委托人与代理人之间不断进行着大量、反复的利益博弈和契约变更活动，致使行政垄断行业系统内的无谓消耗大大增加，从而产生了大量额外的内部交易成本，进而极大地限制了行政垄断行业效率水平的提高。除此之外，在行政垄断行业这种复杂委托—代理活动中，每一层级上的代理人往往未被赋予必要的剩余索取权，因而难以产生促使其提高生产经营积极性的有效激励。并且，在这种多层级委托—代理活动的开展过程中，各种信息需要经由各个层级的委托人与代理人进行逐级传达，往往会造成信息显著不对称引致的严重信息失真问题，而各层级上的委托人又很难有效约束和监督其代理人的行为，所以各层级上的代理人为最大化自身利益而不顾及委托人利益的"内部人控制"现象也在行政垄断行业中普遍存在，这又使得行业效率进一步受到相当大的负面影响，从而导致了其产业绩效的整体状况不佳。

二 行业市场垄断路径

行业性行政垄断的制度安排在通过以国有经济为主导的产权结构影响行政垄断行业绩效的同时，还通过以高度垄断为特征的市场结构作用于行政垄断行业的产业绩效。具体而言，在这种高度垄断的市场结构下，行业内垄断厂商因谋求自身利益主要在下述三个方面引起了行政垄断行业的产业绩效状况欠佳。并且，垄断厂商自身的效率水平越低，它们越会变本加厉地去通过各种手段维护自己的垄断利益，从而使以下三方面引起的行政垄断行业整体绩效不佳的状况更加严重。

（一）行业内垄断厂商的高价、限产行为造成资源配置效率损失

经济学中传统的垄断理论认为，垄断行业中的垄断厂商能利用其拥有的垄断势力，对其生产的产品制定高价并限制产量。这种行为一方面使得垄断厂商攫取了一部分消费者剩余，使一部分社会福利从消费者向生产者转移（在图形中可用塔洛克四边形的面积进行度量）；另一方面还会导致低水平资源配置效率状况的出现，造成一部分社会福利的无谓损失或净损失（在图形中可用哈伯格三角形的面积进行度量），[①] 而这也是高度垄断的市场结构对行政垄断行业绩效造成的最直接影响。

（二）垄断厂商内部"自私"行为及外部的"寻租"行为引致更大的效率损失

美国经济学家莱宾斯坦指出，由于垄断厂商面临的市场竞争并不激

---

① 王会宗：《行政垄断行业的生产效率分析——以中国铁路运输业为例》，《山西财经大学学报》2009年第4期。

第五章　打破行政垄断对体育产业供给侧结构性改革的促进作用和积极效应

烈,在缺少生存威胁压力的情况下,其内部的各利益集团会偏离垄断厂商实现整体利益最大化的目标,而相应做出追求其小集团利益最大化的行为,从而引起垄断厂商内部的X-非效率——由垄断厂商内部超额单位生产成本导致的整体非配置效率低下。而造成垄断厂商内部出现X-非效率的原因则主要包括：不完全的劳动合约、不确知的投入产出函数和非市场化或有失公平的生产要素交易。① 这意味着,高度垄断的市场结构还会使行政垄断行业出现资源配置效率损失之外的额外成本损失。在莱宾斯坦之后,另一位美国著名经济学家塔洛克又进一步提出,为了继续巩固垄断地位和维护垄断利润,垄断厂商会将其获得的垄断利润中的一部分甚至是全部用于对相关管理部门进行非生产性的"寻租"活动,因而其获得的垄断利润也会在"租金耗散"机制的作用之下而最终转变为社会福利净损失,所以,由垄断导致的效率损失不仅包括用哈伯格三角形表示的资源配置效率损失,还可能包括部分或全部的用塔洛克四边形表示的消费者剩余转移和由"寻租"活动的开展导致的额外社会成本增加数额。② 综合考虑以上两位学者的观点,由垄断导致的社会福利损失应该是介于用哈伯格三角形表示的资源配置效率损失和用哈伯格三角形部分、塔洛克四边形部分、X-非效率损耗和因"寻租"额外增加的社会成本四者之和表示的最终可能的社会福利损失之间的某一数值。可见,高度垄断的市场结构对行政垄断行业绩效的损害要比单纯的资源配置效率损失大得多。

（三）垄断厂商在技术革新上不思进取的行为削弱所在行业的技术进步与创新动力

在因损害效率而降低社会福利水平的同时,高度垄断的市场结构还会导致整个行政垄断行业缺乏技术进步与创新的充足动力,从而进一步对行政垄断行业的产业绩效造成更大的负面影响。在高度垄断的市场结构中,垄断厂商面临的竞争压力往往微乎其微,根本无法威胁到其生存和发展,因此,它们往往更注重继续维护其既得的垄断利益,而缺乏由

---

① 石淑华：《行政垄断的经济学分析》,社会科学文献出版社2006年版,第179页。
② 王会宗：《行政性垄断影响行业效率的机理探究——以我国铁路运输业为例》,《关东学刊》2016年第12期。

外在市场竞争压力催生的进行技术革新的强烈内在冲动。在这种情况之下，由于垄断厂商在其所在的行政垄断行业中居于具有举足轻重的主导地位，整个行业的技术进步与创新动力也因而会被大大削弱，从而往往会致使行政垄断行业的整体技术水平难以得到应有的提升。以上因垄断导致的不良后果在马歇尔的理论研究①和哈伯格、杰罗斯基、布伦德尔的实证研究②中均得到了印证。这说明，高度垄断的市场结构对行政垄断行业市场绩效造成的不良影响是持久而深远的。

综上所述，正是在行业性行政垄断的制度安排下，国有经济主导和行业市场垄断两条路径共同导致了行政垄断行业绩效欠佳的后果。这两条路径既独立发挥作用，又交相呼应：以国有经济为主导的产权结构是以高度垄断为特征的市场结构形成的主要原因，而以高度垄断为特征的市场结构又反过来使得以国有经济为主导的产权结构更加巩固；多层委托—代理及内部人控制问题是垄断厂商谋求自身最大化利益的一种必然结果，而多层委托—代理及内部人控制问题又反过来进一步助长了垄断厂商谋求自身最大化利益的倾向。以上两条路径相互推波助澜，对行政垄断行业的产业绩效产生了更大的负面作用。

第二节　打破体育产业行政垄断对促进其供给侧结构性改革的作用机理及积极效应分析

如前所述，由于经济、政治、文化等方面的原因，中国体育产业具有典型的行业性行政垄断特征，因此，行业性行政垄断的制度安排对其整体绩效状况必然产生不利影响，从而也在所难免地在其供给侧结构性改革的推进过程中发挥消极作用。那么，打破体育产业的行政垄断是否有助于促进其深化供给侧结构性改革呢？以下我们将在分析打破体育产

---

① ［英］马歇尔：《经济学原理》（上），朱志泰、陈良璧译，商务印书馆1981年版，第284—295页。
② 王会宗：《中国铁路运输业行政垄断与引入竞争问题研究》，博士学位论文，山东大学，2010年。

第五章　打破行政垄断对体育产业供给侧结构性改革的促进作用和积极效应

业行政垄断对促进其供给侧结构性改革的作用机理基础上，探讨打破体育产业行政垄断对深化供给侧结构性改革能够产生的积极效应。

一　打破体育产业行政垄断对促进其供给侧结构性改革的作用机理

由于体育产业是典型的行政垄断行业，根据以上对行业性行政垄断影响行政垄断行业绩效的机制推演可知，行业性行政垄断的制度安排同样会通过两条路径造成体育产业的绩效状况欠佳：第一条路径：体育产业的行业性行政垄断→国有经济占主导的体育产业产权结构→体育产业中的多层委托—代理及内部人控制→体育产业整体绩效状况欠佳；第二条路径：体育产业的行业性行政垄断→高度垄断的体育产业市场结构→体育垄断厂商谋求最大化利益→体育产业整体绩效状况欠佳。而且，以上两条路径交互映衬，共同发挥其消极作用，使得体育产业的整体绩效不佳状况雪上加霜，从而也形成了影响体育产业深化供给侧结构性改革的巨大阻碍。根据这两条路径的影响机制，我们可以得出如下推论：打破体育产业的行政垄断能改善其整体绩效状况，从而为其供给侧结构性改革的顺利推进提供强大助力。如图5-3所示，打破体育产业行政垄断对促进其供给侧结构性改革的作用机理可从以下两方面进行阐释。

（一）扭转体育产业国有经济占绝对主导地位的产权结构态势

正如我们在对体育产业行政垄断程度进行测评时已经证实的那样，中国体育产业的产权集中程度很高，其国有经济的控制力也非常强。这种以国有经济占绝对主导地位的产权结构使得体育产业内部不可避免地会出现多层级委托—代理及内部人控制等徒增无谓成本损失的棘手问题，从而殃及体育产业的整体绩效，也严重影响了其供给侧结构性改革的深入推进。打破体育产业的行政垄断，加大在体育产业中引入非国有资本的力度，能够逐渐扭转体育产业产权结构长期以国有产权为主导的态势，从而逐步形成国有产权与非国有产权良性互动的体育产业产权结构。在产权结构逐步优化的情况下，本来存在于体育产业内部的多层级委托—代理关系及内部人控制问题能得到较好的缓解，其原有的消极影响也能被大幅削弱。在这种有利条件的推动下，中国体育产业的整体绩

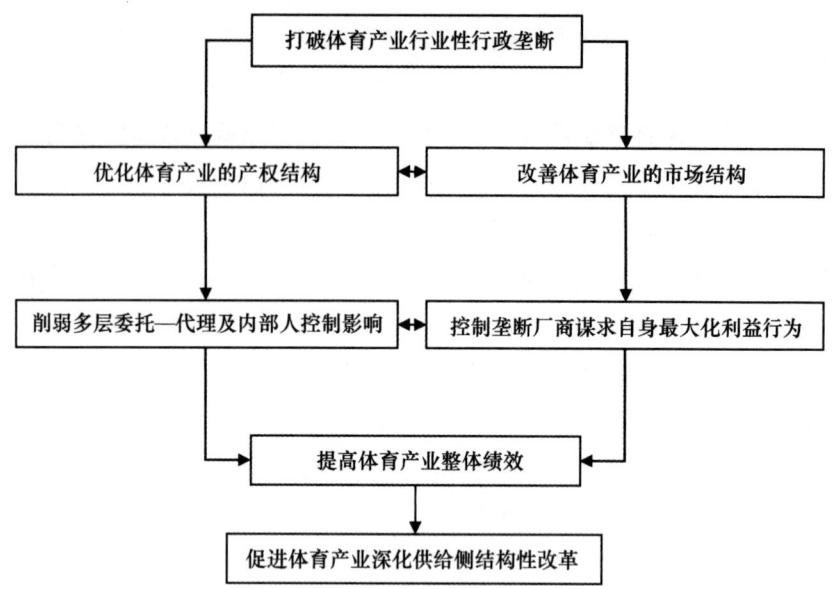

图5-3 打破行业性行政垄断对促进体育产供给
侧结构性改革的作用机理

效状况能够得到逐步改善,从而为促进其深化供给侧结构性改革提供良好的基础与前提。

(二)矫治体育产业以高度垄断为特征的市场结构格局

前面我们在对体育产业行政垄断程度进行测评时已经证明,中国体育产业的市场集中程度相当高,其内部部门构成比例也不合理;这种以高度垄断为特征的市场结构使体育产业被行业中的垄断厂商谋求自身最大化利益引发的问题所困扰,从而影响了体育产业的整体绩效表现,也在很大程度上阻碍了其深化供给侧结构性改革。打破体育产业的行政垄断,在体育产业中有序引入新的市场竞争主体,可以逐步矫治体育产业高度垄断的市场结构格局,从而在体育产业中形成有效竞争的市场结构模式。在市场结构不断趋于改善的情况下,原本在体育产业中存在的垄断厂商谋求自身最大化利益的行为导致的问题能够得到有效控制,从而使其原来发挥的负面效应被不断消弭。而在这种利好条件的助推下,体育市场环境必然会逐渐改善，体育产业的整体绩效水平也会稳步提高，从而能为体育产业继续深化供给侧结构性改革营造良好的市场氛围。

总之，打破行业性行政垄断，既可以扭转长期以来体育产业国有经济占绝对主导地位的产权结构发展态势，又能矫治高度垄断的体育产业市场结构格局。这两种正向机制既单独发挥作用，又彼此交融映衬：优化体育产业的产权结构能促进其市场结构的改善，而体育产业市场结构的改善反过来又有益于产权结构的优化；体育产业内部多层委托—代理及内部人控制问题的化解能够为抑制其内部垄断厂商谋求自身最大化利益的行为创造良好的前提，而有效抑制体育产业垄断厂商谋求自身最大化利益反过来也有利于解决其多层委托—代理及内部人控制问题。以上两种机制的良性循环，能够对体育产业整体绩效的提高起到更强的推动作用，从而为其深化供给侧结构性改革提供更强大的动力。

二 打破体育产业行政垄断对深化其供给侧结构性改革产生的积极效应

以上我们简要阐述了打破体育产业行政垄断对改善其效率状况和促进其供给侧结构性改革的作用机理，但并没有涉及太多打破体育产业行政垄断对其深化供给侧结构性改革产生的具体积极效应。为了进一步说明打破行政垄断对于促进中国体育产业供给侧结构性改革的重要意义，以下我们将从三个方面分析打破体育产业行政垄断对促进其供给侧结构性改革能够产生的积极效应。

（一）增加体育产业的有效供给

要继续深入推进中国体育产业的供给侧结构性改革，必须着力解决有效供给不足的问题。打破体育产业的行业性行政垄断，有序引入新的非国有市场竞争主体，不仅能使得体育产业的产权结构得到改善，还能逐步增加体育产品的有效供给，从而使体育产业有效供给不足与社会经济发展对体育产品需求旺盛之间的矛盾不断得到缓和。以下我们将基于经济学中垄断与竞争理论的基本原理，借助需求函数、成本函数、收益函数、利润函数的数理模型推导来证明以上推论。

1. 行政垄断下体育产业有效供给不足的理论阐释

假设体育市场的需求函数表达式为 $P(Q) = \alpha - \beta Q$，其中，Q 表示的是体育产品的需求量，$P(Q)$ 则表示的是体育产品价格，α 和 β 都是不变的常数；同时，体育产业中厂商的生产成本函数表达式为 $C(Q) = \theta + \rho Q$，其中，Q 表示的是体育厂商的产量，$C(Q)$ 表示的是体育产业中厂商的生产成本，θ 表示的是体育产业中厂商进行生产时的固定成本，ρ 表示的是体育产业中厂商进行生产时的边际成本，θ 和 ρ 都是不变的常数。

就中国体育产业中某些具体细分部门的实际情况来说，其生产经营几乎被一家国有体育厂商独家垄断把持。依据以上提出的假设，这一体育厂商的生产成本函数可被表示为 $C(Q_a) = \theta + \rho Q_a$，其中，$Q_a$ 表示的是这一厂商的产量，其相应的边际成本函数可表示为 $MC(Q_a) = \rho$。虽然在行政垄断之下，这一厂商的产量主要由其行政管理部门决定，但由于其行政管理部门也是以最大化自身利益作为行为准则的，所以，我们仍然可以认为这一厂商是依据其行政管理部门的意图，根据边际收益（MR）=边际成本（MC）的利润最大化原则提供体育产品。依据以上假设，基于体育市场的需求函数 $P(Q_a) = \alpha - \beta Q_a$，我们可以得到其利润函数为 $TR(Q_a) = P(Q_a)Q_a = aQ_a - bQ_a^2$，并进而推导出其边际收益函数为 $MR(Q_a) = \alpha - 2\beta Q_a$。基于 $MR(Q_a) = MC(Q_a)$ 的利润最大化生产原则，我们可以计算出这一厂商最终生产的体育产品数量是 $Q_a^* = \dfrac{\alpha - \beta}{2\beta}$。依据垄断理论的基本原理，这一在垄断条件下的体育厂商的利益最大化产量必然会低于社会需要的最优产量，从而造成相应体育市场出现体育产品有效供给不足的问题。

2. 打破行政垄断后体育产业有效供给增加的逻辑分析

在体育市场存在上述有效供给不足的情况下，假设打破体育产业的行政垄断，允许另外一个非国有体育厂商进入体育市场与原来处于垄断地位的体育厂商进行竞争，体育市场的有效供给是否会增加呢？以下我们将借助经典的古诺模型来对这一问题的答案进行探究。依据上面的假设，另外一个非国有体育厂商的成本函数可被表示为 $C(Q_b) = \theta + \rho Q_b$，其中，$Q_b$ 为另外一个非国有体育厂商的产量。在这一体育厂商与体育市场中原有垄断厂商展开古诺竞争的情形下，两家厂商的等利润线可被表示为如下方程组：

$$\begin{cases} \pi_a = [\alpha - \beta(Q_a + Q_b)]Q_a - (\theta + \rho Q_a) \\ \pi_2 = [\alpha - \beta(Q_a + Q_b)]Q_a - (\theta + \rho Q_a) \end{cases}$$

在两家体育厂商都按照实现自身最大化利润的原则进行生产时，可以对以上方程组进行变换，得到下面的方程组：

$$\begin{cases} \dfrac{\partial \pi_a}{\partial Q_a} = \alpha - 2\beta Q_a - \beta Q_b - \rho = 0 \\ \dfrac{\partial \pi_b}{\partial Q_b} = \alpha - 2\beta Q_b - \beta Q_a - \rho = 0 \end{cases}$$

进一步推导，可以得到两家体育厂商反应曲线的方程组：

$$\begin{cases} Q_a = \dfrac{\alpha - \rho}{2\beta} - \dfrac{Q_b}{2} \\ Q_b = \dfrac{\alpha - \rho}{2\beta} - \dfrac{Q_a}{2} \end{cases}$$

对以上方程组求解，可以得到：

$$Q_a = Q_b = \dfrac{\alpha - \rho}{3\beta}$$

这时，体育市场上由这两家体育厂商共同供给的产品数量将变为 $Q_a + Q_b = \dfrac{2(\alpha - \rho)}{3\beta}$，显然要多于原来体育市场由一家国有体育厂商垄断时提供的产量 $Q_a^* = \dfrac{\alpha - \rho}{2\beta}$。基于以上分析可知，打破行政垄断、引入新的市场竞争主体，有利于增加体育产业的有效供给，从而使得体育产业的有效供给不足问题逐渐得到缓解。

（二）减少体育产业的效率损失

如前所述，在行业性行政垄断的制度安排之下，体育产业中的垄断厂商为在最大化自身利益的过程中采取的各种垄断行为会直接或间接地引起体育产业的效率损失,从而使得体育产业供给侧结构性改革的推进面临巨大障碍。而打破体育产业的行业性行政垄断则能限制垄断厂商的这种极度利己行为,从而降低体育产业的效率损失,并减少推进体育产业供给侧结构性改革的阻滞因素。以下我们将借助在对体育产业的整体效率进行DEA综合评价时用到的"投影"技术方法,评估行业性行政垄断下的体育产业效率损失,并在此基础上分析打破行政垄断对减少体育产业效率损失和深化体育产业供给侧结构性改革的促进作用。

1. 基于"投影"原理的体育产业效率损失评估

由于资源浪费是一个产业效率损失的重要表现,因而可以用其在生产过程中造成的资源浪费来侧面反映行政垄断下的体育产业效率损失。以下我们借助对行政垄断下的体育产业整体效率进行DEA综合评价时采用的"投影"技术方法,估算出中国体育产业在2012—2019年各年投入的两种关键资源——从业人员(劳动的替代指标)和体育固定资产投资(资本的替代指标)在理论上应实现的最小值,并用其当年的实际投入量分别减去估算出的理论最小值,从而得到中国体育产业各年的资源浪费评估值,具体结果如表5-1所示。

表5-1 2012—2019年中国体育产业在生产过程中造成的效率损失估算结果

年份	从业人员(万人)			固定资产(亿元)		
	实际投入量	理论最小值	效率损失	实际投入量	理论最小值	效率损失
2012	376	266	110	839	594	245
2013	418	274	144	1041	683	358
2014	478	350	128	1042	763	279
2015	498	498	0	1032	1032	0
2016	440	393	47	1421	1270	151
2017	442	380	62	1810	1559	251
2018	465	453	12	2168	2022	146
2019	505	505	0	2257	2257	0
合计	3622	3119	503	11610	10180	1430

第五章　打破行政垄断对体育产业供给侧结构性改革的促进作用和积极效应

从表 5-1 可以看出：处于行业性行政垄断下的中国体育产业在 2012—2019 年中的绝大部分年份都没有在既定产出下实现最小理论投入；除 2015 年和 2019 年之外，其从业人员和固定资产投入在其他年份都存在数量不等的效率损失（资源浪费），各年累计的从业人员和固定资产投入效率损失（资源浪费）值分别高达 503 万人和 1430 亿元。该种情况说明，处于行业性行政垄断下的中国体育产业受垄断厂商最大化自身利益行为的负面影响，长期存在非常严重的效率损失（资源浪费），而这也形成了中国体育产业供给侧结构性改革推进过程中的巨大阻碍。

2. 打破行政垄断对减少体育产业效率损失的促进作用分析

打破体育产业的行业性行政垄断、提升产业内的市场竞争程度，能切实制约产业中原有垄断厂商最大化自身利益的行为，从而有助于减少体育产业中因垄断行为的存在而造成的效率损失，并提高体育产业的全要素生产率，也使得体育产业深化供给侧结构性改革能够进一步推进。

首先，打破行业性行政垄断、充分发挥竞争机制的作用，有利于减少体育产业资源配置效率损失。行业性行政垄断被彻底打破后，在位垄断厂商在行业中的绝对支配地位将受到新进入厂商的挑战，其原来对产品制定高价、限制产量的行为将会因为市场竞争而大大收敛。这不仅能减轻在位垄断厂商对消费者剩余的攫取，还能因资源配置效率有所提高而降低社会福利的无谓损失，从而有助于减少体育产业因资源配置不佳造成的效率损失。

其次，打破行业性行政垄断、引入新的非国有市场竞争主体，有利于解决体育产业中存在的多层级委托—代理关系、内部人控制问题，并迫使在位垄断厂商努力减少非生产性消耗。由于打破行业性行政垄断伴随着相应的体育行政体制改革，而体育行政体制改革的深入推进能减少原来体育产业中层级过多的委托—代理关系，使得各层级上的代理人获得更充分的剩余索取权，且会激励各层级上的委托人加强对代理人做出背离"利润最大化"行为的监督，从而大大缓解原来体育产业内部多层级委托—代理关系和内部人控制问题带来的危害。另外，行业性行政垄断被逐步打破后，新的非国有市场竞争主体的进入会使得体育产业内的市场竞争日趋激烈。在市场竞争的压力之下，在位的垄断厂商必然会加强内部控制、提高管理效率、降低由"X-非效率"和"寻租"等造成非生产性支出，从而提高在位垄断厂商的生产效率。

最后，打破行业性行政垄断、营造行业内的市场竞争环境，有利于促进体育产业的技术进步与创新。行业性行政垄断被彻底打破之后，面临激烈竞争的在位垄断厂商无法再像以前那样即使不重视技术进步与创新也可以高枕无忧了。为了在市场竞争中求得生存和发展，在位垄断厂商会被激发出强烈的技术革新动力，不断加大技术研发投入，提高技术进步与创新水平。当然，新进入的厂商为了在市场竞争中站住脚跟，也同样会将技术进步与创新作为与在位垄断厂商展开较量的重要非价格竞争手段，加强自身的技术进步与创新。这种在位垄断厂商和新进入厂商在技术进步与创新方面的良性竞争，必然会促进体育产业整体技术水平和全要素生产率的大幅度提升，从而为体育产业供给侧结构性改革的深入推进提供良好的技术保障。

（三）提高体育产业的规模效益

前面在对中国体育产业行政垄断程度及行政垄断下体育产业的整体效率状况进行测评时已经证明，虽然中国体育产业的总体规模逐年增长，但其在国民经济中所占的比重长期偏低，与发达国家仍然存在不小的差距，尚无法发挥理想状态下的规模经济效益。打破体育产业的行政垄断，允许新的市场竞争主体有序进入，一方面能促进整个行业的总体规模持续取得增量扩张，另一方面又能迫使在位的垄断厂商在市场竞争压力下适当缩减过大的生产规模，从而能对体育产业的规模效率提升起到双向增进作用。

1. 促进整个行业总体规模进一步取得增量扩张，并改善行业的内部组成结构

产业指的是基于社会分工的国民经济体系中具有某些相同生产经营属性的厂商或组织及其从事的经济活动的集合，[①] 因此，厂商构成了其

[①] 简新华、李雪编著：《新编产业经济学》，高等教育出版社2000年版，第3页。

所属产业的微观基础，而厂商的数量和大中小厂商比例构成也是衡量一个产业规模大小和结构合理性的重要指标。作为国民经济产业体系的重要一员，体育产业同样是由具有相同生产经营属性的体育厂商或组织及其经济活动构成的，其规模大小和内部结构合理性也主要取决于体育厂商的数量多少和大中小厂商所占比重高低。

打破行业性行政垄断，让更多的社会资本进入体育产业，在体育产业内造就数量更多的大中小厂商，能使得体育产业在增量扩张中不断扩大总体规模，从而逐步改变中国体育产业因规模偏小而造成的规模不经济状况，以进一步降低其生产成本并提高其整体竞争力。另外，随着体育产业大中小厂商数量持续增加，体育产业的内部组成结构也会日趋走向合理，产业内部大中小厂商竞争合作、优势互补的良好局面将逐步形成，从而为中国体育产业实现规模经济和提升规模效益创造更加优越的生态环境。

2. 促使在位垄断厂商适当缩减过大的生产规模，逐步实现有效生产的合理规模

经济学中的生产理论认为，一个厂商的生产规模要大小适度，否则，就会因规模不适度而引起规模不经济问题。规模不经济可分为两种情况：一种情况是由于厂商规模过小，无法达到其所在行业的最小有效生产规模，从而使得单位产品的生产成本居高不下；另一种情况是厂商规模过大，超过了其所在行业要求的最小有效生产规模，从而造成单位产品的生产成本节节攀升。无论是哪种情况的规模不经济，都会导致厂商无法获得由规模适度带来的生产效率增进利益。

从前面对中国体育产业的微观效率评估结果可以看出，产业中长期存在着在位垄断厂商因规模过大造成的规模不经济状况，从而使得其生产成本一直偏高。打破行业性行政垄断，扩大体育产业对社会资本的开放程度，形成产业内新的非国有市场主体与在位垄断厂商之间的有效竞争格局，能让在位垄断厂商迫于激烈的市场竞争压力而适度缩减其过大的生产规模。随着在位垄断厂商逐渐回收战线和将生产资源集中投入优势产品的生产中，其生产成本会逐步下降，生产效率也会日益提高，因

规模过大造成的规模不经济状况就能不断得到改善,从而有助于整个体育产业的规模效益提升。

第三节 本章小结

基于 I-S-C-P 分析框架的基本思路和产业经济学相关理论的基本原理,对行业性行政垄断影响行政垄断行业绩效的机制进行推演,本章归纳出了行业性行政垄断导致行政垄断行业绩效欠佳的"双重路径":国有经济主导路径和行业市场垄断路径。这两条路径既独立发挥作用,又相互推波助澜,严重影响了行政垄断行业的绩效表现。

中国体育产业带有显著的行业性行政垄断色彩,因此,行业性行政垄断的制度安排必然也会对其整体绩效产生消极影响,从而也会严重阻碍其供给侧结构性改革的深入推进。本章基于行业性行政垄断的制度安排造成体育产业的绩效状况欠佳的具体路径分析,探究出打破体育产业行政垄断对促进其供给侧结构性改革的作用机理:一方面,打破行业性行政垄断能够扭转体育产业国有经济占主导地位的产权结构态势;另一方面,打破行业性行政垄断能够矫治体育产业以高度垄断为特征的市场结构格局。以上两方面机制的协同作用,使体育产业的整体绩效得到逐步改善,从而对其深入推进供给侧结构性改革起到重要的促进作用。

为了进一步说明打破行政垄断对促进中国体育产业供给侧结构性改革的重要意义,本章深入分析了打破体育产业行政垄断对促进其供给侧结构性改革产生的三方面积极效应:第一,可以增加体育产业的有效供给;第二,可以减少体育产业的效率损失;第三,可以提高体育产业的规模效益。

以上基于对行业性行政垄断影响行政垄断行业绩效机制推演,对打破体育产业行政垄断促进其供给侧结构性改革的作用机理和积极效应的探讨,为下文在深化供给侧结构性改革中,打破中国体育产业行业性行政垄断的对策建议的提出奠定了必要的学理基础。

第 六 章

体育产业在深化供给侧结构性改革中打破行政垄断的对策建议

由前面的分析可知,打破体育产业的行政垄断有助于其整体绩效的提高,从而为深化其供给侧结构性改革保驾护航。基于这一分析结论,体育产业必须在深化供给侧结构性改革的过程中不断打破行政垄断,让市场竞争机制的作用得以充分展现,以最终实现其高质量发展的战略目标。那么,体育产业打破行业性行政垄断应该采取的合理模式和具体措施应该是怎么样的呢?本章将以从熵与耗散结构理论中得到的启示为基础,结合供给侧结构性改革背景下的中国体育产业发展的具体实际,借鉴国际上体育产业发展的成功经验,探寻体育产业打破行业性行政垄断的适宜路径及相应措施,从而论证中国体育产业在推进供给侧结构性改革中打破行政垄断的可行性。

第一节 熵与耗散结构理论对体育产业在供给侧结构性改革中打破行政垄断的启发

作为系统科学理论发展的一个重要分支,熵与耗散结构理论已被证明在研究经济系统发展时具有很强的解释力。体育产业是中国国民经济大系统的一个子系统,其发展演进同样遵循系统科学规律,因此,探讨体育产业系统中打破行政垄断的合理模式选择问题同样也可以从运用熵与耗散结构理论分析其系统演变过程中得到重要启示。以下我们将在简要回顾熵与耗散结构理论基本原理的基础上,运用该理论对中国体育产业系统的发展过程进行分析,并从中得出对体育产业打破行政垄断合理模式选择的启示。

一 熵与耗散结构理论概述

熵与耗散结构理论是20世纪70年代以来迅速发展起来的"新三论"中的一门新兴系统科学学科门类。该理论自提出之后,由于具有广泛的适用性,业已成为自然科学和人文社会科学领域研究系统相关问题的重要分析工具之一,在促进诸多领域的理论与实践发展方面都颇有建树。下面我们将对熵与耗散结构理论的基本思想进行简要叙述,以为运用该理论探讨体育产业打破行政垄断合理模式选择奠定必要的理论基础。

(一)熵理论的基本原理

"熵"(entropy)是源于希腊文的一个学术用语,后来成为热力学中描述系统构成要素的组织有序度的一个重要范畴。热力学相关理论认为:如果一个系统的熵值增加,则表示其无序化程度在提升;如果该系统的熵值降低,则说明其有序化程度得到了提高。

一直被奉为经典的传统科学理论主张稳定、有序、均衡及过程可逆是现实世界的基本属性,认为科学理性集中体现为永恒的定律。但是,与之形成强烈反差的是,我们生活的真实世界中却广泛存在着各种非稳定、无序、非均衡和过程不可逆的现象,因而越来越多的有识之士开始质疑以上观点,并提出了与之相反的观点,而著名的"热力学第二定律"就是为了挑战过程可逆这一传统科学理论提出的一种对后来相关理论发展具有重要影响的开创性理论。

在关于"热力学第二定律"的诸多阐释中,来自德国的科学家克劳修斯1850年提出的观点较有代表性。克劳修斯认为,热的传导是一个不可逆的过程,不可能将热量由温度较低的物体传导到温度较高的物体而不产生额外的影响。在提出这一观点之后,克劳修斯又于1854年将"熵"函数引入了热循环问题的分析之中,对"第二定律"进行了更为深入的阐述:对于一个处于孤立状态的系统来说,因其外部环境没

第六章 体育产业在深化供给侧结构性改革中打破行政垄断的对策建议

有与之在物质和能量方面进行交换，所以它从外部得到的负熵为零，然而在其内部产生并不断增加的熵则将因为不可逆性而逐步趋于最大化，从而引起系统发生自发进化，最终使系统进入一个熵值最大或者说是内部混乱程度最高的热力学"平衡态"。[①] 以上表述是围绕"熵增加"展开的，所以又被后来的学者称为"熵增加"原理，其基本机制可用以下数学形式进行概括性表达：

当 dQ 的热量从一个温度比较高（T_a）的物体向一个温度比较低（T_b）的物体传递时，温度比较高的物体会减少 $dS_a = \dfrac{dQ}{T_a}$ 的熵，而温度比较低的物体会增加 $dS_b = \dfrac{dQ}{T_b}$ 的熵，因而熵在由这两个物体构成的一个孤立系统里的变化量为 $dS_c = dS_b - dS_a > 0$，也就意味着这一系统内部的熵增加了。

随着上述过程的不断推进，当这一系统最终进入一个熵值最大的"平衡态"时，将不会再发生任何变化，从而最终使得这一系统陷入一种被称为"死寂"的状态。熵的概念在希腊文中的初始含义为"转换"，但在这里它指的是用热量与温度相除得到的商值。克劳修斯之所以将这一概念用于以上表述之中，主要是为了表明能量转换在系统中是无效的，或者说能量在发生形式转换时会出现衰变。

克劳修斯提出以上表述后，熵的概念又得到了进一步完善，与之相应，熵理论也在不断拓展中日益走向成熟，并被广泛应用于包括经济学、管理学、体育学等其他学科问题的研究，有力推动了这些学科的发展。[②] 在中国，有些学者把熵理论应用于经济学领域，对经济系统的演进的规律性问题进行了探讨，如王祥兵和严广乐[③]、陈晓东和杨晓霞[④]等；有

[①] 汤正仁：《耗散结构论的经济发展观》，《经济评论》2002年第2期。
[②] 曾月新：《熵概念的跨学科发展》，《天津师范大学学报》（社会科学版）1995年第1期。
[③] 王祥兵、严广乐：《货币政策传导系统稳定性、脆性及熵关系——基于耗散结构和突变的理论及实证分析》，《系统工程》2012年第4期。
[④] 陈晓东、杨晓霞：《数字经济发展对产业结构升级的影响——基于灰关联熵与耗散结构理论的研究》，《改革》2021年第3期。

些学者则将熵理论应用于管理学问题的研究，发展出了"管理熵"的概念，并将之用于解释处于运动过程中的相对封闭的组织出现管理效率变动的缘由，如林进智和任佩瑜[1]、王玉珏[2]等；另外，还有些学者将"管理熵"概念进行了延伸，发展出了"治理熵"概念，并以此为基础对公司治理演进过程的理论机制进行了分析，如顾亮和刘振杰[3]等；与此同时，也不乏有些学者将"管理熵"概念应用于体育学领域问题的研究，如李军岩和程文广[4]、王会宗[5]等。

（二）耗散结构理论的基本原理

依据"热力学第二定律"进行推理，会得出与达尔文提出的"生物有序进化"理论大相径庭的悲观消极结论。为了化解这一在两者之间存在的悖论，学者们进行了更为深入的研究。在这些研究之中，比利时科学家普里戈金开展的工作最令学术界瞩目：他于1969年正式提出的"耗散结构"理论基于"非平衡态"的角度解决了以上在热力学理论与生物学理论之间出现的矛盾问题。

普里戈金认为，耗散结构是一种系统形成于"远离平衡态"下的有序结构。在这一概念的基础之上研究开放系统怎样从无序状态过渡到有序状态及其自组织运动规律的科学，被称为耗散结构理论。这一理论将宏观系统划分成三种类型：第一种类型叫作孤立系统，这是一种和外部环境之间没有任何物质与能量交换的系统；第二种类型叫作封闭系统，这是一种和外部环境之间不进行物质交换但却进行能量交换的系统；第三种类型叫作开放系统，是一种和外部环境之间既存在物质交换

---

[1] 林进智、任佩瑜：《基于管理熵和管理耗散理论的FDI溢出效应分析——以中国信息通信企业为例》，《国际经贸探索》2012年第1期。

[2] 王玉珏：《基于熵与耗散结构理论的企业管理创新研究——以华为为例》，《现代管理科学》2019年第1期。

[3] 顾亮、刘振杰：《公司治理过程发展研究——基于治理熵与耗散结构的分析》，《未来与发展》2013年第12期。

[4] 李军岩、程文广：《基于熵、耗散结构的体育管理系统演化研究》，《沈阳体育学院学报》2008年第2期。

[5] 王会宗：《行政垄断下我国竞技体育行业效率的理论与实证分析》，《武汉体育学院学报》2017年第8期。

第六章 体育产业在深化供给侧结构性改革中打破行政垄断的对策建议

又存在能量交换的系统。[①] 这三种宏观系统类型中的前两种是以"热力学第二定律"为基本遵循的,也就是说,这两种系统内部的不可逆过程造成了熵的产生和持续增加,但与此同时,其从外部引入的负熵却是零,从而会造成这两种系统内部的总熵值大于零且不断提升,进而使得其内部无序性也会随之逐渐增大,并最终导致这两种系统进入一种以混乱无序和僵死沉寂为特征的"平衡态"。有别于以上两种类型的系统,第三种类型的系统持续不断地和其外部环境之间进行物质与能量上的交换,因而在其内部的熵产生并增加时,外部的负熵也在被源源不断地引入。并且,如果其外部负熵的绝对值上比内部熵大,那么,整个系统的总熵值就会逐渐降低,从而系统会由无序状态过渡到有序状态,并最终会演化成一种稳定有序的新组织结构,即耗散结构。

耗散结构理论主要对以上三种类型系统中的开放系统进行研究,提出了开放系统存在的三种方式:第一种是"热力学平衡态";第二种是"近平衡态";第三种是"远离平衡态"。[②] 在这三种方式当中,"热力学平衡态"方式是一个系统在与外部环境交换了物质与能量以后,熵的水平有了更进一步的提高时表现出的一种"平衡态";而"近平衡态"方式则接近于"平衡态"的情况,仅仅是稍稍偏离了"平衡态",它最后还是会归于无序的"平衡态",不会衍生出新的系统结构及组织;但是,处在"远离平衡态"方式下,一旦一个系统的某一参量达到一定的"阈值",随机"涨落"机制就会让这一系统发生某种"突变",并自发地催生一种新的组织及结构,即耗散结构。从以上分析可以看出,要形成耗散结构必须具备四个条件:首先,系统必须是开放的,能与外部环境交换物质与能量,从而能以引入的负熵抵消内部增加的熵,进而可以使系统由原来的无序状态向有序状态转变;其次,系统要以"远离平衡态"的方式存在,其内部各个区域之间的物质与能量的分布要表现出极大的不平衡性,从而具备形成新的有序结构的基本条件;再次,系统内部的各个要

[①] 杨杰、张道明等:《从熵概念到耗散结构理论》,《石家庄经济学院学报》1998 年第 5 期。
[②] 刘艳梅、姜振寰:《熵、耗散结构理论与企业管理》,《西安交通大学学报》(社会科学版) 2003 年第 1 期。

素之间是存在非线性作用的,即存在一种能促进各个要素之间出现协同动作及相干效应的立体网络式交互作用机制,从而能使得这一系统在从无序状态向有序状态转变时维持一种灵活的稳定性,以保证耗散结构能够最终形成;最后,在非线性机制和连锁反应的作用之下,系统中的"微涨落"可以转变为宏观的"巨涨落",从而使这一系统在随机"涨落"机制的作用下最终形成一种稳定有序的新状态。[①]

普里戈金对耗散结构理论的阐述主要是将热力学的相关原理应用于说明与生命等开放系统类似的系统如何实现自身进化,其最终的结论是"非平衡乃有序之源泉"。耗散结构理论的提出调和了"热力学第二定律"与达尔文"进化论"之间的冲突,在自然科学和人文社会科学领域产生了非常强烈的反响,并且已被广泛应用于包括经济学、管理学、体育学在内的多个学科的相关问题研究,对这些学科的发展起了重要推动作用。在中国,有些学者将耗散结构理论用于研究区域创新生态问题,如王展昭和唐朝阳[②]、苏屹和闫玥涵[③];有些学者将耗散结构理论用于探讨产业结构的系统演化问题,如范德成等[④]、崔文静等[⑤];有些学者将耗散结构理论用于分析企业管理问题,如张先治和王晨嫣[⑥]、赵凯莉和王建中[⑦]等;还有些学者尝试着将耗散结构理论用于解释体育产业系统演进问题,如王会宗[⑧]、唐曙鹏[⑨]等。

[①] 陈春明、刘希宋:《基于混沌理论的耗散结构组织研究》,《学术交流》2004年第6期。
[②] 王展昭、唐朝阳:《区域创新生态系统耗散结构研究》,《科学学研究》2021年第1期。
[③] 苏屹、闫玥涵:《基于耗散结构理论的区域创新生态系统环境效应研究》,《研究与发展管理》2021年第5期。
[④] 范德成等:《基于耗散结构的产业结构演化系统熵变研究》,《中国科技论坛》2018年第1期。
[⑤] 崔文静等:《基于耗散结构的农村产业生态系统演化特征研究》,《南方农业》2022年第5期。
[⑥] 张先治、王晨嫣:《集团管控下母子公司决策权配置模式与公司价值——基于租值耗散理论的视角》,《科学决策》2022年第4期。
[⑦] 赵凯莉、王建中:《基于耗散结构的企业创新系统演化分析》,《技术与创新管理》2019年第4期。
[⑧] 王会宗:《行政垄断下我国竞技体育行业效率的理论与实证分析》,《武汉体育学院学报》2017年第8期。
[⑨] 唐曙鹏:《我国体育用品产业的发展路径研究——基于耗散结构视角》,《四川体育科学》2021年第1期。

第六章　体育产业在深化供给侧结构性改革中打破行政垄断的对策建议

综上所述，熵与耗散结构理论在不断发展中已日臻成熟，并在研究多个学科的系统演化相关问题时显示出非常强的解释力。运用该理论对体育产业供给侧结构性改革中的打破行政垄断适宜模式问题进行研究，能为促进体育产业供给侧结构性改革和推动体育产业系统向着理想状态演进提供重要参考。

二　体育产业在供给侧结构性改革中打破行业性行政垄断的熵与耗散结构理论考证

中国的体育产业是伴随着计划经济体制时期兴办的体育事业的不断演进而诞生的，受原有传统"举国体制"模式的影响，它在发展伊始就被深深烙上了行业性行政垄断的印记。下面我们将基于上面论及的熵与耗散结构理论的基本原理诠释中国体育产业中行业性行政垄断的初始起点及其发展过程，以从中得到在供给侧结构性改革中打破体育产业系统行政垄断应采取何种合理模式的启示。

（一）体育产业行政垄断的初始起点——计划经济时期体育系统的"平衡态"

中华人民共和国成立初期，出于政治、经济、军事、外交、国防等多方面的现实原因，党和国家对体育事业的发展高度重视并予以了诸多方面的大力支持，促进了中国竞技体育的快速发展和群众体育的广泛开展，也为中国体育产业的萌芽和发展奠定了较好的基础。但是，这一时期在计划经济体制影响下形成的体育事业行政管理的僵化模式也为之后中国体育产业行政垄断的形成和发展埋下了伏笔。

1. 计划经济时期体育系统的线性稳态及其特征

"一五"计划的编制与实施，尤其是"大跃进"和人民公社化运动在全国范围内的全面展开，催生了中国国民经济的计划管理体制，并促进了这种体制的不断巩固与日益强化。之后，面对"三年自然灾害"造成的经济困难局面，党和国家制定和实施了"调整""巩固""充实""提高"的方针政策，并将指令性计划作为管理国民经济的主要手段，使得已经成形的计划经济体制更加完备。伴随着以高度集中为显著特征的计划管理体制在国民经济中占据统治地位，中国体育系统也逐步滋生出了一种传统"举国体制"主导下的独特发展模式。在这种以行政命令推动为主的特殊模式之下，全国各行业中的体育协会和群众体育组织对竞技体育、群众体育进行组织和管理的原有职能日渐丧失。代之而起的是，原国家体育运动委员会从一个本来负责协调指导国家和社会共办体育事务的普通职能部门，转变为一个对全国各项体育事业工作进行集中统一领导的行政管理部门。以上这种变化在当时强调"一大二公"的计划经济体制大环境下实属大势所趋，而在其影响下逐渐成形的体育事业计划管理体制则成为后来的体育产业孕育行政垄断制度安排的初始起点。受高度集中统一的计划管理体制支配，当时的整体国民经济在全国范围内构成了一个"铁板一块"的巨大封闭系统，而体育部门作为中国国民经济的一个组成部分，同样是自成体系的。这一在封闭大系统中存在的封闭小系统同外界之间很少进行物质与能量上的交换，其整体运转与功能发挥主要依靠行政管理部门的指令性计划"线性"地实现，而不是通过各下属部门之间的"非线性"机制完成，因而当时的体育系统整体上表现出一种"线性"稳定的态势。这种采用计划方式对体育事业进行管理的模式主要有三个显著特征：

第一，上级行政管理部门采用计划手段对体育事业进行包办。在过去的计划经济时期，政府忽略了体育的产业属性，将其视作纯粹的福利型事业部门。也就是说，体育在当时被划归为不直接进行物质资料生产的直接或间接服务于物质生产和人民生活的非物质生产部门。这种非生产劳动的定性使得体育被划归为上层建筑范畴，甚至被当作开展"阶级斗争"的辅助手段；相应的，体育活动被人为地与经济活动相剥离，并表现出浓重的政治色彩，其经济功能无从发挥。在这种情况之下，由政府进行垄断性的人财物投入，采用行政手段配置有限的体育资源，采取管办结合的方式进行运营，就成为那个时期创办和发展体育事业的必行之策。

第二，管办、政事一体，因过度强调竞技体育发展而导致体育事业内部畸形结构的形成。出于体育活动的非生产性定位，由代表全民利益的政府来举办体育事业,成为当时其履行基本职能的一个重要方面。为了对体育事业进行包办,以实现对体育活动的严格管控,中国在当时建立起了一整套从中央到地方各层级紧密衔接的体育行政机构体系。在体育事业的发展过程中,政府中的体育行政管理部门居于绝对支配地位,其他相关事业单位或行业组织则处于从属地位,致使体育事业表现出显著的"政事合一"特征。当时的体育行政管理部门代表政府对体育事业统一行使所有权、管理权、经营权等多项权利,其发展体育事业的职能被极度扩大化和泛化。但是,由于当时的政府受到国家财力的限制,在发展体育事业时只能根据其面临的国内外现实环境而有所取舍。在这种背景的深刻影响下,实现体育政治价值的最大化成为那个时期发展体育事业要实现的首要目标。为了通过体育事业发展充分展示中国的制度优势,并以取得体育成绩为手段提高民族凝聚力和向心力,当时的政府选择了在传统"举国体制"模式下重点发展竞技体育,而没有对其他体育事业领域给予足够的重视,因而导致中国体育事业在畸形发展中出现了严重的内部结构性失衡问题。

第三,体育作为产业的经济价值被严重忽略,社会力量介入体育发展受到极大限制。在当时政府对发展体育事业大包大揽的情况下,体育行政管理部门代表政府全面负责体育发展中的大小事务。而当时政府正如上所述,更为看重的是体育的政治价值,因而体育作为产业的经济价值并未受到太多关注。基于这种实际情况,社会力量介入体育发展既受到体育行政管理部门的严格限制,又因自身无利可图而缺乏主动参与的积极性。在当时政府垄断体育事业且缺少社会力量支持的背景之下,国内根本无从形成体育市场,也无法通过市场竞争机制得到有效体育产品供给。同时,由于政府在对体育事业进行管理的过程中只掌握了有关体育发展的有限信息,且在体育决策的制定和实施中不可避免地存在"道德风险"问题,体育行政管理部门很难将有限的体育资源合理配置于旨在满足多层次、差异化体育需求的各个细分领域,从而造成了当时的体育事业只能在高投入、低产出的不良状态中低效率运转。

2. 处于"平衡态"下的体育行业整体综合效率

在中华人民共和国成立之后,中国曾一度面临以美国为首的西方帝国主义国家及其附庸的政治、经济、军事的巨大威胁。在这种非常严峻的形势之下,政府既担负着提升国家经济实力的重任,又承受着确保政治安全和维持社会稳定的重压。就那个时期的实际状况而言,由政府来垄断体育事业的运营,对于致力于恢复和发展国民经济的中国来说不失为一个好的选择。当时政府对体育事业进行包办,在很短的时间里就将有限的可用体育资源集中起来用于大力发展体育事业和鼓励开展体育运动,有效促进了体育更好地为政治需要服务,具有十分重要的战略意义。在那个极其困难的时期,中国竞技体育受传统"举国体制"的推动,在国际上取得了令其他国家刮目相看的辉煌成绩,不但使民族精神得到极大振奋,也增强了全国人民的凝聚力,还在国际上展示了中国的制度优势,对当时恢复和发展国民经济以及巩固新生的政权起到了重要作用。但是,随着时间的推移,受"熵增加"机制的影响,中国体育系统中各个单元之间出现的"摩擦"不断加剧,整个系统中产生的熵与日俱增,因而其内部的无序程度也日益升高,致使这一系统逐步进入了一种以混乱无序为主要特征的"平衡态",并最终造成了中国体育行业系统的整体效率状况江河日下。以上阐述的关于中国体育行业系统内部熵对其整体效率的作用机理可用如下函数关系式进行表达:

$$CE = Me^{-S_j}$$

$$S_i = f(y_1, y_2, \cdots, y_n)$$

在上式中,CE 表示的是在封闭状态下体育行业系统的整体综合效率值;M 表示的是一个封闭系统的状态常数;S_j 则表示的是一个系统内部的熵值;$y_1, y_2, \cdots, y_n$ 表示的是在系统处于封闭状态时影响其内部熵值大小的一系列因素。以上函数表达式意味着,体育行业的整体综合效率 CE 与其系统内部的熵值 S_j 成反比例关系。

从以上函数表达式可以推知,由于当时政府对体育行业进行垄断包办,基本处于封闭状态的体育行业系统内部的熵值 S_j 在一系列影响因素 $y_1, y_2, \cdots, y_n$ 的作用下持续增加,造成了系统内部的无序程度不断提升，也推动系统渐渐走向了混乱的"平衡态"，并最终导致了中国体育行业整体综合效率状况 CE 日益恶化。这种动态作用机理也可以用图 6-1 进行概括描述。

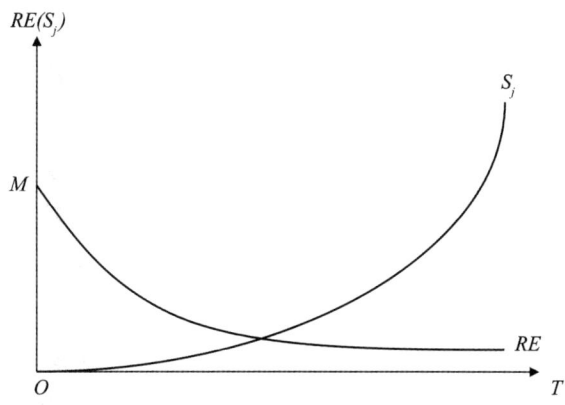

图 6-1 体育系统内部熵与行业整体综合效率的关系

在图 6-1 中，横轴代表随时间 T 不断向前推移的历史进程，纵轴代表体育行业系统内部的熵值 S_j 以及行业的整体综合效率值 CE 大小，两条曲线 S_j 和 CE 则分别代表随时间推移发生变动的体育行业系统内部熵值以及行业整体综合效率水平；当 $S_i = 0$ 时，$CE = M$。从图 6-1 中 S_j 和 CE 两条曲线的走势可以看出，随着时间的推移和历史的发展，在一系列影响因素 $y_1, y_2, \cdots, y_n$ 的作用下的，几乎处于封闭状态的体育行业系统内部的熵值 S_j 会日益增大；日渐递增的熵持续提高着体育系统内部的无序程度，从而使得系统逐渐陷入了一种"平衡态"，并引致了体育行业整体综合效率 CE 的不断下降。

（二）体育行业行政垄断的渐变——改革开放以来体育系统的"近平衡态"

自中国于 1978 年开启对内改革、对外开放的伟大历史征程之后，传统的国民经济计划管理体制开始逐步松动，中国面临的国内外经济、政治大环境也发生了巨大改变，体育行业高度集中的行政管理模式逐渐失去了赖以为生的背景和土壤，因而当时对体育系统进行管理体制改革已成为大势所趋。具体而言，驱动中国体育行业走上改革之路的主要因素包括：

1. 外部动因

体育行业进行管理体制改革的外部动力主要来自体育系统外部国内、国际环境发生的根本性改变。首先，从国内来看，改革开放的伟大实践不断向前推进以及社会主义市场经济体制改革目标的提出和确立，为体育行业深化体制改革指引了明确的前进方向，也提供了基本的路线遵循；同时，中国对内改革的不断深化使得社会各阶层的责、权、利趋于重新分配，政府对体育行业的扶持及管控日渐有心无力，使得体育行业不得不向社会力量寻求必要的支持，从而促进了体育行业中社会力量的日益壮大。其次，从国际来看，全球一体化进程不断加快以及国际体育职业化、商业化和大众化发展逐渐提速，使得中国体育在封闭系统中形成的传统"举国体制"模式愈发落后于时代潮流，因此，中国体育行业只有正视自身实际、深化管理体制改革，才能在对外开放中顺利与国际接轨，并在世界体育舞台上继续维持自己原有的地位。

2. 内部动因

体育行业进行管理体制改革的内部动力主要源自体育系统内部存在的诸多弊端亟待克服。第一，作为体育产权实际主体的政府兼具行政权与所有权，统得过多，管得过死，越位和缺位情况并存，迟迟未能出台促进体育领域投融资的可行制度，这不但使得体育企业缺乏应有的生产积极性，还造成了体育行业发展资金来源短缺，严重影响了体育行业的长远发展。第二，体育行政管理部门集中行使管理权，管办、政事不分，条块分割，政出多头，且以实现体育特有的政治功能为首要目标，这既造成了体育行政管理部门因管控不力而出现行政效率低下的状况，又压抑了社会力量办体育的热情，从而不但使得体育筹资的渠道过于狭窄，还在严重削弱体育本质功能的同时引起了体育系统内部结构畸形发展。第三，在中华人民共和国成立初期建立起来的体育竞赛管理传统"举国体制"模式越来越难以满足中国体育进一步发展的要求，这种以原国家体育运动委员会（后为国家体育总局）进行管理为主、辅之以

第六章　体育产业在深化供给侧结构性改革中打破行政垄断的对策建议

各种社会体育组织进行协管的"集权型"管理模式，在分级比赛和分级管理过程中表现出的高投入、低产出等弊端给中国原来引以为傲的竞技体育带来了越来越大的发展困扰。第四，体育科技创新严重滞后于体育发展的实际需要，科研经费长期主要依赖政府财政划拨解决，多渠道研发资金投入体制机制一直未能得到建立健全，从而使得中国体育行业发展的科技含量在很长时间内都与国际水平相差甚远。

以上两方面因素相互交错，共同促使中国体育管理体制开启了渐进式改革的新征程。在中国实施改革开放政策之后，为了在经济转轨过程中探索与社会主义市场经济体制要求相适应的体育发展新模式，原来的国家体育运动委员会在中国体育发展史上著名的"中山会议"上，提出了有关体育工作的"六化""六转变"方针，初步确立了中国体育由行政型向社会型和产业化转变的基本改革方向。在这一基本指向的引领下，中国体育行业陆续出台了一系列改革措施，有效促进中国体育走上了产业化发展的道路，并推动中国体育产业在依次经历了如前所述的孕育萌芽、初创探索、乘势而起和提质增效几个发展阶段之后取得了日渐明显的改革成效。随着体育行业的管理体制改革不断向前推进，体育产业中各具体部门和各体育企业获得了越来越大的经营自主权，有力促进了其经济效益日益改善。与此同时，整个行业中的市场竞争也从无到有，行业性行政垄断"一家"独大的局面也逐步有所改观。根据熵理论的基本原理，在体育行业进行渐进式改革的过程中，随着体育产业行政垄断的制度安排出现松动，行业系统中各个子系统之间的差异性日益拉大，系统内部的非线性机制逐步开始发挥作用。尤其是非国有经营主体被日渐允许进入行业系统并开始持续与业内原来的体育行政管理部门及其下属国有经营单位进行交流，使得负熵得以在系统中源源不断产生，这为中国体育产业在供给侧结构性改革中实现其效率状况的改善奠定了初步的基础。然而，在看到这种可喜转机的同时，也应该注意到体育产业各部门的大部分生产经营活动依旧是在体育行政管理部门的直接管控下进行的，业内的大多数国有经营单位尚未成为真正独立的市场主体，非国有经营主体的行为也受到体育行政管理部门的严格限制，因而这一系统在改革过程中产生的负熵虽然会产生一定积极作用,但根本无法抵消其内部日积月累并仍在大量增加的熵,且最终会被这种数量庞大的熵完全吞噬。从以上分析可知:尽管体育产业进行的管理体制改革具有非常积极的意义,但其间出台的一系列改革措施还没有完全打破行业性行政垄断铸就的森严壁垒;渐进式改革只是将体育产业系统推向了一种与"平衡态"相近的"近平衡态",行业系统的整体综合效率状况并没有得到根本性改变。因此,通过在供给侧结构性改革中打破行政垄断来提高整个行业系统的效率水平从而实现其高质量发展仍然任重而道远。

三 耗散结构原理对体育产业在供给侧结构性改革中打破行政垄断的启示

根据以上分析可知,行业性行政垄断的根深蒂固造成了体育产业系统处于一种"近平衡态"之中,而这正是中国体育产业绩效状况不佳的根源所在,也是其在供给侧结构性改革中必须要解决的一个根本性问题。耗散结构理论告诉我们,只有处于开放状态之下,一个系统才能进入"远离平衡态",并在非线性机制的作用下,通过"微涨落"转化成的"巨涨落",最终演化出一种崭新的、更富有效率的耗散结构。依据耗散结构理论的基本原理,就中国体育产业的实际状况而言,要想进一步改善其行业整体绩效,必须在深化其供给侧结构性改革的过程中彻底打破行业性行政垄断形成的禁锢,充分发挥市场竞争机制的积极作用,促进整个行业系统对外开放程度持续提高,从而不断提升行业系统内的负熵水平,并逐步实现整个行业系统从"近平衡态"到"远离平衡态"的转变,最终使行业系统在其内部各要素间非线性作用充分发挥的条件下借助随机涨落形成一种高效率的耗散结构。在系统对外开放和充分竞争的假设前提下,以上阐述的关于体育产业系统内部负熵对其整体效率的增进作用可用如下函数关系式进行表达:

$$OE = Ne^{S_k}$$

$$S_k = f(z_1, z_2, \cdots, z_n)$$

第六章 体育产业在深化供给侧结构性改革中打破行政垄断的对策建议

在上式中，OE 表示的是开放、竞争状态下体育产业系统的整体综合效率值；N 表示的是一个开放系统的状态常数；S_k 则表示的是一个系统内部的负熵值；$z_1, z_2, \cdots, z_n$ 表示的是在系统处于开放、竞争状态下时影响系统其负熵值大小的一系列因素。上式表明，体育产业的整体综合效率 OE 与其系统内部的熵值 S_k 成正比例关系。

由以上函数表达式可以推知，若能在供给侧结构性改革中彻底打破行业性行政垄断的桎梏，让市场竞争机制在体育产业中充分发挥其积极作用，从而使体育产业成为一个真正的开放系统，体育产业系统内部的负熵值 S_k 会在一系列影响因素 $z_1, z_2, \cdots, z_n$ 的非线性作用下不断增加，并逐步抵消其系统内部产生的熵，从而推动这一系统逐渐由无序转向有序并形成耗散结构，并最终促进中国体育产业整体综合效率 OE 日益改善。

以上动态作用机理也可以用图 6-2 进行概述。在图 6-2 中，横轴代表随时间 T 不断深化的改革进程，纵轴代表体育系统内部的负熵值 S_k 及行业的整体综合效率值 OE，两条曲线 S_k 和 OE 则分别代表随改革深化发生变动的体育行业系统内部熵值和行业整体综合效率水平；当 $S_k = 0$ 时，$OE = N$。从图 6-2 中 S_k 和 OE 两条曲线的走势可以看出，随着供给侧结构性改革中打破行政垄断的进程不断推进，在一系列影响因素 $z_1, z_2, \cdots, z_n$ 的作用下，开放程度越来越高的体育产业系统内部的负熵值 S_k 会不断增大，并趋于抵消系统内部的熵；日趋递增的负熵会持续提高体育产业系统内部的有序程度，也会使得系统由"近平衡态"转化为"远离平衡态"，并会在其内部各要素间非线性作用的推动下通过随机涨落过程形成一种新的耗散结构，从而最终促进体育产业整体综合效率 OE 的不断提升。

综上所述，从以上对中国体育产业在供给侧结构性改革中打破行政垄断进行的熵与耗散结构理论考证可以发现：中国体育产业的行政垄断起源于计划经济时期政府对体育系统僵化的低效率行政管理模式；改革开放以后体育系统的渐进式改革取得了很大成效，但仍未完全打破行业性行政垄断对体育产业发展造成的体制束缚，因而导致了体育产业整体

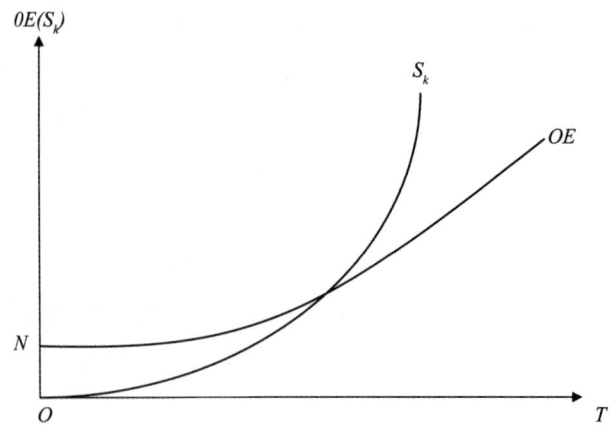

图6-2 体育产业系统内部负熵与行业整体综合效率的关系

综合效率不佳的状况没有发生彻底性转变,这也成为中国体育产业继续深化供给侧结构性改革道路上无法回避的一大阻碍;若要使体育产业的整体综合效率实现质上的持续提高,必须在深化其供给侧结构性改革的过程中打破行业性行政垄断形成的发展约束,为体育产业的供给侧结构性改革和高质量发展扫清制度性障碍。

第二节　政府与市场协同治理导向下的体育产业供给侧结构性改革中的打破行政垄断模式

由以上分析可知,在深化体育产业供给侧结构性改革中打破其行政垄断和促进其内部市场竞争是大势所趋,已势在必行。那么,在体育产业供给侧结构性改革中打破行政垄断和促进竞争该选择何种模式呢?以下我们将基于国际上体育产业发展的成功经验,探讨适应中国体育产业深化供给侧结构性改革实际的打破行政垄断合理模式。

一　体育产业发展的国际成功经验总结

真正意义上的体育产业最早起步于欧美市场经济国家,其发展的成

第六章　体育产业在深化供给侧结构性改革中打破行政垄断的对策建议

功经验又被日韩等亚洲国家所借鉴，并深刻地影响了这些国家体育产业的形成和发展。在短短几十年的时间里，欧美国家和日韩的体育产业突飞猛进，在迅速发展中不断壮大，已成为在其国民经济体系中具有举足轻重地位的产业部门。以下我们将对这些国家体育产业发展的共性成功经验进行归纳总结，为中国体育产业在供给侧结构性改革中合理选择打破行政垄断的适宜模式提供借鉴。

（一）市场竞争是体育发展的动力来源

有别于中国体育产业发展采用的政府主导型模式，欧美国家和日韩的体育发展大多采用了市场主导型模式。[①] 在这种模式之下，竞争机制在体育市场中起决定性作用，从而能够充分展现其在推动各市场主体最大化自身利益的过程中有力促进体育产业快速发展的积极效应。虽然这些国家的政府都会有目的地通过体育行政管理部门对体育市场进行一定干预，并且其在具体的干预方式上也存在一定差别，但基本不会对市场主体的生产经营行为横加干涉，从而保证了其体育产业发展充满勃勃生机。正是得益于这种以市场调节为主的发展模式，欧美国家和日韩的体育产业才从市场竞争之中汲取了源源不断的发展动力，并逐步进入了一个兼具速度、规模和质量的高效率发展状态。

（二）政府为体育产业发展保驾护航

欧美国家和日韩虽然都普遍重视市场在体育资源配置中的主导作用，但并没有忽视政府对体育产业发展的引导、支持与保障作用。这些国家的政府都会充分利用其已有的税法、公司法、反垄断法等法律，不断出台促进体育产业健康发展的各种政策法规，通过立法和监管来维护其体育产业的稳步有序发展。当然，这些国家的政府在体育发展过程中履行的主要是辅助性的服务、调控职能，其对体育产业实施的干预措施仅限于为市场机制顺畅运行创造有利条件，因而能使体育产业不丧失市场活力。正是有了服务型政府有限管制的保驾护航，发达国家的体育产

[①] 赵清波、赵伟：《发达国家体育产业发展的特点及模式带来的启示》，《北京体育大学学报》2004年第10期。

业才能在保持较快规模扩张速度的同时，表现出稳健向上的良好发展态势。

（三）市场机制和政府规制优势互补

纵观发达国家在经济发展中处理市场机制与政府管制的历史，传统的"自由放任"市场经济模式已经成为过去，代之而起的是将市场机制主导与政府管制有限相结合的"混合"市场经济模式。欧美国家和日韩的体育产业发展之所以成效卓著，就在于这些国家能够在体育产业领域实现市场机制和政府管制的合理分工。虽然各国在体育产业发展的具体实践中采取的具体做法略有差异，但其基本理念是相同的。概括来说，该种基本理念可被概括表述为：确定体育产业中市场与政府的合理边界，更好地发挥政府对市场的辅助作用；在市场机制有效运行的体育产业领域尽量减少政府管制，而在市场机制无法有效运行的体育产业"市场失灵"领域则尽量发挥政府管制对市场机制的弥补作用。正是在这一理念的指引下，发达国家才能在其体育产业发展过程中实现市场与政府两种资源配置方式的优势互补，从而使其体育产业保持着较高的运营效率。

二 中国体育产业在供给侧结构性改革中打破行政垄断的合理模式选择

欧美国家和日韩体育产业的成功经验告诉我们，正确处理体育产业发展中的市场与政府关系、充分发挥市场机制主导的积极效应、合理利用有限政府管制的服务职能是一国体育产业取得长足进展的关键。借鉴这些成功经验，要实现中国体育产业高质量发展的目标，必须在深化供给侧结构性改革的过程中彻底打破束缚体育产业发展手脚的行政垄断藩篱，逐步形成有效市场和有为政府相得益彰、市场机制和政府规制有机结合的新型"有效竞争"发展模式。以下我们将在探讨体育产业供给侧结构性改革中打破行政垄断必须具备的前提条件的基础上，综合考虑垄断与竞争理论中关于打破行政垄断和促进有效竞争的基本思想，构建中国体育产业在供给侧结构性改革中打破行政垄断的适宜模式。

（一）体育产业在供给侧结构性改革中打破行政垄断的必备基本前提

由于体育产业在过去很长一段时间内受到体育行政管理部门行政垄断的严格管控，在体育市场上拥有绝对支配地位的国有体育企业和官方体育组织并不是真正意义上的市场经营主体，而作为真正市场主体的非国有体育企业和非官方体育组织又长期受制于行政垄断筑就的行业壁垒而无法得到充分发展，所以，在体育产业供给侧结构性改革中打破行政垄断必须具备几个前提条件。具体而言，这些前提包括以下几点。

1. 继续加快体育产业中"政企不分"经营管理方式的深化改革

中国体育产业的发展历史上，"政企不分""管办合一"的经营管理方式曾长期占据主导地位，即使是经过了多年的行业体制改革，这种起源于过去计划经济时期的经营管理方式仍然具有一定影响。在此背景之下，与体育行政管理部门息息相关的国有体育企业和官方体育组织一直居于拥有绝对支配力的垄断地位，而其生产经营的体育有形与无形产品又随着中国居民收入水平的提高而与人们生活水平改善的关系日益密切，因而在体育产品的价格和质量上，消费者往往陷于被动接受的境地。在这种情况下，国有体育企业和官方体育组织必然不会迫于在市场上继续生存和发展的压力而去主动降低自身的生产成本和积极提高管理效率，因而以这些企业和组织为主导的体育产业出现整体综合效率不佳的状况也就在所难免了。同时，行业性行政垄断拥有的超强控制力，使得国有体育企业和官方体育组织能依靠这种势力在市场竞争中无往而不胜，而这必然使得竞争机制无法充分发挥其应有的积极作用。根据中国体育产业中存在的以上特殊情况，为了让行业中的国有体育企业和官方体育组织转变为真正意义上的市场主体，同时为新进入体育市场的非国有体育企业和非官方体育组织营造公平竞争的良好环境氛围，对在中国体育产业中依然具有显著影响力的"政企不分"经营管理方式，必须加快深化改革，以让市场竞争最终成为中国体育产业发展的主要动力来源。

2. 稳步推进国有体育企业和官方体育组织的市场化改造和资产重组

国有体育企业和官方体育组织不能彻底转变为真正意义上的市场竞争主体，就无法根据市场经济的运行规律独立进行生产经营决策，也就难以有效提升自身的效率水平，从而使整个体育产业的综合效率受到严重影响。为了让竞争机制促进市场主体效率提升的积极作用在体育产业中得到充分展现，必须进一步对国有体育企业和官方体育组织进行市场化改造，通过产权改革和引进战略投资者，改变其内部国有产权"一家独大"的垄断格局，形成分散式的多元产权结构，以使其具备公平参与市场竞争的经济主体资格。另外，还要通过积极稳妥地推进体育产业国有资产的战略性重组，进一步增强其国有经济成分的活力、影响力和竞争力，并促进行业中国有资本、民间资本和外资之间形成优势互补、协同共进的良性互动的局面。当然，依据公司治理相关理论的基本原理，在对国有体育企业和官方体育组织进行市场化改造和资产重组时，为了对经营管理阶层谋求自身私利的不当行为进行必要的监督，保持国有资本的一定控制力也是非常必要的，因此，实现以国有经济成分为引导的产权结构多元化是推进中国体育产业改造和重组的得当选择。

3. 全面扩大体育市场的对外与对内的更高水平开放

全面扩大体育市场的更高水平开放不仅限于继续提高对外资开放的程度，还包括了进一步提升对内开放程度。在两个维度上扩大中国体育市场的更高水平开放，可以在体育产业中形成促进市场主体之间竞争的"鲇鱼效应"[①]，既有利于行业内市场主体不断壮大，也能推动整个行业在供给侧结构性改革中不断向高质量发展迈进。就对外开放而言，在继续扩大对外开放的过程中不断引入外资竞争主体，使体育产业中的内资竞争主体面临更大的市场竞争压力，能促进其在积极改善经营管理中不断提升自身实力，从而有利于提高体育产业的整体经济效益。就对内开

---

① 鲇鱼效应原意指小鱼在其生存环境被鲇鱼搅动时激发了自身的求生能力，后被用于形容一些政策措施的实施在促进新市场主体参与竞争的同时，也增强了在位市场主体的发展活力。

放而言，在进一步扩大对内开放的过程中继续引入内资竞争主体，不仅有利于增加体育产业的产品供应量和扩张体育产业的整体规模，还有利于在激烈的市场竞争中，推动体育产业内原有的在位市场竞争主体努力提高经营管理水平和投入产出效率，从而提高体育产业的整体发展质量。当然，应该引起我们注意的是，在体育产业扩大对外对内开放的过程中，新引入的市场竞争主体会面临无可避免的后发劣势。这些劣势不仅包括各种经济因素造成的现实阻碍，更重要的是来自行政管理体制的隐形壁垒。因此，彻底打破行政垄断形成的制度约束已成为体育产业全面扩大对外与对内开放，从而深入推进供给侧结构性改革的当务之急。

（二）合理划分政府与市场边界理念下体育产业供给侧结构性改革中的打破行政垄断模式

由前述的市场竞争与垄断理论可知，"马歇尔困境"并非不可破解，有效竞争是一种既能维护市场竞争机制又能获得规模效益的有利于实现长期均衡的市场模式，可以将"竞争活力"与"规模经济"进行有机结合，为解决两者之间"鱼和熊掌不可兼得"的问题提供了一个可行的方案。若要提高一个产业的整体绩效水平，必须减少人为干预造成的行政垄断障碍，彻底打破其行政垄断造成的发展束缚，让市场竞争机制在体育产业中充分发挥积极作用。政府规制和市场竞争都不是完美的，两者之间无法完全相互替代，因而实现两者间的协调与兼容是一种更为理想的状态。自从有效竞争概念被提出以后，梅森、索斯尼克等学者研究了"规模经济"与"竞争活力"的测度以及"有效竞争"的衡量标准，进一步发展了这一理论。[1] 在深化体育产业供给侧结构性改革中打破行政垄断和促进竞争必须要协调好"规模经济"和"竞争活力"的关系，因而有效竞争理论同样适用于解决体育产业发展中的政府与市场边界划分问题，为中国体育产业在供给侧结构性改革中构建政府与市场协同治理的打破行政垄断和促进有效竞争模式提供了重要借鉴。综合

---

[1] 王少群、黄中伟：《市场结构有效性研究流派及其理论观点》，《浙江师范大学学报》（社会科学版）2011年第3期。

考虑市场竞争与垄断相关理论特别是有效竞争理论的基本思想，并参考梅森、索斯尼克等学者深入研究"规模经济"与"竞争活力"后提出的"有效竞争"衡量标准，根据中国体育产业当前的发展现状，在其供给侧结构性改革中可构建如图 6-3 所示的打破行政垄断和促进有效竞争的适宜模式。

图 6-3 显示，为了促进中国体育产业整体效率状况不断改善并实现高质量发展的最终目标，必须在合理划分政府与市场边界基本理念的指引下，以在体育产业供给侧结构性改革中构建政府与市场协同治理的打破行政垄断和促进有效竞争模式为理想状态，致力于形成体育产业中有效市场为主导和有为政府相辅助的"政市"关系，从而促成行业中以竞争机制充分有效、市场体系开放有效为特征的市场职能，和以真正做到政企分开、适度进行有限规制为特征的政府职能之间合理分工协作的格局。这种体育产业供给侧结构性改革中的打破行政垄断模式，以实现体育产业中的有效竞争为思想指引，以中国体育产业发展中存在的核心问题为现实基础，是一种适用于中国体育产业在供给侧结构性改革中通过打破行政垄断提升整体综合绩效的得当方案。

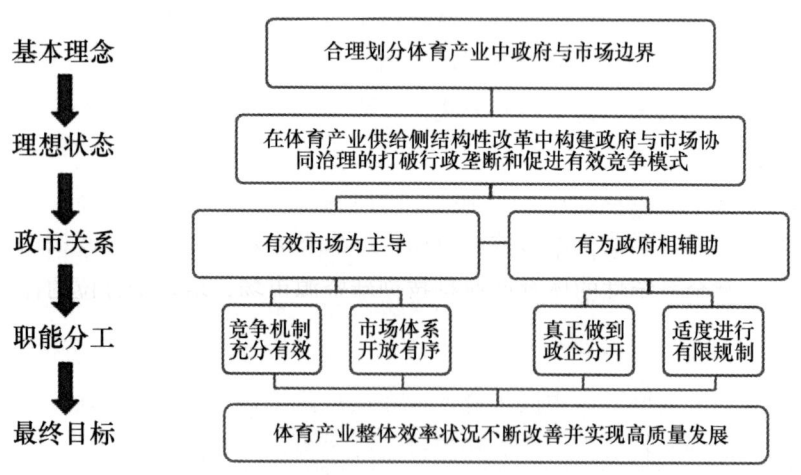

图 6-3　合理划分政府与市场边界导向下体育产业供给侧结构性改革中的打破行政垄断模式

第六章　体育产业在深化供给侧结构性改革中打破行政垄断的对策建议

第三节　中国体育产业在供给侧结构性改革中打破行政垄断应采取的具体措施

考虑中国体育产业规模偏小、效率较低的实际情况，借鉴国际体育产业发展的成功经验，基于以上合理划分政府与市场边界的体育产业供给侧结构性改革中的打破行政垄断模式分析，若要切实在中国体育产业供给侧结构性改革中打破行政垄断和促进有效竞争格局的形成，除上述的三个基本前提条件之外，还需要采取如下几个具体措施更充分地实现有效市场和有为政府的协调配合。

一　建设公平竞争的体育市场，促进体育生产资源合理流动

中国体育市场发展相对滞后，体育生产资源尚无法实现合理流动，有效体育市场的积极作用尚难以在体育产业中得到充分发挥，因此，若要在中国体育产业供给侧结构性改革中打破行政垄断和促进有效竞争，必须首先从加快建设和健全体育及相关资源市场入手。一方面，要在全国构建高水平社会主义市场经济体制和全面深化经济体制改革的大背景下，逐步形成公正、合理、透明的体育统一市场规则，不断健全以公平竞争为核心的体育统一市场制度基础，加速推进有效竞争体育市场的形成。另一方面，要在不断完善市场在体育生产资源配置中的决定性作用机制的基础上，建设城乡一体的体育产业用地交易平台及市场，建立全国统一的体育产业劳动力就业市场，形成更成熟的体育产业多层次资本市场，健全系统性的体育产业科技创新资源市场，培育全方位的体育产业数据要素市场，努力实现体育产业多种生产要素市场的协同发展，以促进体育生产资源实现更合理的流动。

二　深化体育行政管理部门"放管服"改革，推动其职能转变

体育产业中的行政垄断主要源于体育产业行政管理部门的职能"越位"，因此，为了矫治体育产业中的行政垄断问题，要继续深化体

育行政部门的"放管服"改革，逐步促使政府职能回归"本位"，为创造更好的体育产业营商环境提供基础条件，从而让体育产业中的生产经营单位真正成为拥有自主决策权的市场竞争主体，并释放出其本应具有的旺盛活力，为深化中国体育产业供给侧结构性改革和实现高质量发展贡献其应有的力量。当然，在纠正体育产业行政管理部门职能"越位"的同时，还要解决其在体育产业中的职能"缺位"和"错位"问题。体育产业行政管理部门在减少对体育市场进行不当干预的过程中，应进一步以本行业专职监管部门为方向转变职能，将工作的重心逐步转移到提升对行业进行有限监管的效率水平上，通过合理制定并实施适合行业发展需要的中长期规划和规制政策对体育产业发展和体育市场失灵进行有效监管，从而为体育产业在供给侧结构性改革中形成有效竞争良性格局并走上高质量发展之路提供坚强后盾。就目前而言，对体育产业进行有效监管关键要做好两项工作：一是要尝试实施全国统一的体育市场准入负面清单制度，逐步清理各种违法违规的歧视性审批标准门槛和财政税收优惠政策，一视同仁地对待各类体育用品市场主体，从而进一步降低体育市场的制度性进入、退出壁垒；二是要进一步完善和加强落实公平竞争审查等市场监管制度，适时撤销各种妨害体育市场一体化和公平竞争的不当规定，实行全国统一的体育市场监管措施，继续加大体育市场反垄断和反不正当竞争的执法、司法力度。

三 优化体育产业组织结构，限制体育市场垄断行为

以上体育产业中的"放管服"改革，从其行政垄断产生的根源——行政制度入手为其在供给侧结构性改革中冲破行政垄断织就的罗网奠定了基础。然而，为了使体育产业的绩效水平得到切实提升，还必须对在长期行政垄断影响下形成的体育产业组织结构和体育市场垄断行为进行调控。首先，要对体育产业的组织结构进行优化调整，切实增加体育产业的有效供给。一方面，要通过继续推进体育产业中的混合所有制改革，进一步降低行业的产权集中度和逐渐扭转行业中国有经济"一家

独大"的不良格局；另一方面，通过继续扩大体育产业开放的范围和领域，引入更多的内资和外资市场竞争主体，妥当解决体育产业中市场集中度过高的问题，并逐步改善体育产业内部部门构成不合理的状况，从而真正实现增加体育产业有效供给的目标。其次，要对体育市场上的垄断行为进行监督管控，切实减少体育产业的无效供给。对于体育产业中存在的歧视性定价、不正当竞争、技术创新滞后、产品和服务质量差等因垄断导致的厂商行为，要通过完善体育市场竞争法则、强化价格监督、出台行业技术和质量标准等措施进行必要的监督和控制；要严格查处由行政垄断引发的体育市场不正当竞争行为，最大限度削减这些行为对生产要素合理配置造成的负面影响，从而达到减少体育产业无效供给的目的。

四 对新进入的市场竞争主体进行数量和资质控制，并采取适当的不对称规制措施

由上面的分析可知，体育产业的市场集中度过高会影响体育产业的健康发展，所以，加快引入新的市场竞争主体对于充分发挥体育产业中竞争机制的积极作用是非常必要的。但根据现代产业组织理论发展的新近成果，如果一个行业的市场集中度过低，市场竞争主体规模过小，会导致行业的平均生产成本过高、创新研发投入不足、整体竞争力低下等问题，因此，一个行业中的市场竞争主体数量也并非多多益善。就体育产业而言，倘若任由过多的新市场竞争主体进入市场，造成市场竞争主体之间出现过度竞争的恶性局面，会引起额外的体育资源浪费和非必要的社会福利损失。特别是对于竞赛表演产业中的职业体育联盟等在发达国家受到"反垄断豁免政策"保护的"自然垄断"领域，引入过多的新市场竞争主体会对其发展造成严重的不利影响。为了尽量提前规避因太多新的竞争主体进入体育市场引发的过度竞争及不良后果，有必要对欲进入体育产业从事生产经营的新市场竞争主体进行严格的数量限制和资格审查，从而确保新进入市场竞争主体的优良资质。同时，由于新进入体育市场的竞争主体实力相对弱小，为了保证其能够维持生存并尽快

成长，在其开始进入体育产业的初期阶段应采取必要的不对称规制措施，即对新进入的市场竞争主体实施较之原有的在位市场竞争主体相对宽松的管制政策，从而为体育市场竞争机制的培育和有效竞争格局的形成营造良好的制度环境。

第四节　本章小结

为了提高整体绩效进而实现高质量发展，体育产业必须在深化供给侧结构性改革的过程中不断打破行政垄断，以充分发挥市场机制的积极作用。运用熵与耗散结构的相关基本原理对中国体育产业中行业性行政垄断的起点及其发展过程进行诠释，得到了如下关于打破体育产业系统行政垄断合理模式的启示：计划经济时期体育系统低效率的僵化行政管理模式是体育产业的行政垄断的源头；改革开放以来，体育系统的渐进式改革未能完全打破体育产业的行政垄断，也因而使得整体综合效率状况仍然并不理想，从而阻滞了体育产业深化供给侧结构性改革的进程；为了化解体育产业供给侧结构性改革和高质量发展面临的阻碍，必须在深化其供给侧结构性改革的过程中彻底打破行政垄断，以实现整体综合效率状况的实质性改善。

借鉴国际上基于市场与政府协同治理实践促进市场机制与政府规制实现优势互补的体育产业发展的成功经验，中国体育产业必须在加快改革"政企不分"的经营管理方式、推进国有体育企业和官方体育组织市场化改造及资产重组、扩大体育市场的更高水平开放的基本前提下，构建合理划分政府与市场边界导向下的体育产业在供给侧结构性改革中打破行政垄断的适宜模式。基于这种模式，在中国体育产业供给侧结构性改革中打破行政垄断并形成有效竞争格局必须从以下几个方面着手：建设和健全生产要素合理流动的公平竞争体育市场；在深化"放管服"改革中推动体育行政管理部门职能的深刻转变；在促进体育产业组织结构优化的同时加强对体育市场垄断行为的监管；在对新进入的市场竞争主体进行数量和资质管控的基础上实行不对称规制。

第七章

结论与展望

在以上进行的研究中,本书基于对相关基础理论和研究文献的梳理与评价,通过分析体育产业行政垄断的渊源,探寻到了其行政垄断形成并长期得以维系的症结所在;通过测评体育产业行政垄断的程度、评估行政垄断下体育产业的整体效率、探讨打破行政垄断对体育产业供给侧结构性改革的积极效应、提出体育产业在深化供给侧结构性改革中打破行政垄断的理想模式和对策建议,分别论证了中国体育产业在推进供给侧结构性改革中打破行政垄断的必然性、必要性、合理性、可行性。在完成这些研究的基础之上,本章将对本书研究的基本结论进行归纳,并基于课题研究存在的不足对未来的研究方向进行展望,从而对本书的总体研究暂作总结。

第一节 基本结论

经过几十年的发展,中国体育产业从无到有,逐渐发展壮大,取得了不俗的成绩。目前,这一行业已粗具规模,并显示出非常旺盛的生命力。但是,也应该看到,中国体育产业的发展仍面临许多对其发展形成严重阻滞的突出问题,而在这些问题之中,行政垄断程度过高是一个无法回避的关键问题。随着中国特色社会主义进入新时代,特别是在中国共产党第二十次全国代表大会开启了新时代的新征程后,为了使体育产业能够在高质量发展中成为中国国民经济的支柱性产业之一,使其能够为化解已经发生转化的社会主要矛盾贡献更大力量，必须在体育产业供给侧结构性改革中打破行政垄断。在新发展阶段，《"十四五"体育发展规划》的出台为中国体育产业的发展绘制了一幅壮阔蓝图，提出了中国体育产业的宏伟发展目标，使得中国体育产业在深化供给侧结构性改革中打破行政垄断成为发展必然。在以上背景下，学术界在中国体育产业供给侧结构性改革和打破行政垄断两个研究领域取得了不少非常有参考价值的成果，并有部分学者尝试着探讨了通过打破行政垄断推进中国体育产业供给侧结构性改革问题，但研究的深入性仍有待于进一步提升。针对这种情况，在以前学者的相关研究基础上，对中国体育产业供给侧结构性改革中的打破行政垄断问题进行更为系统和深入的研究，既能为中国体育产业供给侧结构性改革中的打破行政垄断实践提供一定借鉴，又能推动有关体育产业供给侧结构性改革和打破行政垄断方面的理论研究工作，具有相当重要的现实意义和学术价值。通过本书的研究，我们主要得出了如下几个结论。

一 体育产业供给侧结构性改革中的打破行政垄断问题亟待系统研究

为了给深化体育产业供给侧结构性改革中的打破行政垄断实践提供充分的学术支撑，从而更好地促进体育产业服务于化解新时代社会主要矛盾和为中国经济高质量发展贡献力量，有必要对其进行系统深入的理论分析与实证研究。然而，通过对中国体育产业供给侧结构性改革和打破行政垄断两方面的研究文献进行梳理，发现虽然近年来学术界在这两方面取得了不少高水平的学术成果，而且有些学者也已经尝试着去探讨通过打破行政垄断来促进中国体育产业供给侧结构性改革并初步取得了一些非常值得肯定的研究进展，但这些已有的研究成果主要以定性分析为主，并且研究的系统性和深入性仍有较大的提升空间。基于目前的这种研究状况，继续加强体育产业供给侧结构性改革中的打破行政垄断问题研究具有重要意义。

二 体育产业在推动中国国民经济发展过程中发挥着不可或缺的重要作用

改革开放以来，中国体育产业发展经历了孕育萌芽、初创探索、乘势而起和提质增效四个发展阶段，对国民经济的发展做出了重要的贡献。在其发展过程中，新中国成立之初开始实行的以行政命令管理体育事业的旧有计划模式虽然仍有一定积极作用，但也愈发成为制约着中国体育的进一步发展，尤其是在新时代中国经济进入"新常态"并迈向高质量发展道路之后，中国体育产业虽然在提质增效方面已经初见成效，但仍因受制于在原来计划经济管理模式基础上形成的高度行政垄断而存在许多棘手问题，而这也正是我们在深化体育产业供给侧结构性改革中迫切需要打破行政垄断的根本原因。为了对体育产业在推动中国国民经济发展中发挥的作用进行实证检验，基于中国体育产业和经济发展的相关统计数据资料，对两者之间的相关关系进行了"协整"和"格兰杰因果"动态计量分析，结果表明：中国体育产业和经济发展之间的确存在着一种长期稳定的均衡关系，而且两者互为因果、相辅相成。该结果验证了体育产业对中国国民经济发展的重要性，而这种重要性也正与体育产业行政垄断的形成和发展有着密不可分的关联。

三 政府基于体育产业重要性而掌握体育资源以及体育制度变迁中的路径依赖因素是体育产业行政垄断形成和发展的渊源所在

制度经济学中的国家理论和路径依赖理论对分析某种制度的产生和演进具有很好的解释力。依据国家理论的基本原理进行分析可以推知，作为追求效用最大化的理性"经济人"，政府（国家）显然非常清楚体育产业对于国民经济发展的重要性。政府（国家）在比较在体育产业中实施行政垄断和不在体育产业中实施行政垄断两种制度选择带来的总体效用时必然会发现，在体育产业中实施行政垄断能带来正的总效用，不在体育产业中实施行政垄断将会带来负的总效用，因而最终会选择把控稀缺的体育资源并对体育产业实施行政垄断，而这也正是中国体育产业行政垄断形成和发展的主要致因。另外，依据路径依赖理论的基本原理进行分析可以推知，传统封建专制文化余烬未清、国民经济计划体制惯性犹存、体制改革循序渐进诱致使然等体育制度变迁中的路径依赖因素也在中国体育产业行政垄断形成和发展的过程中起了重要的推助作用。

四 已经有所改善的体育产业行政垄断程度依然偏高

中国体育产业行政垄断以行业性行政垄断为主，该种形式的行政垄断具有初始根源在于计划经济体制、实施主体履行行政管理职能、客体对象存在供需结构矛盾等基本特征。依据这些基本特征，基于中国体育产业的相关统计数据和资料，通过在笔者曾作为主要成员参与的教育部哲学社会科学研究重大课题攻关项目课题组分析经济转轨时期行政垄断问题时提出的 I-S-C-P 分析框架的基础上设计的三级指标体系，对中国体育产业的行政垄断程度进行评估，结果表明：虽然在深化改革过程中某些指标体现的体育产业行政垄断程度已经有所下降，但大部分指标体现的行政垄断程度还是比较高，因而可以看出中国体育产业的总体行政垄断程度仍然偏高。这说明，随着中国体育产业深化改革的进程不断加快，虽然其原有的高度行政垄断状况已有所改善，但当前形势还仍然不容乐观，因此，在深化体育产业供给侧结构性改革中继续打破其行政垄断的任务还十分艰巨。

五 体育产业总体效率状况折射出行政垄断对深化其供给侧结构性改革的阻滞

由产业组织理论的相关原理可知，一个产业的高度垄断往往会导致其整体效率状况不理想。运用中国体育产业的相关统计数据和资料，借助适用于系统评价行政垄断下体育产业整体效率状况的指标体系，对体育产业的效率状况进行了微观、中观和宏观三个层面的评估，发现中国体育产业在高度行政垄断下的总体效率状况不容乐观。基于 CCR、CCGSS 模型和投影原理对行政垄断下体育产业的总体效率进行数据包络分析，发现中国体育产业的整体综合效率状况偏低，且其有效供给不足问题也颇为严重。以上效率评估结果证明了行政垄断下体育产业的整体效率不高、有效供给相对不足等问题对其深化供给侧结构性改革造成的障碍，折射出行政垄断阻滞其供给侧结构性改革推进的客观实际，从而为证明中国体育产业在推进供给侧结构性改革中打破行政垄断的必要性提供了现实依据。

六 打破行政垄断能够产生促进体育产业供给侧结构性改革的积极效应

深入分析行业性行政垄断影响行政垄断行业绩效的机制可知，行业性行政垄断是通过国有经济主导和行业市场垄断两条相互交织的路径影响行政垄断行业绩效的：就国有经济主导路径而言，行政垄断行业的产权界定不清晰、产权主体不明确导致了行业中产生巨额内部交易成本的多层级委托—代理问题，进而引发了内部人控制问题，并最终降低了行业的整体绩效；就行业市场垄断路径而言，行业内垄断厂商提高价格和限制产量的行为、垄断厂商内部的小集团追求私利和外部的"寻租"行为以及垄断厂商在技术革新上不思进取的行为，在导致低水平资源配置效率的同时造成了 X–非效率等更大的福利损失，并阻碍了整个行业的技术进步与创新，从而使得行业的整体绩效水平进一步降低。基于上述机制，打破体育产业行政垄断不仅能改善行业内部国有经济主导的产权结构状况，还能矫治行业垄断程度过高的市场结构问题，从而能有效促进其供给侧结构性改革的深入推进。具体而言，打破体育产业行政垄断能从增加有效供给、减少效率损失、提高规模效益三个方面对深化其供给侧结构性改革产生积极的效应，这也进一步说明了打破行政垄断对于促进中国体育产业深化供给侧结构性改革的重要性。

七 以合理划分政府与市场边界为导向矫治体育产业的行政垄断问题是其在供给侧结构性改革中打破行政垄断的适宜模式

基于熵与耗散结构理论的基本原理审视中国体育产业行政垄断，发现计划经济时期体育系统受僵化的行政管理模式影响形成的"平衡态"是体育产业行政垄断的开端。改革开放以来，尽管在体育产业中实施的管理体制改革对于打破体育产业行政垄断具有非常积极的意义，但这种以"渐进式"为特征的改革只是将体育产业系统推向了一种与"平衡态"相近的"近平衡态"，并没有完全打破行业性行政垄断铸就的藩篱，因而整个行业系统的综合效率不佳的状况并未彻底改善，这也成为阻碍中国体育产业继续深化供给侧结构性改革的一块绊脚石。若要从根本上扭转中国体育产业的整体效率状况，必须在深化其供给侧结构性改革的过程中进一步打破行政垄断的束缚，以使整个行业系统由"近平衡态"跃升至"远离平衡态"，从而促进体育产业在开放和竞争作用机制下实现良性循环发展。欧美国家和日韩体育产业发展的实践表明，正确处理体育产业发展中的市场与政府关系、充分发挥市场机制主导的积极效应、合理利用有限政府规制的服务职能是一国体育产业实现健康发展的成功经验。在深化体育产业供给侧结构性改革过程中打破行政垄断，应借鉴参考国际体育产业发展的成功经验，逐步形成有效市场和有为政府相得益彰、市场机制和政府规制有机结合的新型"有效竞争"发展模式。以这种理念为导向，合理划分政府与市场边界的体育产业在供给侧结构性改革中构建打破行政垄断的适宜模式必须具备三个基本前提：继续加快体育产业中"政企不分"经营管理方式的深化改革；稳步推进国有体育企业和官方体育组织的市场化改造和资产重组；全面扩大体育市场的对外和对内的更高水平开放。在这些前提条件之下，体育产业在供给侧结构性改革中打破行政垄断应采取的具体措施包括：建设公平竞争的体育市场，促进体育生产资源的合理流动；深化体育行政部门"放管服"改革，推动其职能实现深刻转变；优化体育产业的组织结构，限制体育市场的垄断行为；对新进入的市场竞争主体进行数量和资质控制，并采取适当的不对称规制措施。

第二节 研究的不足与展望

一 研究存在的不足

体育产业供给侧结构性改革中的打破行政垄断问题涉及体育、经济、政治、社会、文化等多个领域，对其进行深入细致的研究需要大量的统计数据资料支持。然而，由于中国体育产业发展的历史并不长，相关数据资料的统计工作较为滞后，所以体育产业方面的统计数据资料还相对缺乏。尽管近年来相关部门大力加强体育产业的统计工作，已使以上状况有所改善，当仍未从根本上转变体育产业统计数据资料不足的局面。在这种情况之下，本书有关体育产业在中国国民经济发展中发挥的重要作用、体育产业行政垄断程度的 I-S-C-P 指标体系评估、体育产业整体效率的指标体系和数据包络分析（DEA）综合评价等实证研究工作的开展受了数据资料可获得性的很大限制。尽管在充分利用已有的官方发布数据和通过各种途径挖掘到的非官方数据的基础上中规中矩地完成了这些实证研究工作，但仍感觉不是特别理想，还需要继续改善和提升这些方面研究的质量。

另外，受笔者自身知识储备、学科背景和科研能力所限，本书对中国体育产业行政垄断形成和发展的原因、打破行政垄断对体育产业供给侧结构性改革的促进作用和积极效应、熵与耗散结构理论对体育产业在供给侧结构性改革中打破行政垄断的启发、政府与市场协同治理导向下体育产业供给侧结构性改革中的打破行政垄断模式的理论分析，以及中国体育产业在供给侧结构性改革中打破行政垄断的具体措施，都存在一些有待改进和进一步加强之处。

二 未来的研究展望

就目前中国体育产业发展成绩与问题并存、经济高质量发展急需体育产业贡献更大力量以及国家愈发重视体育产业发展的客观状况而言，对体育产业供给侧结构性改革中的打破行政垄断问题进行系统、深入、细致的研究具有重要的现实意义；就学术界对体育产业供给侧结构性改革和打破行政垄断的研究现状来看，着重加强体育产业供给侧结构性改革中的打破行政垄断问题方面的理论和实证研究具有相当高的学术价值。今后，应在进一步搜集和充分挖掘国内外体育产业相关统计数据资料的基础上，运用更为科学、先进的研究方法，进一步加强体育产业行政垄断程度的 I-S-C-P 指标体系评估、体育产业整体效率的指标体系和数据包络分析（DEA）综合评价等方面的实证研究。同时，应在拓展知识面、加强学科交叉研究和提升科研水平的基础上，完善中国体育产业行政垄断形成和发展的原因、打破行政垄断对体育产业供给侧结构性改革的促进作用和积极效应、熵与耗散结构理论对体育产业在供给侧结构性改革中打破行政垄断的启发、政府与市场协同治理导向下体育产业供给侧结构性改革中的打破行政垄断模式方面的理论分析，并提出更加切实可行的促进体育产业在供给侧结构性改革中打破行政垄断对策措施，为中国体育产业在深化供给侧结构性改革中打破行政垄断促进自身实现高质量发展提供更有力的学术支持。

参考文献

一 中文文献

1. 著作

鲍明晓：《体育产业——新的经济增长点》，人民体育出版社 2000 年版。

干春晖编著：《产业经济学：教程与案例》（第 2 版），机械工业出版社 2021 年版。

国家发展和改革委员会社会发展司、国家体育总局体育经济司编著：《〈国务院关于加快发展体育产业促进体育消费的若干意见〉100 问》，人民体育出版社 2015 年版。

国家体育运动委员会编著：《体育统计年鉴（1987 年）》，人民体育出版社 1987 年版。

国家体育总局经济司、国家体育总局体育器材装备中心编著：《体育产业政策文件汇编（国务院及部门篇）》，人民体育出版社 2017 年版。

国家行政学院经济学教研部编著：《中国供给侧结构性改革》，人民出版社 2016 年版。

胡汝银：《竞争与垄断：社会主义微观经济分析》，上海三联书店 1988 年版。

胡田田主编：《经济学基础与应用》（第二版），复旦大学出版社 2014 年版。

简新华、李雪编著：《新编产业经济学》，高等教育出版社 2009 年版。

李悦等编著：《产业经济学》（第四版），东北财经大学出版社 2018 年版。

李子奈编著：《计量经济学》，高等教育出版社2000年版。

厉以宁、吴敬琏等：《三去一降一补：深化供给侧结构性改革》，中信出版社2017年版。

卢现祥、廖涵主编：《经济学通论》（第三版），北京大学出版社2018年版。

卢现祥主编：《新制度经济学》，武汉大学出版社2004年版。

石淑华：《行政垄断的经济学分析》，社会科学文献出版社2006年版。

王俊豪主编：《产业经济学》（第三版），高等教育出版社2016年版。

魏权龄：《数据包络分析》，科学出版社2004年版。

《西方经济学》编写组：《西方经济学》（精要本·第三版），高等教育出版社2021年版。

于良春等：《转轨经济中的反行政性垄断与促进竞争政策研究》，经济科学出版社2011年版。

张林主编：《体育产业概论》，高等教育出版社2013年版。

张瑞林、王会宗主编：《体育经济学概论》，高等教育出版社2016年版。

2. 译著

［捷］奥塔·锡克：《一种未来的经济体制》，王锡君等译，中国社会科学出版社1989年版。

［美］艾里克·弗鲁博顿、［德］鲁道夫·芮切特：《新制度经济学——一个交易费用分析范式》，姜建强、罗长远译，上海三联书店、上海人民出版社2006年版。

［美］肯尼斯·W.克拉克森、［美］罗杰·鲁瓦·米勒：《产业组织：理论、证据和公共政策》，华东华工学院经济发展研究所译，上海三联书店1989年版。

［美］小贾尔斯·伯吉斯：《管制和反垄断经济学》，冯金华译，上海财经大学出版社2003年版。

［英］马歇尔：《经济学原理》（上），朱志泰译，商务印书馆1981年版。

3. 期刊、报纸

蔡朋龙、李树旺：《体育产业结构优化中体育服务业占比研究》，《体育学刊》2022年第1期。

曹芳平、周武：《中美职业体育产业垄断性质之考量》，《南京体育学院学报》（社会科学版）2009年第5期。

曹可强、兰自力：《经济体制改革与我国体育产业发展》，《体育科研》2014年第1期。

陈春明、刘希宋：《基于混沌理论的耗散结构组织研究》，《学术交流》2004年第6期。

陈丰：《论我国行政垄断的成因及对策思路》，《华东理工大学学报》（社会科学版）2003年第4期。

陈林会、刘青：《制约我国三大球项目发展的瓶颈与突破路径》，《北京体育大学学报》2017年第4期。

陈文申：《试论国家在制度创新过程中的基本功能——"诺斯悖论"的理论逻辑解析》，《北京大学学报》（哲学社会科学版）2000年第1期。

陈晓东、杨晓霞：《数字经济发展对产业结构升级的影响——基于灰关联熵与耗散结构理论的研究》，《改革》2021年第3期。

陈晓雪等：《反垄断视域下欧洲五大联赛赛事转播权研究》，《广州体育学院学报》2022年第1期。

陈秀娟：《我国体育制度改革路径依赖研究》，《体育文化导刊》2008年第12期。

崔文静等：《基于耗散结构的农村产业生态系统演化特征研究》，《南方农业》2022年第5期。

戴平：《体育产业供给侧改革的理论思考与基本设想》，《北京体育大学学报》2017年第8期。

邓保同：《论行政性垄断》，《法学评论》1998年第4期。

邓春林：《我国运动员商业活动的相关制度简述》，《运动》2010年第8期。

邓春林：《运动员商业活动的制度空间》，《体育学刊》2009年第8期。

段宏磊等：《中国体育彩票产业职能重合行为的法律规制——基于俄罗

斯〈保护竞争法〉的经验启示》,《天津体育学院学报》2018 年第 6 期。

范德成等:《基于耗散结构的产业结构演化系统熵变研究》,《中国科技论坛》2018 年第 1 期。

范卫红:《中国职业体育产业垄断:生成逻辑、主体、困境及规制》,《商》2015 年第 19 期。

范尧:《供给侧改革背景下体育用品供需困境与调和》,《体育科学》2017 年第 11 期。

方福前:《供给侧结构性改革、供给学派和里根经济学》,《中国人民大学学报》2020 年第 3 期。

方福前:《寻找供给侧结构性改革的理论源头》,《中国社会科学》2017 年第 7 期。

房殿生、蔡友凤:《新时代社会主要矛盾转化视角下体育供给侧改革》,《武汉体育学院学报》2019 年第 6 期。

付群、王萍萍、陈文成:《挑战、机会、出路:我国体育产业供给侧结构性改革研究》,《天津体育学院学报》2019 年第 1 期。

高璐:《反垄断法视角下体育赛事转播权交易的规制》,《青年记者》2022 年第 5 期。

高升、王家宏:《职业体育与专业体育的制度非均衡研究》,《成都体育学院学报》2021 年第 4 期。

隔超、谢洪伟:《健康中国行动下我国体育场地设施有效供给的整体性治理策略》,《山东体育科技》2022 年第 3 期。

顾亮、刘振杰:《公司治理过程发展研究——基于治理熵与耗散结构的分析》,《未来与发展》2013 年第 12 期。

顾严:《以新发展理念引领体育产业供给侧结构性改革》,《清华金融评论》2021 年第 8 期。

顾志平、江新华:《基于供给侧改革的体育产业发展策略研究》,《广州体育学院学报》2018 年第 4 期。

过勇、胡鞍钢:《行政垄断、寻租与腐败——转型经济的腐败机理分析》,《经济社会体制比较》2003年第2期。

韩毅:《"路径依赖"理论与技术、经济及法律制度的变迁》,《辽宁大学学报》(哲学社会科学版)2010年第3期。

郝凤霞等:《欧盟法视域下的法治与自治——对欧足联"财政公平竞争"原则的思考》,《西安体育学院学报》2017年第5期。

何强、盖文亮:《职业体育的垄断、竞争与资源配置研究——兼论我国篮球职业化改革的新时代指向》,《西安体育学院学报》2019年第3期。

胡若晨、朱菊芳:《产业价值链视角下体育服务业转型升级的困境、契机与路径》,《体育文化导刊》2021年第6期。

胡文国、吴栋:《资源配置效率指标体系的构建及我国不同性质工业企业资源配置效率的比较分析》,《当代经济科学》2007年第3期。

黄道名等:《"供给侧改革"视域下我国体育产业的供给困境与治理对策》,《中国体育科技》2018年第2期。

黄海燕、康露:《新时代体育产业高质量发展的理论逻辑与实施路径》,《体育科学》2022年第1期。

黄群慧:《论中国工业的供给侧结构性改革》,《中国工业经济》2016年第9期。

姜熙:《反垄断法视角下我国职业体育联盟建构的理论研究》,《武汉体育学院学报》2016年第3期。

姜熙:《开启中国体育产业发展法治保障的破局之路——基于中国体育反垄断第一案的思考》,《上海体育学院学报》2017年第2期。

姜熙、谭小勇:《美国职业棒球反垄断豁免制度的历史演进——基于案例分析》,《天津体育学院学报》2010年第2期。

姜熙:《职业体育赛事转播反垄断"相关产品市场"界定方法研究》,《西安体育学院学报》2015年第6期。

姜熙:《职业体育赛事转播反垄断"相关产品市场"界定》,《武汉体育学院学报》2013年2期。

蒋爱先、周怀峰:《浅论市场经济条件下的行政化垄断》,《广西社会主义学院学报》2000年第1期。

金永刚：《经济发展中的能源效率问题：测度方法及评价体系》，《沈阳师范大学学报》（社会科学版）2020年第3期。

康均心、刘水庆：《欧盟体育转播权营销中的反垄断审查》，《武汉体育学院学报》2014年第4期。

李博：《"供给侧改革"对我国体育产业发展的启示——基于新供给经济学视角》，《武汉体育学院学报》2016年第2期。

李丰荣、龚波：《中国职业足球"供给侧改革"的理论源流、选择动因与路径研究》，《武汉体育学院学报》2017年第12期。

李佳：《供给侧改革背景下我国体育经济发展研究》，《东北财经大学学报》2018年第2期。

李军岩、程文广：《基于熵、耗散结构的体育管理系统演化研究》，《沈阳体育学院学报》2008年第2期。

李四红：《欧足联财政公平政策的竞争法分析——兼论中国足协"工资帽"制度的合法性》，《中国政法大学学报》2020年第1期。

李燕领、王家宏：《我国职业体育市场准入制度研究》，《武汉体育学院学报》2011年第12期。

李怡：《反垄断法适用除外制度在我国体育业的运用》，《武汉体育学院学报》2010年第2期。

李元、张凤彪：《论经济体制改革对我国体育体制发展的影响》，《西南农业大学学报》（社会科学版）2013年第3期。

李增光、沈克印：《双循环新发展格局下体育用品制造业转型升级的动力机制研究》，《沈阳体育学院学报》2022年第1期。

梁枢、王益民：《"互联网+"视域下体育制造业供给侧改革研究——O2O商业模式的开发与应用》，《体育与科学》2016年第4期。

林进智、任佩瑜：《基于管理熵和管理耗散理论的FDI溢出效应分析——以中国信息通信企业为例》，《国际经贸探索》2012年第1期。

林琳：《论行政性市场进入壁垒及其法律规制》，《经济法论坛》2009年第0期。

刘和旺：《诺思制度变迁的路径依赖理论新发展》，《经济评论》2006年第2期。

刘佳昊、石颖：《深化供给侧结构性改革推动体育产业高质量发展》，《中国物价》2019年第11期。

刘进：《反垄断法与中国体育行业协会》，《体育学刊》2009年第7期。

刘亮等：《供给侧改革视角下我国体育产业发展的新空间及动力培育》，《首都体育学院学报》2017年第1期。

刘亮、王惠：《供给侧改革视角下我国公共体育资源供需矛盾的消解与改革路径》，《武汉体育学院学报》2016年第4期。

刘鹏：《发展体育产业 促进体育消费 建设体育强国 服务经济民生》，《运动》2014年第21期。

刘青：《论我国网球运动员的培养模式及融入国际职业网球的途径》，《成都体育学院学报》2006年第5期。

刘晴等：《"双循环"新发展格局下我国体育用品制造业高质量发展的现实困境与路径选择》，《体育学研究》2021年第2期。

刘晴等：《新发展格局下我国体育用品制造业发展转向与路径》，《体育文化导刊》2022年第2期。

刘伟：《我国供给侧结构性改革与西方"供给革命"的根本区别》，《中共中央党校学报》2017年第6期。

刘伟：《习近平新时代中国特色社会主义经济思想的内在逻辑》，《经济研究》2018年第5期。

刘亚云等：《我国体育赛事转播权垄断问题及应对策略》，《体育学刊》2021年第2期。

刘彦、万文原：《中国体育体制改革二十年》，《人民论坛》2013年第23期。

刘艳梅、姜振寰：《熵、耗散结构理论与企业管理》，《西安交通大学学报》（社会科学版）2003年第1期。

卢元镇、车路平：《要上层楼，不要欲说还休——评〈中国竞技体育制度创新〉》，《体育文化导刊》2006年第12期。

卢元镇：《体育资源拒绝垄断》，《体育博览》1999年第2期。

卢元镇：《以时代精神考量中国竞技体育体制改革》，《体育与科学》2013年第1期。

卢元镇：《中国竞技体育现行管理体制的制度性代价》，《体育学刊》2010年第3期。

陆瑞当：《论我国体育产业的培育与开发》，《广州体育学院学报》1999年第2期。

吕树庭、商执娜：《北京奥运会后中国体育管理体制改革的思考》，《武汉体育学院学报》2010年第7期。

骆旭旭：《美国反垄断法在职业体育联盟的司法适用及启示》，《体育科学》2010年第9期。

马晓河等：《推进供给侧结构性改革的基本理论与政策框架》，《宏观经济研究》2017年第3期。

马占新：《数据包络分析方法的研究进展》，《系统工程与电子技术》2002年第3期。

马志强：《供给侧下体育产业发展的路径选择》，《辽宁体育科技》2018年第1期。

苗春竹：《我国滑雪产业的SCP范式分析》，《体育文化导刊》2018年第2期。

倪刚等：《反垄断法规制下的中超联赛改革研究》，《成都体育学院学报》2013年第10期。

庞晓洁、周世杰：《把提升有效供给能力作为供给侧改革的着力点——基于体育经济学的视角》，《河北学刊》2018年第6期。

裴立新：《对中国体育市场的研究》，《体育科学》1997年第2期。

裴洋：《对职业体育联赛准入制度的反垄断法分析——兼评"凤铝事件"》，《天津体育学院学报》2008年第6期。

裴洋：《反垄断法视角下的中国足球职业联赛》，《武汉体育学院学报》2009年第2期。

裴洋：《欧足联财政公平政策的合法性问题研究——兼评中国足协"引

援调节费"制度》,《法学评论》2018 年第 5 期。

卿平、李玥峰:《现代服务业与人工智能产业的耦合协调发展研究——以体育服务业为例》,《四川轻化工大学学报》(社会科学版)2022 年第 2 期。

任波等:《中国体育产业供给侧结构性矛盾与改革路径》,《天津体育学院学报》2018 年第 5 期。

任波等:《中国体育产业供给的形塑逻辑与供给侧改革路径》,《天津体育学院学报》2019 年第 1 期。

任波等:《美国体育产业反垄断豁免政策内涵及启示》,《体育文化导刊》2018 年第 10 期。

任波、黄海燕:《体育产业供给侧改革的内在逻辑与实施路径——基于高质量发展的视角》,《上海体育学院学报》2021 年第 2 期。

任波、黄海燕:《体育强国建设背景下我国体育产业现实问题与发展策略》,《体育文化导刊》2022 年第 4 期。

任波、黄海燕:《我国体育产业结构性失衡与供给侧破解路径》,《体育学研究》2020 年第 1 期。

戎朝、上官凯云:《"中国国家队"统一招商背后的法律问题分析及建议》,《体育成人教育学刊》2019 年第 1 期。

邵光学、王锡森:《供给侧结构性改革研究述评》,《经济学家》2016 年第 12 期。

沈克印、吕万刚:《供给侧结构性改革与体育产业发展:城市"马拉松热"引发的思考》,《山东体育学院学报》2017 年第 5 期。

沈克印、吕万刚:《体育产业供给侧改革的现实诉求与实施策略——基于资源要素的视角》,《西安体育学院学报》2017 年第 6 期。

沈克印、吕万刚:《体育产业供给侧改革:投入要素、行动逻辑与实施路径——基于社会主要矛盾转化研究视角》,《中国体育科技》2020 年第 4 期。

沈克印、吕万刚:《体育产业供给侧结构性改革:学理逻辑、发展现实与推进思路》,《武汉体育学院学报》2016 年第 11 期。

沈克印、杨毅然:《体育特色小镇:供给侧改革背景下体育产业跨界融合的实践探索》,《武汉体育学院学报》2017年第6期。

石继章、邵凯:《冲突理论视角下中国职业篮球供给侧改革——以2015—2016赛季CBA总决赛为例》,《沈阳体育学院学报》2016年第6期。

时建中、李四红:《体育赛事转播权市场销售行为的反垄断法规制研究及启示》,《首都体育学院学报》2020年第3期。

宋剑英、范威:《中国"反垄断法"对职业体育的规制与豁免研究》,《黑龙江高教研究》2011年第12期。

苏屹、闫玥涵:《基于耗散结构理论的区域创新生态系统环境效应研究》,《研究与发展管理》2021年第5期。

谭建湘等:《中国足球职业联赛"管办分离"的研究》,《体育学刊》2015年第3期。

谭建湘:《我国体育中介企业市场结构的研究》,《广州体育学院学报》2008年第6期。

谭小勇、姜熙:《美国职业体育赛事转播反垄断政策考察——〈体育转播法〉介评》,《天津体育学院学报》2011年第3期。

汤正仁:《耗散结构论的经济发展观》,《经济评论》2002年第2期。

汤自军:《体育产业反垄断法规制溯源、演化及启示》,《商业经济》2022年第1期。

唐曙鹏:《我国体育用品产业的发展路径研究——基于耗散结构视角》,《四川体育科学》2021年第1期。

王保树:《企业联合与制止垄断》,《法学研究》1990年第1期。

王会宗、丁启军:《行政性垄断影响行业效率的机理探究——以我国铁路运输业为例》,《关东学刊》2016年第12期。

王会宗:《我国体育传媒与信息服务业行政垄断的A-S-C-P分析》,《河北体育学院学报》2012年第5期。

王会宗:《行政垄断下的铁路运输业资源配置效率分析》,《西安财经学院学报》2012年第1期。

王会宗：《行政垄断下我国竞技体育行业效率的理论与实证分析》，《武汉体育学院学报》2017年第8期。

王会宗：《行政垄断行业的生产效率分析——以中国铁路运输业为例》，《山西财经大学学报》2009年第4期。

王会宗、张国亭：《中国体育产业的行政垄断体制改革研究》，《理论导刊》2015年第10期。

王会宗等：《体育产业的垄断与竞争问题研究——文献述评、研究意义及研究设想》，《山东体育学院学报》2012年第3期。

王会宗：《中国体育产业供给侧结构性改革与打破行政垄断的研究进展分析》，《聊城大学学报》（社会科学版）2020年第4期。

王庆伟：《我国职业体育联盟理论研究》，《体育科学》2005年第5期。

王少群、黄中伟：《市场结构有效性研究流派及其理论观点》，《浙江师范大学学报》（社会科学版）2011年第3期。

王祥兵、严广乐：《货币政策传导系统稳定性、脆性及熵关系——基于耗散结构和突变的理论及实证分析》，《系统工程》2012年第4期。

王玉珏：《基于熵与耗散结构理论的企业管理创新研究——以华为为例》，《现代管理科学》2019年第1期。

王郅、褚翔：《我国CBA联赛发展模式的路径选择与战略取向》，《武汉体育学院学报》2011年第1期。

王展昭、唐朝阳：《区域创新生态系统耗散结构研究》，《科学学研究》2021年第1期。

王志文、沈克印：《我国健身休闲产业供给侧改革的实施路径研究》，《山东体育学院学报》2018年第5期。

王忠宏：《哈佛学派、芝加哥学派竞争理论比较及其对我国反垄断的启示》，《经济评论》2003年第1期。

魏鹏娟：《职业体育反垄断豁免制度初探》，《体育学刊》2008年第6期。

魏鹏娟：《职业体育反垄断问题的法律思考》，《广州体育学院学报》2007年第3期。

魏鹏娟：《职业体育市场结构及其反垄断问题研究》，《价值工程》2013

年第 21 期。

魏权龄、岳明：《DEA 概论与 C-2R 模型——数据包络分析（一）》，《系统工程理论与实践》1989 年第 0 期。

吴小丁：《现代竞争理论的发展与流派》，《吉林大学社会科学学报》2001 年第 2 期。

吴玉岭：《职业体育联盟的反垄断规制——美国经历与中国立场》，《武汉体育学院学报》2009 年第 6 期。

吴玉岭：《职业体育运动中的反垄断问题》，《北京工业大学学报》（社会科学版）2008 年第 5 期。

夏大慰、王步芳：《新奥地利学派：产业组织学的行为流派》，《山西财经大学学报》2004 年第 5 期。

向会英等：《反垄断法视野下职业体育电视转播权的营销》，《天津体育学院学报》2011 年第 1 期。

向会英、谭小勇：《职业体育中企业合并的反垄断控制》，《体育与科学》2011 年第 4 期。

向会英：《体育赞助反垄断法律问题研究》，《天津体育学院学报》2012 年第 3 期。

向会英：《我国职业体育反垄断法豁免制度研究》，《首都体育学院学报》2013 年第 4 期。

肖霆、王国顺：《企业效率研究中前沿面方法的比较》，《统计与决策》2005 年第 19 期。

谢富胜等：《全球生产网络视角的供给侧结构性改革——基于政治经济学的理论逻辑和经验证据》，《管理世界》2019 年第 11 期。

邢金明等：《体育产业供给侧改革路径研究》，《体育文化导刊》2017 年第 10 期。

许永刚、王恒同：《我国竞技体育垄断的态势及其行业特点》，《广州体育学院学报》2005 年第 4 期。

杨杰、张道明、贾丽萍等：《从熵概念到耗散结构理论》，《石家庄经济学院学报》1998 年第 5 期。

杨婧：《反垄断法视阈下的体育赛事转播权单独销售问题研究》《新疆大学学报》（哲学·人文社会科学版）2018年第3期。

杨铄等：《欧洲国家职业足球产业政策研究——以英国、德国、西班牙、意大利为例》，《体育科学》2014年第5期。

易剑东：《我国体育产业政策述评（2010—2020）》，《体育文化与产业研究》2021年第1期。

殷俊海：《体育产业供给侧改革的方向》，《中国体育报》2016年4月22日第6版。

应晨林、金学斌：《我国职业体育中的行政垄断及其规制研究》，《首都体育学院学报》2018年第2期。

于良春、张伟：《中国行业性行政垄断的强度与效率损失研究》，《经济研究》2010年第3期。

俞琳：《具有垄断优势的市场结构与我国体育产业发展——兼论竞技体育市场垄断问题的特殊性》，《天津体育学院学报》2005年第3期。

曾月新：《熵概念的跨学科发展》，《天津师范大学学报》（社会科学版）1995年第1期。

张宝钰：《欧美职业体育联盟反垄断豁免探析》，《体育文化导刊》2017年第7期。

张冰、刘大龙：《中西方职业体育集体谈判制度的比较研究》，《体育科研》2013年第6期。

张晨颖、李希梁：《美职篮"工资帽"制度的反垄断法分析——兼评中职篮"工资帽"制度的合法性》，《竞争政策研究》2020年第6期。

张红凤：《规制经济学的变迁》，《经济学动态》2005年第8期。

张剑利、秦椿林：《美国反垄断法对职业体育联盟的规制及对我国的借鉴》，《北京体育大学学报》2008年第10期。

张秋珍、陈百强：《供给侧结构性改革视角下体育产业发展探讨》，《经济问题》2017年第11期。

张文亮、陈元欣：《市场竞争不足对我国大型体育场馆运营的影响分析》，《沈阳体育学院学报》2015年第1期。

张永、黄芳：《我国体育产业供给侧结构性改革的动力、方向与路径》，《四川体育科学》2018年第2期。

张宇飞、孙玮婧：《体育旅游产业供给侧治理路径》，《东北财经大学学报》2016年第6期。

张自如：《体育产业资源交易的制度约束及交易平台建设研究》，《体育文化导刊》2018年第3期。

赵慧娣：《新时代背景下公共体育服务供给侧结构优化路径研究》，《体育与科学》2018年第2期。

赵凯莉、王建中：《基于耗散结构的企业创新系统演化分析》，《技术与创新管理》2019年第4期。

赵清波、赵伟：《发达国家体育产业发展的特点及模式带来的启示》，《北京体育大学学报》2004年第10期。

郑秉文：《20世纪西方经济学发展历程回眸》，《中国社会科学》2001年第3期。

郑鹏程：《美国反垄断法适用除外制度发展趋势探析》，《现代法学》2004年第1期。

周密、刘秉镰：《供给侧结构性改革为什么是必由之路？——中国式产能过剩的经济学解释》，《经济研究》2017年第2期。

周平：《从产业组织理论角度探讨国外职业体育市场的主要特征》，《体育与科学》2005年第4期。

周青山：《美国职业体育领域知识产权的法律保护及启示》，《湘江法律评论》2020年第1期。

周武：《我国职业体育产业政府规制的动因分析》，《南京体育学院学报》（社会科学版）2009年第2期。

朱罗敬：《中国职业足球联赛中的垄断行为研究》，《吉林体育学院学报》2007年第2期。

朱彤、钟伟：《垄断型彩票行业的风险》，《南方周末》2004年4月15日第19版。

祝波：《投资项目的审批制、核准制和备案制》，《上海企业》2008年第 3 期。

邹津宁、龙雯：《论评欧洲对自由球员的法律干预问题》，《学术论坛》2012 年第 4 期。

4. 学位论文

王会宗：《中国铁路运输业行政垄断与引入竞争问题研究》，博士学位论文，山东大学，2010 年。

吴思：《基于 SCP 分析框架的中超联赛产业研究》，硕士学位论文，华东师范大学，2019 年。

许春蕾：《我国全运会无形资产市场的结构、行为和绩效研究》，硕士学位论文，北京体育大学，2008 年。

张译元：《英超电视转播权的反垄断问题研究》，硕士学位论文，上海外国语大学，2018 年。

二 外文文献

Arthur, W. B., "Competing Technologies, Increasing Returns, and Lock-in by Historical Events", *The Economic Journal*, Vol. 99, No. 394, 1989.

Banker, R. D., Charnes, A. & Cooper, W. W., "Some Models for Estimating Technical and Scale Inefficiencies in Data Envelopment Analysis", *Management Science*, Vol. 30, No. 9, 1984.

Bozec, R. & Dia, M., "Board Structure and Firm Technical Efficiency: Evidence from Canadian State-owned Enterprises", *European Journal of Operational Research*, Vol. 177, No. 3, 2007.

Chelladurai, P., "Sport Management: Defining the Field", *European Journal for Sport Management*, No. 1, 1994.

Clark, J. M., "Toward a Concept of Workable Competition", *American Economic Review*, Vol. 30, No. 2, 1940.

Coelli, T. J., "Recent Development in Frontier Modeling and Efficiency Measurement", *Australian Journal of Agricultural Economics*, Vol. 39, No. 3, 1995.

Demsetz, H., "Why Regulate Utilities?", *Journal of Law and Economics*, Vol. 11, 1968.

Farrell, M. J., "The Measurement of Productive Efficiency", *Journal of the Royal Statistical Society*, Series A, Vol. 120, No. 3, 1957.

Granger, C. W. J., "Investigating Causal Relations by Econometric Models and Cross-spectral Methods", *Econometrica*, Vol. 37, No. 3, 1969.

Krueger, A. O., "The Political Economy of the Rent-seeking Society", *America Economic Review*, Vol. 64, No. 3, 1974.

Mayo, J. W., "Multiproduct Monopoly, Regulation, and Firm Costs", *Southern Economic Journal*, Vol. 51, No. 1, 1984.

Meek, A., "An Estimate of the Size and Supported Economic Activity of the Sports Industry in the United States", *Sport Marketing Quarterly*, Vol. 6, No. 4, 1997.

North, D. C., *Institutions, Institutional Change and Economic Performance*, Cambridge: Cambridge University Press, 1990.

North, D. C., *Structure and Change in Economic History*, New York and London: W. W. Norton & Company, 1981.

Posner, R. A., "Natural Monopoly and Its Regulation", *Stanford Law Review*, Vol. 21, No. 1, 1969.

Sharkey, W. W., *The Theory of Natural Monopoly*, Cambridge: Cambridge University Press, 1982.

Sims, C. A., "Money, Income, and Causality", *America Economic Review*, Vol. 62, No. 4, 1972.

Stigler, G. J., "The Theory of Economic Regulation", *Bell Journal of Economics*, Vol. 2, No. 1, 1971.

Westerbeek, H. M. & Shilbury, D., "Increasing the Focus on 'Place' in the Marketing Mix for Facility Dependent Sport Service", *Sport Management Review*, Vol. 2, No. 1, 1999.

Wickers, J. & Yarrow, G., "Economic Perspectives on Privatization",

Journal of Economic Perspectives, Vol. 5, No. 2, 1991.

William, L. M. & Jeffry, M. N., "From State to Market: A Survey of Empirical Studies on Privatization", *Journal of Economic Literature*, Vol. 39, No. 2, 2001.

后　　记

　　本书作为一本反映将经济学理论应用于体育学问题研究的交叉学科类著作，是我主持完成的国家社会科学基金项目（17BTY059）的最终成果。我自大学本科时开始学习经济学知识，经过硕士研究生、博士研究生和博士后阶段的学习和研究，具备了日渐坚实的经济学理论基础，并积累了越来越丰富的经济学问题研究经验，这为本书的写作奠定了基本条件。在博士毕业留校任教之后，我长期从事反垄断与规制经济学方面的研究工作。随着研究的不断深入，我逐步意识到，将反垄断与规制经济学的基本范式和分析方法与体育学领域的相关问题研究进行学科交叉融合具有重要的学术意义，于是便尝试着在这方面开展了一些探索性研究。在这一过程中，我虽然遇到了很多挫折和困难，但一直砥砺前行，并初步取得了一些研究成果。基于这些前期成果，我申报并非常幸运地获批了国家社科基金项目，这既赋予了我继续前进的动力，又让我承受了前所未有的压力。本人深知该课题研究的复杂性和挑战性，于是在课题立项后抓紧时间展开了各项具体研究工作。在研究计划实施进程中，由于本人对体育领域的实际情况知之尚浅、所研究的问题涉及诸多学科门类、体育统计资料匮乏且难以获得等原因，课题研究工作时而会陷入停滞不前的境地。尤其是在新冠疫情暴发之后，课题研究的推进更是遇到了前所未有的阻碍，以至于我曾一度怀疑自己能否最终顺利完成全部研究工作。然而，在以往学习和科研中培养出的认真负责的工作态度让我鼓起勇气坚持了下来。通过自己不懈的努力，我最终克服了重重困难，如期完成了课题的全部研究任务，并将修改完善后的研究成果付

后　记

梓出版，也总算是做到了善始善终。

几年来，我既要从事包括该课题在内的各种科研工作，又要承担大量的本科生教学和研究生指导任务，几乎到了不堪重负的地步。有幸的是，在此期间家人的充分理解和全力支持为我能心无旁骛地专注于自己的教学科研提供了坚强后盾，在这里我首先要向为我辛苦付出的家人表示衷心感谢。另外，我的一些师长、好友、学生对我非常关心，这给有时身心俱疲的我带来了不少慰藉和温暖，在此也一并向他们表示诚挚的谢意。

另外，由于笔者水平有限，书中难免存在有待该改进之处，敬请各位读者予以批评指正。

王会宗

2023 年 11 月